现代饭店人力资源管理实务

（第4版）

李明宇　毛惠媛 主编 / 刘心　侯爽 副主编

清华大学出版社

北京

内 容 简 介

本书立足于饭店人力资源管理过程中的具体业务和任务,讲解饭店人力资源管理的基础理论和应用,具体内容包括饭店人力资源管理导论、饭店人力资源规划、饭店组织职务分析与设计、饭店员工选聘与录用、饭店员工培训、饭店员工激励、饭店员工绩效考核、饭店薪酬体系管理、饭店督导管理、饭店员工职业生涯规划与管理以及饭店劳动关系管理。本书在编写体例上采取"任务导向"模式,结合大量案例,力求使内容系统、全面且通俗易懂,能够充分体现理论与实践相结合的原则。

本书既可作为高等院校旅游与酒店管理专业或相关专业的教材,也可作为各类饭店的培训用书,还可作为旅游与饭店人力资源管理工作人员的参考资料。

本书提供课件,请读者扫描封底二维码获取。

图书在版编目(CIP)数据

现代饭店人力资源管理实务 / 李明宇 , 毛惠媛主编 .
4 版 . -- 北京 : 清华大学出版社 , 2025. 7. -- ISBN
978-7-302-69749-7

Ⅰ . F719.2

中国国家版本馆 CIP 数据核字第 2025TN5786 号

责任编辑:施 猛 王 欢
封面设计:常雪影
版式设计:方加青
责任校对:成凤进
责任印制:沈 露

出版发行:清华大学出版社
　　　　　网　　　址:https://www.tup.com.cn,https://www.wqxuetang.com
　　　　　地　　　址:北京清华大学学研大厦 A 座　　　　邮　　编:100084
　　　　　社 总 机:010-83470000　　　　　　　　　　　邮　　购:010-62786544
　　　　　投稿与读者服务:010-62776969,c-service@tup.tsinghua.edu.cn
　　　　　质 量 反 馈:010-62772015,zhiliang@tup.tsinghua.edu.cn
印 装 者:三河市龙大印装有限公司
经　　销:全国新华书店
开　　本:185mm×260mm　　　　　印　　张:19.5　　　字　　数:439 千字
版　　次:2013 年 3 月第 1 版　2025 年 8 月第 4 版　印　　次:2025 年 8 月第 1 次印刷
定　　价:59.00 元

产品编号:112188-01

前言(第4版)

随着我国社会经济的快速发展,作为第三产业重要组成部分的旅游业也得到长足发展,现已成为拉动我国经济发展的重要产业之一。而饭店业作为旅游业的三大支柱之一,近年来呈现迅猛发展的势头。面对日益激烈的市场竞争,饭店企业的竞争逐渐归结为人才的竞争。因此,如何科学、合理地管理饭店人力资源,培养适应新时期行业发展要求的管理型和服务型人才,已成为饭店企业迫切需要解决的关键问题。

党的二十大报告指出:"育人的根本在于立德。全面贯彻党的教育方针,落实立德树人根本任务,培养德智体美劳全面发展的社会主义建设者和接班人。"同时指出:"深化教育领域综合改革,加强教材建设和管理。"《现代饭店人力资源管理实务》推出后,历经三次改版,得到读者的高度认可与肯定,我们深感欣慰。在本次修订中,我们力求从以下几个方面实现突破和创新。

首先,本书从内容结构上对饭店人力资源管理的框架进行科学、精准设计,抓住其中最关键、最实用的部分进行详细梳理,注重反映社会和饭店行业的最新变化,尽量为本书补充更多结合时代发展的新内容,同时充分考虑我国高等教育的特点以及现代饭店管理的一些新理论、新观念。例如,在人工智能快速发展的背景下,如何利用前沿技术革新饭店人力资源管理已成为饭店业面临的新挑战。因而,在"学习项目四 饭店员工选聘与录用"中增加"学习任务四 人工智能在饭店招聘中的应用"等内容。

其次,本书在编写体例上采取"任务导向"模式,将每个学习项目细分为若干个学习任务,同时设置知识目标、技能目标、课前导读、案例导入、知识链接、案例分析、项目小结、实训练习及复习思考题等模块,充分体现理论与实践相结合的原则。

再次,本书汲取国内外最新的优秀研究成果,并深入饭店人力资源部一线进行实际调研,掌握第一手资料,着力研究饭店人力资源管理理论在实际工作中的应用。

最后,本次修订更新了大量行业经典案例、图表、拓展阅读材料及相关制度规范文本等,以丰富相关内容的知识点,使本书更具实用性。

本书由沈阳大学李明宇担任第一主编、沈阳大学毛惠媛担任第二主编;沈阳大学刘心担任第一副主编、沈阳大学侯爽担任第二副主编。具体写作分工如下:李明宇负责编写学习项目一、学习项目四、学习项目八、学习项目九、学习项目十一,并负责全书总体框架设计、内容审定及统稿工作;毛惠媛负责编写学习项目三、学习项目五、学习项目六;刘心负责编写学习项目七、学习项目十;侯爽负责编写学习项目二。

　　本书在编写与修订过程中，借鉴并引用了国内外诸多专家学者公开出版的教材、著作以及公开发表的论文、观点等，并在本书的参考文献中列出，在此谨向相关作者及单位致以诚挚的谢意。

　　由于编者水平有限，书中难免存在不妥之处，敬请各位专家、同仁及读者批评指正，提出宝贵意见及建议，以待丰富和完善本书内容。反馈邮箱：shim@tup.tsinghua.edu.cn。

编　者

2025年3月

前言(第3版)

随着饭店业竞争的日益激烈,人力资源管理在现代饭店管理中的地位日益提升。人力资源管理往往关乎饭店的生存和发展,因而成为提升现代饭店核心竞争力的关键因素。

前两版教材推出后,得到了读者的支持与认可,我们深感欣慰。饭店人力资源管理具有涉及内容广泛、理念更新速度快、技术要求高等特点,为了更好地适应饭店人力资源管理对高技能人才的需要,我们结合行业发展新动态,在前两版教材的基础之上,优化和调整了部分内容,使本书结构更加完善、内容更加丰富且具有实用性。首先,对教材框架进行了优化与填充,加入饭店人力资源规划内容,介绍了饭店人力资源规划的含义、内容、分类、作用等,并阐述了饭店人力资源规划的程序和方法。其次,进一步丰富了饭店人力资源管理案例,删除原有陈旧、落后的知识内容。

本书由沈阳大学应用技术学院的李明宇担任主编,沈阳大学应用技术学院的牟昆、辽宁现代服务职业技术学院的梁瑜、辽宁林业职业技术学院的阎文实担任副主编。具体写作分工如下:李明宇编写学习项目二、学习项目三、学习项目四、学习项目八、学习项目十,并负责全书总体框架的设计、内容审定及统稿工作;牟昆编写学习项目一、学习项目五、学习项目六、学习项目九;梁瑜编写学习项目七;阎文实编写学习项目十一。在编写本书的过程中,编者多次深入饭店企业进行调研,听取饭店行业专家的意见和建议,得到了沈阳碧桂园玛丽蒂姆酒店人力资源部总监肖颖女士及沈阳世贸希尔顿酒店人力资源部副经理唐晓宁女士的大力支持和帮助,在此一并表示感谢!

编者在编写本书的过程中,借鉴并引用了国内外诸多专家、学者公开出版及发表的教材、著作、论文等,并在本书的参考文献中列出,在此谨向以上作者及相关单位致以诚挚的谢意!由于编者水平有限,书中难免存在不妥之处,敬请专家、同行和读者指正,提出宝贵意见,以便我们今后修订时不断完善本书内容。反馈邮箱:wkservice@vip.163.com。

编　者
2018年3月

前言(第2版)

　　《现代饭店人力资源管理实务》一书自2013年出版至今，得到了广大读者的高度认可与好评。近年来，饭店人力资源管理不断发展，未来饭店行业对各类人才的需求不断增加，我们有责任也有必要尽快修订该书，以满足相关院校师生、饭店人力资源管理者及相关从业人员等对该领域知识的需求。

　　在本次修订过程中，我们结合饭店人力资源管理现状，在原有编写结构的基础上，适当加入并丰富了饭店督导管理等新知识，并在相关章节增加、更新了饭店人力资源管理案例。本书力求将饭店人力资源管理领域的相关知识进行综合、全面梳理，并在此基础上融入督导管理、职业生涯规划等知识内容，同时最大限度地突出实践性及可操作性，让读者易学易懂。

　　本书由沈阳大学应用技术学院的李明宇担任主编，沈阳大学应用技术学院的牟昆、沈阳大学经济学院的刘幻担任副主编。具体编写分工如下：李明宇编写学习项目二、学习项目三、学习项目七、学习项目九，并负责全书总体框架的设计、内容审定及统稿工作；牟昆编写学习项目四、学习项目五、学习项目八；刘幻编写学习项目一、学习项目六、学习项目十。

　　编者在编写本书的过程中，借鉴并引用了国内外诸多专家、学者公开出版的教材、著作以及发表的论文等，并在本书的参考文献中列出，在此谨向以上作者及相关单位致以诚挚的谢意。最后，感谢清华大学出版社有关领导及编辑对本书修订、出版给予的大力支持，同时真诚期待本书能够继续得到广大读者的厚爱，并希望广大读者对本书提出意见和建议。反馈邮箱：wkservice@vip.163.com。

编　者

2016年8月

前言(第1版)

改革开放三十多年来，我国社会经济始终保持高速发展的态势，在国际舞台上扮演越来越重要的角色。在此背景下，作为第三产业的旅游业得到了长足发展，现已成为我国重要的经济拉动产业之一。饭店业作为旅游业的"三大支柱"之一，近几年发展迅猛。伴随知识经济时代的到来，饭店业的管理战略、组织架构、经营理念及服务方式等都发生了一系列变化。饭店业的竞争，归根结底是人才的竞争。因此，如何做好饭店人力资源管理工作，培养适应新时期行业发展要求的管理型和服务型人才，是饭店业迫切需要解决的突出和重要问题。

本书立足于饭店人力资源管理过程中的具体业务和任务，全面、系统地阐述了饭店人力资源管理的基本概念、基本内容、基本方法、基本原理等。本书共分为十个学习项目，包括饭店人力资源管理导论、饭店组织职务分析与设计、饭店员工选聘与录用、饭店员工培训、饭店员工激励与团队建设、饭店员工绩效考核、饭店薪酬体系管理、饭店员工有效沟通与领导艺术、饭店员工职业生涯规划与管理和饭店劳动关系管理。

编者在编写本书的过程中，对以下几个方面进行了突破和创新。

首先，从内容结构上对饭店人力资源管理的框架进行设计和调整，抓住其中较为关键、较为实用的部分进行详细梳理。除了介绍饭店人力资源管理中的招聘、培训、激励、薪酬管理、绩效考评等基础内容外，还加入饭店员工职业生涯规划、饭店团队建设、饭店员工有效沟通与领导艺术等方面的内容，突破了以往该类教材的编写框架，从更实用、更新颖的角度拓展了饭店人力资源管理的范畴。

其次，在编写体例上采取"任务导向"模式。全书共分为十个"学习项目"，每个"学习项目"还细分为若干个"学习任务"，每个"学习任务"包括知识目标、技能目标、课前导读、开篇案例、知识链接、案例分析、单元小结、实训任务及复习思考题等，结构合理，内容全面且通俗易懂，充分体现了理论与实践相结合的原则。

最后，本书引用了国内外优秀的研究成果，编者通过到饭店人力资源部一线进行调研，掌握第一手资料，着力研究饭店人力资源管理理论在实际工作中的运用。同时，在编写过程中引用了大量案例、图表、拓展阅读材料及相关制度规范文本等，丰富了相关内容的知识点，更突出本书的实用性。

本书由李明宇担任主编，牟昆、阎文实担任副主编。具体写作分工如下：李明宇编写学习项目一、学习项目三、学习项目四、学习项目七、学习项目九，并负责全书总体框架的设计、内容审定及统稿工作；牟昆编写学习项目二、学习项目五、学习项目八；阎文实编写学习项目六、学习项目十。

编者在编写本书的过程中，借鉴并引用了国内外诸多专家、学者公开出版的著作及发表的论文等相关文献，并在本书的参考文献中列出，在此谨向以上作者致以诚挚的谢意。同时，真诚感谢清华大学出版社和北京龙城丽宫国际饭店对本书编写的鼎力支持。由于编者的水平和时间有限，书中难免存在不足之处，恳请读者批评指正。

编　者

2012年12月

目　录

饭店人力资源管理导论

知识目标

- 掌握饭店人力资源管理的含义
- 了解饭店人力资源管理的特点
- 了解饭店人力资源管理的意义
- 掌握常见的饭店人力资源管理组织架构

技能目标

- 掌握饭店人力资源管理的目标
- 了解饭店人力资源管理的地位
- 熟悉饭店人力资源部的管理制度
- 了解人力资源从业者的基本素质要求

课前导读

对饭店的管理本质上就是对人的管理，运用科学的方法对饭店人力资源进行有效利用和开发，可以优化饭店人力资源组合，充分调动其积极性，从而提高饭店人力资源的素质，进而不断提高劳动效率和经济效益。因此，加强人力资源管理对饭店而言具有重要的意义。本学习项目首先介绍了饭店人力资源管理的含义及特点，并介绍了饭店人力资源管理的意义、目标、地位、制度等方面；其次，重点介绍了3种常见的饭店人力资源管理组织架构；最后，从性格倾向、团队精神、协作能力、外语水平、管理技能、沟通能力、业务知识7个方面，介绍了饭店人力资源从业者应具备的基本素质。

案例导入丨如家——人力资源是第一资源

近年来，随着中国经济的快速发展，经济型饭店也得到了快速发展。作为经济型饭店的典型代表，如家自2002年成立以来即进入快速发展期。当时，如家只有5家店、200多名员工。截至2023年12月31日，首旅如家酒店集团共有2700多家酒店，拥有48万间客房，分布于349个城市。2024年，首旅如家新开店数量达到1353家，净开店数量为739家，增幅达163.9%。

随着如家的快速发展，如何满足饭店人力资源需求已成为如家人力资源部门要解决的重要问题。

1. 人才的使用原则

(1) 人尽其才，才尽其用。如家认为，员工岗位责任应与员工的才能相匹配。员工既能胜任工作，又能感受到一定的挑战性，才能充分发挥潜能。工作太容易，不利于激发员工的创造性和积极性；工作太难，又会影响工作的顺利完成。

(2) 疑人不用，用人不疑。如家愿意给人才更多的发展机会，一旦任命员工担任某一职务，就会放手让他充分施展才能。在这个过程中，如家会进行考核和监督，确保员工在履行岗位职责的同时不越权。

(3) 用人所长，集体配合。如家会让员工从事有利于其发挥长处的工作。同时，如家还通过集体讨论的方式，把领导班子搭配好，以便于员工相互配合，弥补个人的不足。

(4) 岗位轮换，激发创新意识。岗位轮换是一种普遍做法，可防止员工因长时间从事重复的工作而产生厌倦情绪，有利于员工在工作中保持热情和新鲜感，既能激发员工的创新意识，避免员工被工作模式束缚，又有助于员工顺利完成工作任务。但需注意，岗位轮换应以不影响饭店正常运营为前提。

(5) 坚持使用、培训与考核相结合。如家非常重视人才培训和人才考核。人才的使用、培训、考核是一个有机整体，人才的使用过程本身就是对其进行考核的依据。

2. 人才的复制

如家把人才培养提到战略高度，将对人才培养的投入视为资产而非成本。如何在快速发展的同时保证运营标准和人才储备，对如家来说是一个战略性问题。为此，如家采用了多种方法。首先，如家的每一家店只设置三个级别，即店长、值班经理、员工。除了常规培训外，所有员工都可以报名参加高一个级别的岗位培训，旨在以机制促进员工的潜能开发。其次，为了复制人才，满足人才需求，如家打造了一台"如家影印机"——如家管理学院。如家所有分店店长负责制订季度、年度培训计划并报总部审核，总部根据不同的层级设置相应的培训课程，比如店长培训、准店长培训等，从而源源不断地培养符合岗位需求的人才。最后，为了保证内部晋升以及招聘人才的科学性，如家花费了大量资源设计标准化的培训体系。

如家管理学院的教材是《如家运营文件汇编》。在如家，即使是店长也要学习《如家运营文件汇编》，同时学习所有员工都要做的工作，包括前台接待、打扫卫生、接电话等。他们认为，唯有店长会做，才能要求员工按标准流程去做。《如家运营文件汇编》有465个检查项目，必须每天检查，因为标准就是如家未来发展的生命线。

在连锁饭店中，管理制度上的任何一点纰漏都会因为叠加而被不断放大，因此沟通和协调非常重要。如何保持良好的沟通和联系已经成为如家快速扩张时面临的重要挑战。

因此，如家非常重视培养员工的团队精神。员工入学第一天要参加考试，了解准店长应掌握的业务技巧；前7天会安排赛跑、飞轮比赛等课外活动，让学员互相了解；第7天，由学员选出组长；第10天，由组长互选本届的班长。往后的课程，都是以分组竞赛的方式进行的。课程内容包括课堂上教师提出的作业、野外求生训练、团队默契培养等，评分也是以组为对象进行的。在上课时，准店长会被告知，未来的绩效评估分为三部分：第一是业绩；第二是对标准的贯彻程度；第三就是团队成员的配合度。其中第三项在总评分中占10%的比重，通常以某分店店长是否认真执行上级指示、是否积极支持邻近分店等指标来衡量。

在如家，每个员工都要接受60天的管理学院培训以及40天的单位实习。作为典型的学习型组织，如家管理学院全年都在上课，没有寒暑假；所有店长在职半年后，需要分批回学院接受培训；管理店长的"城区总经理"需要参加一年两次、每次三天的培训；除中高层管理人员外，各店25%的值班经理、30%~50%的客房主管也需要回管理学院上课。除了如家管理学院，如家各个分店也是一所分校。店长、助理店长每周都要抽出两个小时给员工上课；每半年一次的"明察"，也是按《如家运营文件汇编》的要求进行的，对各店员工来说也是一次学习；每半年两次的"暗访"，则由如家聘请专家以"考试"的方式进行。持续学习，实现人才复制，正是如家领先竞争者的关键原因。

3. 人才的孵化

如家招募到优秀人才后，会安排他们到如家管理学院接受为期2~3个月的培训，让资深管理人员指导他们，同时让他们到岗实践。这就是人才的孵化。

王华峰和孙清一曾分别离开各自就职的两家星级饭店，同时进入如家，担任如家两家分店的店长。王华峰表示："之所以放弃在星级饭店的工作来到如家，是因为看到了整个经济型饭店行业的发展前景，觉得自己会有更广阔的天地。"孙清一也有同样的感受，并说："机会是最重要的。"在如家，只要员工用心工作，就一定会有晋升的机会。入职不久后，王华峰担任如家上海两家分店的店长，孙清一则被调到饭店总部担任运营部总监。

如家在2005—2007年成立了管理班，招收10~15名应届毕业生进行6个月的培训，这些新人通过培训之后即可上岗，加入中层管理队伍。此后，如家又通过海选招募了100名大学生，将他们分配到100家饭店的前台，进行为期3~6个月的实习，引导他们逐渐成长。人才孵化策略不仅为如家输送了新鲜血液，而且使员工得到了更好发展。

4. 完善薪酬体系

如家构建薪酬体系的基本目标：第一是吸引和留住对如家发展有价值的人才；第二是激励员工不断开发自身潜能，施展才华、服务如家，实现双赢。建立薪酬体系必须做到对内公平合理，体现激励作用，对外具有一定的竞争力。

如家保持薪酬外部竞争力的基本做法是：参考劳动力市场价位，提供有竞争力的薪酬，吸引和留住优秀人才，提高员工对饭店的信任度和安全感。具体来说，一方面，根据员工所从事岗位工作的价值、责任以及难度给员工支付报酬；另一方面，根据员工工作态度、工作技能、工作业绩的不同，以及给饭店带来的价值和收益的不同，设置薪酬标准。如家实施动态薪酬制度，会根据发展阶段、竞争策略、员工工作岗位及业绩的变化来调整薪酬，以此来调整员工的职业行为和心态，有效地激励员工。

绩效评估是实施人力资源管理的重要工具，可为员工的薪酬调整、晋升、降职、调职、离职提供依据。如家着力通过绩效评估，提高上下级之间的对话质量和沟通有效性，从而提高个人、团队和如家整体的目标一致性；增强管理人员、团队和个人实现持续进步的共同责任感，帮助员工在工作要求、工作重点和个人能力、兴趣爱好之间寻找发展的最佳契合点。

资料来源：樊永恒.如家一样的酒店[M].深圳：海天出版社，2009.有删改

案例评析

对饭店来说，人力资源是第一资源。正确运用人力资源是如家取得成功的重要因素之一。

由于人力资源的特殊性，人才管理的重点在于为人才创造优良的发展环境，既要有利于人才提高素质和能力，又要有利于其发挥才能。人才管理是一项综合性活动，更是一种高层次活动。如家CEO孙坚先生对饭店与人力资源的关系有自己独到的看法："中国文字其实很有意思，如果把企业的"企"上半部分的'人'字去掉，就剩下'止'，意思是没有人，便停滞不前。"

员工是饭店最宝贵的财富，是饭店的第一客户。人事即万事，人力资源管理是饭店管理工作的重要组成部分。

学习任务一　认识饭店人力资源管理

随着我国旅游业的迅猛发展，饭店业的竞争也愈加激烈。饭店产品是有形产品和无形服务的结合体，需要由饭店员工向客人提供，因此饭店人力资源管理水平将会直接影响饭店经营管理绩效。如今，饭店业越来越深刻地意识到竞争的根本与核心是对人才的竞争。人力资源是饭店众多资源中最为宝贵的资源，科学合理地开发人力资源，最大限度地激发并调动人力资源潜力，是饭店实现经济目标和社会效益目标的关键。

一、饭店人力资源管理的含义

饭店人力资源管理是指科学地运用现代管理学中的计划、组织、领导、控制等职能，对饭店人力资源进行有效开发、全面管理、组合优化、合理使用，并最大限度地挖掘人的

潜在能力，充分调动人的积极性，尽可能使有限的人力资源发挥更大效用的管理活动。饭店人力资源管理主要研究饭店人力资源管理活动规律，是一门应用性和实践性很强的综合性学科。它的最终目的在于使饭店员工与工作内容相协调，充分发挥员工的潜力，切实提高工作效率，最终实现饭店与员工的共同目标。

饭店人力资源管理水平的提高，对饭店组织而言是生产率的提升，对饭店员工而言则是工作与生活质量的提升。生产率集中反映了饭店产品与投入的人力、物力和财力之间的相互关系；工作与生活质量则主要反映饭店员工在岗位工作中产生的生理感受和心理感受。人力资源是饭店的重要资源和宝贵资源，对其进行科学有效的管理有助于饭店在激烈的竞争环境中实现经济效益和社会效益的融合，处于竞争优势地位。

二、饭店人力资源管理的特点

饭店人力资源管理是对组织内各级各类人员的综合性管理，其特点突出表现在以下几个方面。

(一) 覆盖的范围较广

饭店人力资源管理涉及组织内每一位管理人员和普通员工，贯穿饭店各级别、各部门、各岗位及各个业务流程。管理范围包括饭店人力资源招聘选拔及录用、员工培训、绩效考核、员工激励、员工职业生涯规划及劳动关系等。以上方面直接或间接地与广大管理人员及基层员工的利益相关，也将影响饭店员工积极性、主动性的调动与发挥。因此，饭店管理者应了解和掌握人力资源管理的基本理论、方法，合理选聘、培训和激励饭店员工，营造有助于员工充分展示才能的环境和氛围，充分调动员工的工作积极性。

(二) 具有较强的动态性

饭店面临的外部环境是纷繁复杂的，面对的客人是形形色色的，内部员工的工作目标、服务质量及心理需求等在不同时期也明显不同，体现出较强的动态性。这就要求管理者不仅能根据饭店的整体目标选拔合适的人才，对饭店员工的录用、培训、奖惩、晋升和离职等全过程进行管理，还要注重对员工工作过程的管理，具体包括创造良好的工作环境，调动员工的工作积极性；改善员工生活条件，激发员工潜在的能力；重视员工的情绪变化、心理需求和思想动态，采取相应措施引导员工发展，在动态管理中实现饭店的经营目标。

(三) 具有明显的跨越性

饭店人力资源管理的跨越性可以从地域和文化两个方面来理解。

首先，在地域跨越方面，一些国际著名的饭店集团，如洲际、喜达屋、温德姆、万豪、雅高、希尔顿、凯悦、卡尔森等相继进军我国饭店业。同时，我国本土饭店集团也实现了跨地区、跨国界的集团化经营与管理，如锦江集团、首旅集团、广州白天鹅饭店集团、开元国际饭店管理集团等。这使得我国饭店人力资源管理带有鲜明的地域跨越性，而这种跨越性集中表现在员工招聘和员工培训等方面。

其次，在文化跨越方面，外资饭店及合资饭店的员工处于双重文化交叉并存的环境中，可能会出现难以适应的情况，产生不稳定情绪。这不利于增强员工的归属感，从而不利于饭店人力资源管理工作的开展。饭店应针对实际情况，在招聘、选拔、培训等环节，因势利导、因地制宜，培养员工对环境的适应能力和应变能力。

(四) 体现鲜明的政策性

饭店人力资源管理是在国家和地方政府制定的人事劳动政策的指导下开展的，饭店虽然拥有人员招聘、人事安排、用工方式、劳动组织和薪酬福利等方面的自主权，但仍需要遵守人事劳动管理的有关政策、法规、条例，如员工保险、劳动休假、最低工资标准、劳保福利等政策规定。因此，饭店人力资源管理具有鲜明的政策性，饭店管理者应给予高度重视。

三、饭店人力资源管理的意义

无论组织如何完善、设施设备如何先进，如果员工没有足够的工作动力和热情，饭店服务质量就会大打折扣。因此可以说，人力资源管理是决定饭店经营绩效的关键要素之一。

(一) 人力资源管理是饭店持续发展的根基

饭店业务活动包括人力和物力两个基本要素，人力是影响饭店经营活动的决定性因素。饭店应根据自身的等级规格、接待能力和业务发展需要制定人员配置及招聘计划、录用标准，以保证饭店各级各部门的人员配备满足业务发展的需要。人力资源管理是饭店持续发展的根基，若没有人力资源管理工作的顺利开展，饭店将失去生存和发展的动力，做好人力资源管理工作对饭店而言具有关键性的意义。

(二) 人力资源管理是饭店提升服务质量的保证

饭店是通过向各类客人提供食宿及其他服务来获得效益的经济组织。服务质量的高低是饭店能否取得良好经济效益和社会效益的决定性因素。此外，饭店属于劳动密集型企业，大量工作都需要通过人工来完成。虽然随着知识技术的不断更新和进步，饭店中越来越多的工作可以由机器设备来完成，但仍有大量工作需要由人力来完成。例如，引领客人、回答客人提出的各种问题、为客人提供个性化服务和应对性服务等。因此，要提高饭店服务质量，仍必须努力做好人力资源管理工作。

(三) 人力资源管理是饭店打造核心竞争力的关键

饭店业的竞争归根结底是人才的竞争。因此，饭店应摒弃陈旧的人事管理理念，建立"以人为中心"的现代管理理念。饭店的兴衰存亡在很大程度上取决于饭店人力资源管理水平的高低。因此，饭店应注重人力资源管理，积极建立优秀而稳定的人力资源管理团队，不断提升服务水平，如此才能打造出核心竞争力。

(四) 人力资源管理是饭店员工综合素质提升的保障

当前，教育和培训在饭店人力资源管理中起到了越来越重要的作用。教育和培训不仅是提升饭店生产率的重要途径，还是提升员工综合素质的重要保障。一个优秀的饭店员工应能建立良好的人际关系，具有强烈的事业心、责任感，能自觉认同和参与目标管理，有良好的精神状态和旺盛的工作精力，有成就感且工作效率显著。饭店可通过系统的教育和培训，帮助员工达到以上理想状态，从而实现员工个人价值及饭店长远目标的有机结合。

■ 四、饭店人力资源管理的目标

(一) 创建专业化且结构合理的人才队伍

饭店如果要正常运营并取得良好的经济效益和社会效益，应创建一支专业化且结构合理的人才队伍。首先，饭店业属于服务业，各岗位工作注重实操性且对客人的体验影响较大，如果员工专业水平低，缺乏服务意识和良好的职业习惯，就无法为客人提供优质服务，也无法与其他岗位高效协作，这将会降低客人满意度，从而直接影响饭店的形象和口碑，不利于饭店的顺利运营。其次，饭店内通常设置不同部门，各部门内又设置多个岗位，不同部门、不同岗位人员密切协作，才能维持饭店整体系统的运行。因此，打造结构合理的人才队伍非常重要，具体来说，应对员工的能力、知识、专业、性格、年龄、思想以及道德观念等要素进行有机组合，明确员工在群体中的作用和地位，以及应承担的职责和任务，通过群体结构将他们联系在一起，使他们相互发生作用，形成一个有机整体，共同促进饭店的发展。

(二) 营造良好环境，挖掘员工潜力

人力资源是饭店的第一资源，饭店应正确处理自身与员工的劳动关系，创造良好的工作环境，尊重员工的劳动成果，具体可从以下几方面着手：通过培训提高员工素质，充分调动员工的积极性；贯彻执行以岗位责任制为中心的各项规章制度，关心员工生活并强化劳动保护；科学、合理地分配劳动力，改善劳动组织；挖掘员工工作潜力，不断提高劳动

效率；采取有效的激励措施，发挥最佳群体效应，使员工安心工作、享受工作。总之，只有最大程度地发挥员工的积极性和创造性，饭店才能时刻保持生机与活力。

(三) 稳定员工队伍，留住优秀人才

饭店行业为劳动密集型行业，人员流动性高于其他行业，人员的流动原因主要包括：为实现自身价值，谋求发展而跳槽；为寻求更高的薪酬收入而跳槽；为寻找一份稳定的工作而跳槽；为寻求人生体验而跳槽。高比例的员工流动会导致饭店经营费用增加、服务质量及效率不稳定、客源流失，从而影响饭店员工团队的积极性和稳定性。因此，饭店应采取措施做好人力资源管理工作，积极应对员工流动对饭店产生的不良影响。在饭店人力资源管理中，应以员工为中心，用事业留人、待遇留人、文化留人和感情留人；管理人员的配备要适应人才流动，建立合理的制约机制，真正做到"员工第一"。总之，饭店应积极采取措施稳定员工队伍，留住优秀人才，如此才能在竞争中处于不败之地。

学习任务二 认识饭店人力资源部

一、饭店人力资源部的地位

人力资源部是饭店实施人力资源管理、培训管理、劳动工资管理和督导检查管理的职能部门。在饭店经营管理中，人力资源部承担着人力资源开发、协调饭店内部人事关系、组织饭店开展培训工作、降低人工成本以及为饭店员工创造良好工作环境的重任。人力资源部的工作重点是为饭店经营管理和业务发展提供人力资源保证，确保饭店的正常运营和持续发展。综合而言，人力资源部在饭店中的地位体现在以下几个方面。

(一) 策略参谋

人力资源部是饭店发展战略决策的参与者，为饭店提供基于战略方向的人力资源规划及系统的解决办法，因此饭店应将人力资源管理纳入饭店的战略与经营管理活动中，使人力资源管理与饭店战略相结合。

(二) 内部顾问

人力资源部能够运用专业知识和技能研究并开发饭店人力资源产品与服务，为解决饭店人力资源问题提供咨询服务，从而提高人力资源开发管理的有效性。

(三) 为员工服务

人力资源部可以通过与员工沟通，及时了解员工的需求，为员工提供相应的服务，从而提高员工满意度和忠诚度。

二、饭店人力资源部的组织架构及管理制度

(一) 饭店人力资源部的组织架构

饭店自身条件不同，人力资源部组织架构也不同，常见的形式如图1-1、图1-2及图1-3所示。

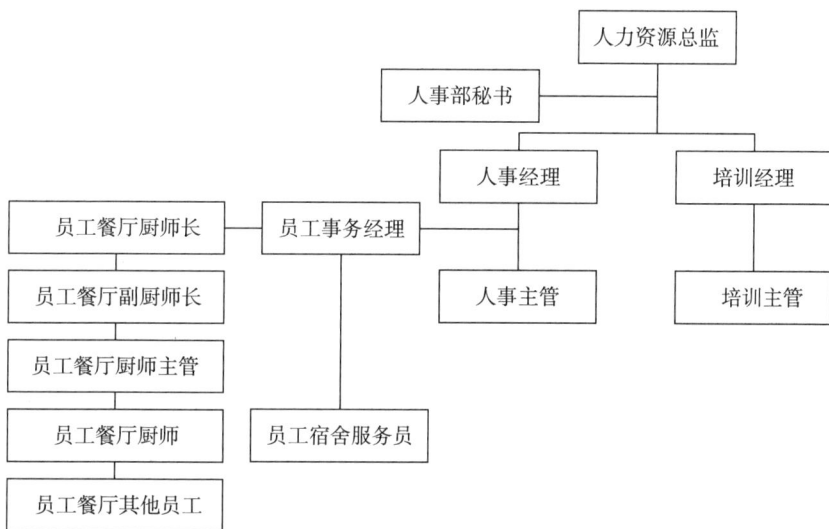

图1-1　饭店人力资源部组织架构示意图一

资料来源：王珑，徐文苑.酒店人力资源管理[M].广州：广东经济出版社，2007.

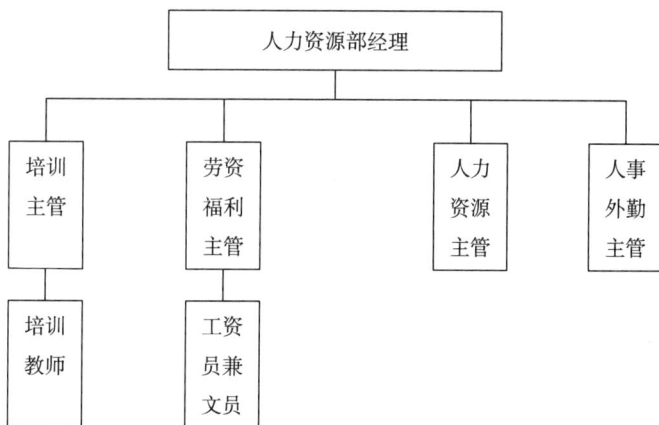

图1-2　饭店人力资源部组织架构示意图二

资料来源：耿煜.新编现代酒店人力资源开发与管理实务全书[M].北京：企业管理出版社，2007.

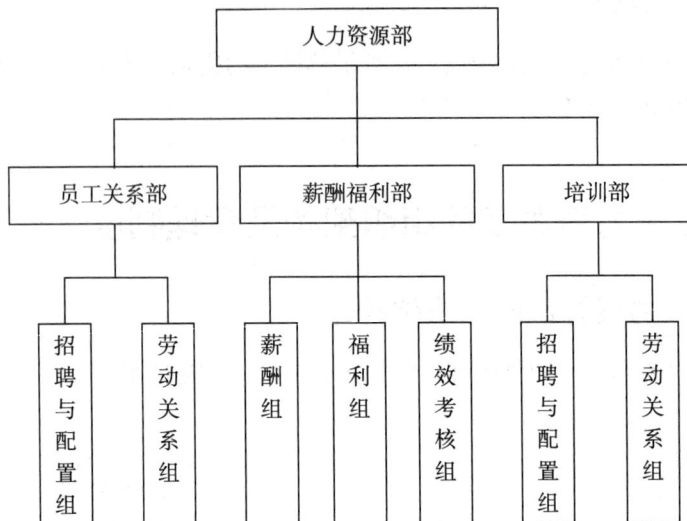

图1-3　饭店人力资源部组织架构示意图三

资料来源：廖钦仁.酒店人力资源管理实务[M].广州：广东经济出版社，2006.

(二) 饭店人力资源部的管理制度

饭店人力资源部根据国家人事劳动政策和饭店制定的管理方针与政策，对饭店的人力资源进行有效整合与管理，旨在调动员工的工作积极性，提高员工素质，增强饭店内部凝聚力，打造一支充满活力和战斗力的团队，为饭店实现经营目标和经济效益提供强有力的人力资源保障。饭店是以人为中心的行业，对饭店进行管理说到底就是对人进行管理。因此，加强人力资源管理制度的建设对饭店具有重要的意义。饭店人力资源管理制度通常包括以下几个方面。

1. 岗位描述

人力资源部应对饭店各个工作岗位进行分析，根据岗位特征确定具体要求，从技术种类、工作范围、权利和义务等角度进行岗位描述。岗位描述不仅是开展招聘工作的依据，也是对员工的工作表现进行评价的标准。以下是对饭店人力资源部的岗位描述。

(1) 协助总经理制订饭店人力资源发展计划。

(2) 根据经营管理的需要，设计饭店组织架构和各部门的人员编制。

(3) 起草人事管理的有关制度，如员工手册、劳动管理制度、培训制度、奖惩制度等。

(4) 计划与实施员工的招聘与培训工作。

(5) 定期对员工的工作表现进行考核。

(6) 实施员工纪律管理、奖惩管理，处理员工投诉。

(7) 管理员工档案，处理员工离职事项，做好人事统计工作。

(8) 做好职工工资、福利及劳动保险工作。

(9) 管理饭店人事、劳动和培训的日常工作，发挥协调控制的功能。

2. 人力资源的招聘与甄选

饭店人力资源的招聘与甄选制度即关于招聘与甄选工作的各项政策、方法的总和，涉及从编制招聘与甄选计划到正式录用员工过程中的各项规定和操作要求。人力资源部制定招聘和甄选制度的目的是指导人力资源部开展招聘和甄选工作，确保招聘和甄选工作顺利完成。因此，招聘与甄选制度应有明确的内容和具体的条款，应能充分满足人力资源管理与实施的需要。

3. 饭店培训管理

1) 饭店培训的注意事项

(1) 有针对性。培训内容应与岗位职责与专业要求对口，理论讲述与操作示范相结合，确保每一个经过培训的员工都能较快地适应自己所从事的工作。

(2) 时间控制。饭店经营有淡旺季之分，饭店培训工作也应有明显的季节性，安排培训时间时应遵循"忙时少学，闲时多学"的原则。

(3) 培训内容应多样化。饭店培训工作内容广泛、复杂且针对性强，而饭店员工工作节奏较快且班次不同，实施培训工作的难度很大。因此，培训方案应体现出多样化的特点，要因时、因地、因人制宜，可采用专题培训与管理培训、内部培训与外部培训、基础培训与系统培训、短期培训与长期培训相结合的方式。培训内容也应因人而异、因材施教，做到学以致用、学用结合。

2) 饭店培训的种类

根据培训对象的层级，可在不同时间、不同地点安排不同的培训内容，形成立体的培训模式。

(1) 决策管理层培训。对饭店高级管理层(总经理、副总、总监及各部门经理)的培训重点是战略管理、市场与竞争观念、营销策略制定、饭店文化建立、预算管理、成本控制、经营决策和管理能力提升等。

(2) 督导管理层培训。对饭店督导管理层(各部门副职、主任和领班)的培训重点是管理理念与能力、饭店专业知识及处理人际关系和客户异议等实务技巧。

(3) 服务基层培训。对服务基层(一线及二线基层员工)的培训重点是提高整体素质、服务意识和执行力，即从专业知识、业务技能与工作态度三个方面进行。

4. 绩效考核

饭店绩效考核是指依据工作岗位描述和工作任务书，对员工的业务能力、工作表现和工作态度等进行评价并量化。考核结果将直接影响员工晋升、奖惩、工资、培训机会等，它有利于调动员工的积极性和创造性。

1) 绩效考核的内容

(1) 员工素质考评。员工素质考评主要检验员工的人格品质与道德水准，包括员工是否有上进心，是否忠于本职工作，员工的组织性、纪律性、职业道德、个人卫生及仪容仪表等方面。

(2) 员工能力考评。员工能力考评主要检验员工的专业技能、操作能力、沟通协调能力、学习能力、创新能力等方面。为了确保考评的公平性，能力考评应分类进行。

(3) 员工态度考评。员工态度考评主要检验员工的事业心与工作态度，包括出勤情况、工作的主动性与积极性等方面。

2) 绩效考核的主要方法

(1) 综合表现考核法。综合表现考核法是指对员工在考核期间的各方面表现进行全面评价。

(2) 业务绩效考核。业务绩效考核侧重对员工的专业能力以及完成本职工作的情况进行评估。这种考核方法更适用于考核销售部门。

5. 员工生涯规划

人力资源部有责任鼓励和帮助员工制定个人发展规划，并进行监督和考查，这样有利于增强员工的归属感，提高员工的忠诚度。通过绩效考评，员工可以了解个人能力的强项和弱项，然后结合自己的兴趣及饭店的经营发展规划和实际情况，与上级主管共同规划自己的职业生涯路线，并在饭店的大力支持下逐步实现。

6. 饭店人事管理

饭店人事管理的内容大致包括以下几个方面。

(1) 员工奖励与晋升。

(2) 员工纪律管理。

(3) 纪律处分。

(4) 员工投诉处理。

(5) 员工档案管理。

(6) 饭店人事统计。

7. 薪酬体系设计的原则

(1) 定岗定编，人职匹配，按劳分配。

(2) 个人收入要与饭店效益挂钩，特别是销售部门。

(3) 兼顾不同部门的利益，针对不同职务、不同工种的具体劳动差别和贡献度的大小给予合理的薪酬。

(4) 精神鼓励和物质奖励相结合。

学习任务三　饭店人力资源从业者的基本素质要求

现代饭店人力资源管理的范畴相较于传统的人事管理发生了质的变化，同时对人力资源从业者的素质也提出了更高的要求。那么，一名合格的饭店人力资源从业者需要具备哪些素质呢？具体可以归纳为以下几个方面。

1. 具备较强的性格稳定性

人力资源从业者的主要工作任务是收集、统计、分析各种人力资源管理信息，具体包括人事信息、培训数据、绩效考核数据等。这些工作比较琐碎且复杂，需要人力资源从业者保持客观、公正、认真的态度，而做事急躁、心存偏见的员工既会很快厌倦这些工作，又无法做到中立客观。因此，具备较强的性格稳定性是对人力资源从业者的基本要求。

2. 具备良好的团队精神和协作能力

一些饭店人力资源从业者欠缺团队精神，不能很好地与领导、同事和部属协作，在工作中喜欢单打独斗。长此以往，不仅个人难以施展才华，还会影响饭店运营，当饭店绩效不佳时，人力资源从业者的工作压力又会加重，导致其出现不良情绪，更加难以融入团队，从而形成恶性循环。人力资源从业者应始终明确，个人是属于团队的，只有具备团队协作精神和协作能力，充分融入团队之中，个人的发展才会更加顺畅。

3. 具备较高的外语水平

人力资源从业者虽然不像前厅部、餐饮部、康乐部员工那样需要与大量外籍客人打交道，但也应具备较高的英语水平，尤其是在高星级国际连锁饭店中，人力资源部的员工需要经常与总部用外语沟通，而饭店各分支部门的总监、经理等管理层中的一部分人也是外国人，如果外语水平低，就无法与上下级顺畅沟通，这将会影响团队协作，从而影响饭店运营。因此，具备较高的外语水平，是饭店人力资源从业者应该具备的基本素质之一。

4. 具备较强的写作能力

相较于其他部门，人力资源部对员工的写作能力要求较高。在饭店经理办公会、全体员工大会上，人力资源部员工负责纪要写作；在建设饭店文化时，人力资源部员工负责撰文论述、讲解；在人力资源部内部的日常管理中，员工应了解各种公文文体的写法，如通知、通告、请示、计划等；在进行招聘时，人力资源部员工负责撰写招聘信息。因此，具备较强的写作能力，是饭店人力资源从业者应该具备的基本素质之一。

5. 具备较强的沟通能力

人力资源从业者需要与饭店管理层、各部门负责人、员工以及外部人员进行有效沟通，顺畅的沟通有助于确保信息准确传递；有助于建立信任关系，解决冲突，促进团队合作；有助于理解各方需求，营造融洽的工作氛围，引导饭店各部门形成合力。因此，具备较强的沟通能力，是饭店人力资源从业者应该具备的基本素质之一。

6. 具备扎实的专业知识，熟悉业务操作流程

饭店人力资源从业者应深刻理解饭店业务的运作方式和流程，知道哪些地方是饭店业务的关键点，了解哪些地方可能存在问题和隐患，并能够找到适当的解决途径，为饭店人力资源管理工作的顺利开展提供条件，为饭店的发展奠定基础。因此，具备扎实的专业知识、熟悉业务操作流程，是饭店人力资源从业者应该具备的基本素质。

7. 熟练掌握各类办公软件及AI工具的使用方法

饭店人力资源从业者应熟练掌握各类办公软件及AI工具的使用方法。

(1) 精通Office办公软件。例如，应能使用Excel软件处理复杂数据、统计员工考勤、设计薪酬计算模板；应能使用Word软件制作标准化合同、员工手册及多语言文件模板，熟悉批注与修订方法；应能使用PowerPoint软件设计符合饭店品牌视觉形象的培训材料、管理层汇报文件，整合动态图表与多媒体。

(2) 掌握人力资源管理系统的操作方法。例如，应能熟练使用酒店行业常用系统(如SAP HR、Workday等国际化系统；北森等本地化系统)的员工档案管理、薪酬福利发放、排班系统配置等模块。

(3) 熟练运用高效能系列智能AI工具，如ChatGPT、DeepSeek、豆包、Kimi等。

(4) 熟悉Teams、钉钉等平台，了解跨部门协作流程，如安排在线招聘与面试、实施员工满意度调查等。

项目小结

饭店人力资源管理是指科学地运用现代管理学中的计划、组织、领导、控制、协调等职能，对饭店的人力资源进行有效开发和全面管理，使其得到优化组合，并最大限度地挖掘员工的潜在能力，充分调动员工的积极性，尽可能使有限的人力资源发挥更大的作用。

饭店人力资源管理的特点为覆盖的范围较广、具有较强的动态性、具有明显的跨越性、体现鲜明的政策性。

人力资源管理是决定饭店经营成败的关键要素，具体表现为：首先，人力资源管理是饭店自身持续发展的根基；其次，人力资源管理是饭店提升服务质量的保证；再次，人力资源管理是饭店打造核心竞争力的关键；最后，人力资源管理是饭店员工提升综合素质的保障。

饭店人力资源管理的目标包括：创建专业化且结构合理的人才队伍；营造良好的环境，挖掘员工自身潜力；稳定员工队伍，留住优秀人才。它在饭店中的地位应概括为策略参谋、内部顾问、为员工服务。

饭店人力资源从业者的基本素质要求：具备较强的性格稳定性；具备良好的团队精神和协作能力；具备较高的外语水平；具备较强的写作能力；具备较强的沟通能力；具备扎实的专业知识，熟悉业务操作流程；熟练掌握各类办公软件及AI工具的使用方法。

知识链接1

饭店人力资源管理制度模板

第一条　为了合理分配和使用饭店员工，充分整合人力资源，使饭店员工发挥最大效用，做到人尽其才、才尽其用，特制定本制度。

第二条　制定岗位职责。

(1) 为饭店每个岗位规定上岗条件，符合条件的员工才能上岗，不符合条件的员工经培训合格后再上岗，否则应调整工作岗位。

(2) 岗位标准涵盖从总经理到服务员的各个岗位，以保证各个岗位人员的综合素质。

第三条　实行计划管理，合理制订饭店招聘计划。

(1) 需根据饭店定编、定岗情况编制招聘计划，具体包括3～5年的中长期计划和1年的短期计划。

(2) 制订计划要考虑人才结构，确定每年招聘人员的比例和数量，逐步提高饭店员工的文化程度，提高人员素质。

第四条　组织饭店员工的招聘。

(1) 根据饭店人员编制和岗位需求面向社会统一招聘。

(2) 招聘工作应遵照公开招聘、公开竞争、公开考试、择优录用的原则。

第五条　招聘人数和聘用要求的主要内容。

(1) 各主要岗位的人数、总人数。

(2) 职业道德要求。

(3) 所学专业、文化程度、外语要求。

(4) 实际工作技能和工作经验。

(5) 年龄。

(6) 身体素质要求。

(7) 其他方面的条件。

第六条　人员招聘一般应经过面试和笔试，在招聘中应遵照德、智、体全面发展的标准。

第七条　及时对饭店内部人员进行调整。

(1) 根据岗位工作的实际需要，对饭店现有人员进行调整，优化劳动组合，及时补充人员。

(2) 将多余人员调离岗位，安排其他合适的工作。

(3) 在各部门、各岗位之间进行调整，应尽可能使员工的工作能力、专业特长与实际工作内容相适应。

第八条　制订退休计划。

(1) 饭店员工达到退休年龄后，如没有特殊情况都要列入退休计划，安排退休。

(2) 对未到退休年龄但身体状况不佳、不能正常上班者，可提前安排退休。

第九条　为饭店员工缴纳养老保险和医疗保险等。

资料来源：任长江，薛显东.酒店管理职位工作手册[M].北京：人民邮电出版社，2006.

📖 知识链接2

饭店人力资源管理常用词汇中英文对照列表

1. 人力资源管理

人力资源经理(human resource manager)

高级管理人员(executive)

职业(profession)

道德准则(ethics)

操作工(operative employee)

专家(specialist)

2. 外部环境

内部环境(internal environment)

政策(policy)

企业文化(corporate culture)

目标(mission)

股东(shareholder)

非正式组织(informal organization)

跨国公司(multinational corporation，MNC)

管理多样性(managing diversity)

3. 工作

工作分析(job analysis)

工作说明(job description)

工作规范(job specification)

工作分析计划表(job analysis schedule，JAS)

管理职位描述问卷法(management position description questionnaire，MPDQ)

行政秘书(executive secretary)

4. 人力资源计划

战略规划(strategic planning)

长期趋势(long term trend)

要求预测(requirement forecast)

供给预测(supply forecast)

管理人力储备(management inventory)

裁减(downsizing)

人力资源信息系统(human resource information system，HRIS)

5. 招聘

职位申请表(employment application)

招聘方法(recruitment method)

内部提升(promotion from within，PFW)

工作公告(job posting)

广告(advertising)

职业介绍所(employment agency)

特殊事件(special event)

实习(internship)

6. 选择

选择率(selection rate)

简历(resume)

标准化(standardization)

有效性(validity)

客观性(objectivity)

规范(norm)

录用分数线(cutoff score)

准确度(accuracy)

业务知识测试(job knowledge test)

求职面试(employment interview)

非结构化面试(unstructured interview)

结构化面试(structured interview)

小组面试(group interview)

职业兴趣测试(vocational interest test)

会议型面试(board interview)

7. 组织变化与人力资源开发

人力资源开发(human resource development，HRD)

培训(training)

开发(development)

定位(orientation)

训练(coaching)

辅导(mentoring)

案例研究(case study)

会议方法(conference method)

角色扮演(role play)

工作轮换(job rotation)

在职培训(on-the-job training，OJT)

媒介(media)

8. 企业文化与组织发展

企业文化(corporate culture)

组织发展(organization development，OD)

调查反馈(survey feedback)

质量圈(quality circle)

目标管理(management by objective，MBO)

全面质量管理(total quality management，TQM)

团队建设(team building)

9. 职业计划与发展

职业(career)

职业计划(career planning)

职业道路(career path)

职业发展(career development)

自我评价(self-assessment)

职业动机(career motivation)

10. 绩效评价

绩效评价(performance appraisal，PA)

小组评价(group appraisal)

等级量度法(rating scales method)

关键事件法(critical incident method)

排列法(ranking method)

平行比较法(paired comparison method)

硬性分布法(forced distribution method)

晕轮误差(halo error)

宽松(leniency)

严格(strictness)

360反馈(360-degree feedback)

叙述法(essay method)

集中趋势(central tendency)

11. 报酬

报酬(compensation)

直接经济报酬(direct financial compensation)

间接经济报酬(indirect financial compensation)

非经济报酬(no financial compensation)

公平(equity)

外部公平(external equity)

内部公平(internal equity)

员工公平(employee equity)

小组公平(team equity)

工资水平领先者(pay leader)

现行工资率(going rate)

工资水平居后者(pay follower)

劳动力市场(labor market)

工作评价(job evaluation)

排列法(ranking method)

分类法(classification method)

因素比较法(factor comparison method)

评分法(point method)

工作定价(job pricing)

工资等级(pay grade)

工资曲线(wage curve)

工资幅度(pay range)

12. 福利

福利(welfare)

员工股权计划(employee stock ownership plan，ESOP)

值班津贴(shift differential)

奖金(incentive compensation)

分红制(profit sharing)

13. 安全与健康的工作环境

安全(safety)

健康(health)

频率(frequency rate)

紧张(stress)

角色冲突(role conflict)

14. 员工和劳动关系

工会(union)

地方工会(local union)

行业工会(trade union)

产业工会(industrial union)

全国工会(national union)

谈判工会(bargaining union)

劳资谈判(collective bargaining)

仲裁(arbitration)

罢工(strike)

内部员工关系(internal employee relation)

纪律(discipline)

纪律处分(disciplinary action)

申诉(grievance)

降职(demotion)

调动(transfer)

晋升(promotion)

案例分析 | 凯宾斯基：让员工成为不断升值的资产 ⬇

　　"员工是我们饭店最宝贵的资产。"凯宾斯基饭店副总经理李波告诉记者。17年前，凯宾斯基员工的平均年龄是20岁；17年后，凯宾斯基员工的平均年龄是30岁。据凯宾斯基内部统计，在凯宾斯基860多名员工中，有60%以上是工作年限超过10年的老员工。

　　凯宾斯基在业内颇有口碑，不仅服务质量好，而且盈利能力强。不管是在经济欣欣向荣之时，还是在环境萎靡不振之际，凯宾斯基表现出的抗压、抗风险能力都让同行很羡慕。究其原因，李波表示："这是我们员工一起努力的结果，员工的忠诚对饭店的发展很重要，是促进饭店发展、盈利的关键因素之一。"李波明确指出："我们培养员工忠诚度的秘诀其实很简单，就是从员工的角度出发，从公平的角度出发，让他们在未来的职业规划中有发展；尽可能尊重他们，做到人尽其用。即便有一天他们离开饭店，也能从从容容地应对一切变化的环境。"

　　凯宾斯基在员工培训方面有其独到之处——从员工需求出发，将固定培训与个性化培训相结合。

每个员工在入职时，都会得到一个小本子，这个小本子被称为"培训护照"。"培训护照"是凯宾斯基员工个人职业生涯的进阶通行证。凯宾斯基的培训课程内容十分丰富，如处理纠纷的培训、英语培训、化妆培训、服装搭配培训等，后续还会有交叉培训。在凯宾斯基，每一天都会安排培训。员工参加培训后就可以在"培训护照"中累计积分，累计积分同时记录在员工的个人档案中。当各部门有用人需求时，会首先考虑接受过系统培训的员工。

如果饭店能将每位员工分配到合适的岗位上，使其成为岗位专家，那么这个饭店一定能得到长足发展。"我们就是要让每一位员工都能在适合自己的岗位上工作，发挥自己的专长。只有这样，才能调动员工的工作积极性，使其更好地为饭店服务，同时这也是饭店对员工的一种尊重。"李波表示。

据李波介绍，在饭店刚成立时入职的员工中，如今有很多已经做到管理层，但也有一部分员工一直留在服务"前线"。在员工年轻化的服务行业，像凯宾斯基这种员工平均年龄在30岁的饭店并不多见。"只要我们的服务质量一直在提升，员工是否年轻并不重要。"李波强调。

凯宾斯基工程部的老员工数量最多。"他们之中的一部分人确实没有高学历，但他们从饭店营业起就在这里工作，了解饭店的所有设施，经验丰富，能够快速解决问题。"李波坚定地表示："只要他们愿意在这里工作，我们有什么理由不用呢？"

凯宾斯基之所以能有如此多的老员工，与其自由择岗的制度有关。员工入职手册中有一条规定：员工工作满6个月后可以申请去其他部门。"员工入职6个月后，在本职工作做好的基础上可以去申请其他职位，这是对员工的尊重。"李波对这个制度带来的效果很满意："人尽其才才能最大限度地调动员工的工作积极性。我们前厅部的一名主管就是从餐饮部转调的，她在餐饮部做得很出色，但因为她有自己的职业规划，所以才想到前厅部来工作。事实证明，这样的制度会让员工更加热爱自己的岗位。"

"以人为本的绩效考核能让员工感受到被尊重，能提升员工的忠诚度，从而提升饭店的效益。"

在凯宾斯基，员工的常规绩效分为两种：一种是每年有一定增幅的固定工资；另一种是工资加绩效。不过也有一部分员工的绩效需要灵活掌握。"厨师既不适用于行政绩效考核，也不适用于餐厅员工绩效考核，于是我让他们自己选择绩效考核方式。"李波在回忆当时的情况时说，"后来厨师长保守地选择了固定涨薪。我给他们充分的选择权，但事实证明他们错了，因为餐厅每年的业绩都会增长。"李波笑得很狡黠。

但有些岗位的薪酬管理让李波感到头疼。例如，礼宾部大概有十几个人，而且大部分都是工作超过10年的老员工。"基于对职业规划和个人发展的考虑，我每年都会问他们想不想升职调到其他部门工作，但每次都被他们拒绝。那我只能在福利待遇方面多为他们考虑，除了加薪，还会多为他们提供一些出国考察和培训的机会。"

在采访即将结束的时候，李波又聊起最近一桩人事调动："我用了6年时间终于给啤酒坊经理调换了一个更适合她的岗位。以前，她一直都上夜班，客人和员工都觉得她好，不肯放她走，她自己也舍不得走。但是我们也要考虑她的家庭因素，最近终于把她调到一个既不辛苦又适合她的工作岗位，我也算安心了。"

资料来源：提高员工忠诚度让员工成为不断升值的资产[EB/OL]. (2013-12-26)[2025-03-23]. https://www.ccas.com.cn/site/content/102562.html. 有删改

试分析：

1. 凯宾斯基饭店采取了哪些措施来加强人力资源管理？
2. 凯宾斯基饭店员工忠诚度高的原因是什么？

案例分析 | 北森×旅悦集团：一体化HR SaaS助推人力资源数字化

旅悦(天津)酒店管理有限公司(以下简称"旅悦集团")成立于2016年，隶属携程集团的战略投资公司。旅悦集团是一家集酒店管理、信息技术、采购贸易于一体的旅游产业集团，该集团聚焦于旅游产业链实体的建设与运营，致力于将互联网创新技术应用于传统旅游产业链，实现传统行业建设与运营的智能化、科技化发展。旅悦集团依托于携程、去哪儿网的用户数据，以数据驱动运营，以科技驱动发展，凭借自己的技术研发团队，创新研发了阿拉丁全球智能选址系统、XPMS管理系统等，用"大管家"智慧服务体系实现了非标酒店的规模化发展。

旅悦集团目前拥有在职员工2000多名，旗下酒店品牌全球签约开店数1900家，遍布中国、日本、韩国等10个国家的200多个旅游目的地。随着旅悦集团业务的快速发展及对海外市场的不断拓展，组织规模逐渐扩大，员工分布区域也在进一步分散。虽然集团HR的定位从职能模式转为三支柱模式，但现有人力资源系统仍不足以维持运营现状，旅悦集团急需一个能贯穿员工全生命周期，同时能覆盖全集团范围的一体化平台，真正提升流程驱动效率、管理规范性及员工体验。

1. 打破数据隔离，实现人力资源信息一体化

旅悦集团在应用原有人力资源系统时仅使用了组织人事模块，招聘、假勤管理、薪酬管理等业务都是在线下处理的，导致不同业务之间的数据共享困难、时效性低。同时，原有人力资源系统没有与其他业务系统集成在一起，各个系统分别对数据进行维护，如果信息更新不及时，极易产生错误。

为了打破数据隔离，实现人力资源信息一体化，旅悦集团采用北森核心人力管理系统，实现了组织人事、假勤管理、薪酬管理等人事基础事务的系统化、数据化管控，使人事运营管理得以有效落地，进一步确保了人事技术数据的完整性、准确性、及时性(见图1-4)。此外，旅悦集团通过将北森核心人力管理系统与自家的数据中心集成在一起，将人力资源数据同步到上下游系统，实现了数据互通，有效提升了HR的工作效率。

图1-4　旅悦集团核心人力管理系统

2. 极速入职，提升新员工入职体验

旅悦集团一直采用先在线下采集新员工信息再由HR手动将其录入人力资源系统的操作方式，导致HR工作量大且易出错。北森核心人力管理系统不仅为旅悦集团提供了从在线Offer管理到员工入职确认的全流程线上解决方案，还简化了入职手续，减少了HR的工作量，同时有效提升材料提交以及录用阶段各部门间的协作效率，从而提升了新员工的入职体验。

在候选人接受Offer后，北森核心人力管理系统中的"极速入职"会自动向候选人发起信息采集。候选人可通过移动端或PC端配合信息采集，HR也可通过系统便捷查看候选人信息采集的进度。当候选人确定入职后，"招聘/HRBP"可将入职准备工作以待办的形式发送给行政、IT等协作部门，相关部门可线上反馈完成情况，"招聘/HRBP"可随时掌握办公设备准备、域账号开通、工卡办理等入职准备工作的进度。新员工入职当日，还可通过扫描报到二维码确认个人信息、入职材料并完成入职手册签收等事项。入职管理全流程的线上化可实现招聘系统与组织人事系统的无缝衔接，简化流程，既为候选人提供了良好的入职体验，又减少了HR的工作量。

3. 全面应用电子签，降低合同管理成本

旅悦集团一直使用纸质劳动合同及协议，但由于区域内部没有专人管理这些纸质文件，需要通过邮寄签署后再由总部统一归档整理，这不仅增加了物流成本，而且使签署过程难以管控。

旅悦集团通过北森核心人力管理系统中的电子签功能全面实现了劳动合同及各类协议的线上签署及管理。在完成企业验证之后，集团HR可向需要入职新签或合同续约的员工发起签约，员工通过刷脸即可自助完成实名认证并在线完成合同与协议签署。HR在收到员工签署的合同与协议后，即可在线完成合同审核工作。通过这一功能，合同签署的效率大幅提高，为集团节约了合同邮寄成本。

4. 多方案管理假勤，实现数据自动核算

旅悦集团业务遍布世界各地，员工工作区域过于分散，导致考勤管理方式不统一。此外，集团总部难以对员工加班、出差等进行有效管理，而考勤数据来源分散也增加了HR的统计汇总工作量。

针对这些问题，北森专门为旅悦集团的不同类型员工设计了多种考勤规则。员工只要使用北森App打卡签到即可匹配相应的假勤方案。当员工有出差需求时，也可在线上提交申请。针对门店加班管理的需求，北森通过打卡比对，有效控制加班时长，从而控制人工成本。

在薪酬计算方面，考勤数据系统可实现自动计算，在提升HR工作效率的同时也大大提升了薪酬数据的准确性。同时，员工还可通过移动端查看电子工资单，既方便快捷又能兼顾信息安全。

5. 数据驱动，助力业务发展

随着业务的快速扩张，不断需要有人员来完成新区域业务的开拓工作。同时，文旅行业在淡旺季对人员需求差异比较大，因此，如何精确掌握员工变动节奏、为业务开展提供人员支持成为HR所要面对的挑战之一。

针对这一情况，北森为旅悦集团设计了部门人员结构分析、流动分析等多种报表，HR可根据报表了解部门人员的分布情况，根据业务变动做好人员调配准备。

北森的HR SaaS一体化解决方案为旅悦集团的快速发展提供了有效支撑，不仅实现了流程驱动效率的提升，还强化了管理的规范性，同时，也给旅悦集团的员工带来了良好的使用体验。

资料来源：旅悦集团.北森×旅悦集团：一体化HR SaaS助推人力资源数字化[EB/OL]. (2024-12-13)[2025-03-23]. https://www.beisen.com/customer/148.html. 有删改

试分析：
1. 旅悦集团是如何实现人力资源数字化的？
2. 人力资源数字化有哪些优势？

实训练习

走访及查阅相关资料，了解本地某四星级饭店，调研该饭店的部门设置、员工数量、薪酬待遇、培训模式等，并撰写该饭店人力资源调研报告(重点在于提出存在的问题并给出解决对策)。

复习思考题

1. 简述饭店人力资源管理的概念。

2. 饭店人力资源管理的意义有哪些？

3. 饭店人力资源管理有哪些特点？

4. 简述饭店人力资源管理的目标。

5. 饭店人力资源从业者应具备哪些基本素质？

学习项目二
饭店人力资源规划

知识目标

- 掌握饭店人力资源规划的含义
- 熟悉饭店人力资源规划的内容
- 了解饭店人力资源规划的分类
- 掌握饭店人力资源规划的作用

技能目标

- 掌握饭店人力资源规划的程序
- 掌握饭店人力资源规划的方法

课前导读

　　人力资源规划是饭店发展整体战略的重要构成要素之一，也是饭店开展人力资源管理工作的重要基础。科学有效的人力资源规划可以预防饭店组织机构臃肿，优化人力资源各项配置，节省各项运营成本。本章首先介绍了饭店人力资源规划的含义、内容、分类、作用，其次分析了饭店人力资源规划的程序，最后阐述了饭店人力资源规划的常用方法。

案例导入 | 企业经营之道——一切来自员工满意度

　　上海波特曼丽嘉酒店曾连续两年被评为"亚洲最佳商务酒店"和"亚洲最佳雇主"的第一名。波特曼丽嘉的成功秘诀是什么？对此，总经理狄高志(Mark J.DeCocinis)勾画出一个三层金字塔进行解释："三层金字塔从下至上依次为员工满意度、顾客满意度和酒店盈利，我最重要的工作就是保证员工在每天的工作中都能保持愉快的心情，他们的努力决定一切。"

　　根据人力资源咨询公司翰威特的"最佳雇主调查"，员工满意度达到80%的公司，平均利润率增长要高出同行业其他公司20%左右。自1998年正式营运以来，波特曼丽嘉的员工满意度与顾客满意度就一直相携节节攀升，最高时达到97%。

波特曼丽嘉的经营目标与其他酒店一样都是不断盈利，每位员工也明确了解自己是促成酒店盈利的关键因素。他们的制服口袋里装着酒店统一发放的信条卡，其中酒店对员工承诺的第一条写着"在丽嘉，我们的绅士和淑女是对客服务中最重要的资源"，充分体现了波特曼丽嘉酒店处理员工事务的要义。

1. 员工满意从招聘开始

据统计，上海市四星级以上酒店的员工流失率为22%～23%，而波特曼丽嘉的员工流失率仅为18%，为业内最低。为了减少员工流失、提高员工满意度，波特曼丽嘉在招聘环节严格把关，既要求员工有从事不同岗位工作所需的天赋，又要求员工的个性与价值观必须与丽嘉文化相契合。

公关协调员严娜从旅游管理专业毕业后便以培训生的身份加入酒店。她对当初的严格选拔记忆犹新："首先应聘者要接受人事部的选拔，以判断是否具有从事服务行业的天赋和热情；随后需就岗位知识技能、职业发展目标、酒店文化适应能力等方面分别接受部门经理、部门总监以及人事总监的考核；最后与总经理本人直接面谈。"她的亲身感受是，一旦加入丽嘉，就会被当作长期合作伙伴而受到信任。

2. 尊重同事，重视自己

"波特曼丽嘉翻新了员工餐厅，美味的食物、优雅的用餐环境都让人觉得酒店非常尊重我们。"严娜说。丽嘉集团全球总裁高思盟(Simon Cooper)说过："我们提供专业的服务，但我们绝非仆人。"丽嘉提出"我们以绅士淑女的态度为绅士淑女忠诚服务"的服务理念，旨在时刻提醒全体员工作为专业服务人士，要以相互尊重和保持尊严的原则对待客人以及同事。

在酒店里，工程部、客房部、管事部、厨房等一线岗位员工通常需要付出大量的体力劳动，但他们并不会产生低人一等的感觉。其中的关键是波特曼丽嘉始终强调，每一位绅士淑女都为酒店的成功运营做出了重要的贡献。狄高志提起一位管事部的女士，她负责清洁客人使用的玻璃杯和瓷器。这位女士为自己的工作感到自豪，因为晶莹剔透的器皿也是客人愿意再次来到餐厅消费的原因；同时她认为要保证器皿的流通速度，否则会影响侍应生为客人服务的心情。

"她给我留下了很深的印象。从这个例子可以看出，员工了解每个人的工作都会影响到其他同事的满意度、客人的满意度以及酒店的最终运营情况。"狄高志对这一点非常满意："只有重视自己，才会把自己当作酒店的主人，也才会彼此尊重。"

其他部门的员工有时也会参与到服务性工作中来。丁萍和她的同事曾经在酒店举办大型活动时到宴会厅帮忙，她说："来宾有近千人，服务员忙不过来，所以我们每个部门都抽调一些人过去，做一些接待、端盘子这样力所能及的事情，也能体现人人平等、互相帮助的企业文化。"

在波特曼丽嘉，无论是老板、主管还是普通员工，如果想表达对他人的尊重和感谢，都可以在一流卡(first-class card)上写上鼓励的话，装在信封里交给狄高志。狄高志就收到过分别来自公关部和客房部的一流卡,他表示:"这种感觉很好,我希望能收到更多,我们每个人都应该经常送出一流卡表示对别人劳动的尊重。"

3.充分信任,授予权力

某年在伦敦,狄高志与酒店大客户会谈时,一位女士走过来,告诉他一个行李生的故事。不久前,她与丈夫入住上海波特曼丽嘉,她感觉房间整洁舒适,非常满意。但行李生主动建议并帮助他们换了另一间有大床的大房间,因为她的丈夫非常高大。这位女士觉得非常惊喜。换房间本来并非行李生的职责,但他可以运用权力做出这个决定。回到欧洲以后,她向许多人讲述波特曼丽嘉的员工是如何设身处地为客人考虑的,而且他们拥有酒店赋予的权力。狄高志对此非常自豪:"相信她的朋友和家人在选择酒店的时候,一定会先考虑我们。这就是充分信任员工给我们带来的回报。"

资料来源:一切来自员工满意度[EB/OL]. (2024-12-13)[2025-03-23]. https://doc.mbalib.com/view/6dd59800885f7a50bf0f2cad70d20d20.html.

案例评析

首先,员工是饭店利润的创造者。员工对饭店满意,才会以饭店为家,以饭店的目标为自己的目标,努力工作,发挥才能,为饭店创造价值,提升饭店经营效益。其次,员工是饭店的核心竞争力。员工对饭店满意,才会努力提高服务质量,提高顾客满意度,助力饭店提升口碑和形象,在激烈的市场竞争中获得可持续发展。最后,员工是饭店发展的基石。员工对饭店满意,才会将自己视为饭店团队中的一员,积极完成饭店安排的各项工作任务,自发自觉地为饭店的发展和建设贡献力量,助力饭店发展。

学习任务一 认识饭店人力资源规划

一、饭店人力资源规划的含义

饭店人力资源规划,是指为实现饭店组织发展目标与战略,根据饭店组织内外部环境的变化,运用科学的方法对所属人力资源的供需进行预测,并制定相应的政策和措施,从而使饭店组织人力资源供给和需求达到平衡,使组织与成员均受益,最终实现饭店组织可持续发展目标的过程。简而言之,饭店人力资源规划就是预测饭店人力资源供需,使之平衡并实现可持续发展的过程,其含义包括以下几个方面。

(1) 饭店人力资源规划连接饭店现状与未来发展，应结合饭店发展现状，着力满足未来饭店对人力资源的需求。饭店人力资源规划是指导当前管理决策的依据，更是指导饭店分配与运用人力资源以达到经营目标的方法与手段。

(2) 通过饭店人力资源规划，可确保人力资源的供给和需求达到平衡，使饭店各部门都能及时获得所需要的合格人才，还可使饭店和员工的发展目标达成一致，确保饭店和员工得到持续发展。

(3) 饭店人力资源规划要有明确、清晰的计划和政策作为保障，如招聘、培训、晋升与降职、退休、奖罚、人事调动等计划或措施，从而确保饭店人力资源规划目标得以实现。

(4) 饭店人力资源规划是一个动态、持续的过程。把人力资源规划简单理解为信息收集和人事政策制定，做好规划便可一劳永逸的思想是一种静态观念，它与饭店战略目标的变化、环境的变化、市场需求的变化和人才自身发展需要的变化不相适应，会导致人力资源得不到合理利用，严重影响人力资源的稳定性，甚至造成饭店人才流失。

(5) 饭店人力资源规划立足于组织和个体长期利益的一致性，因此饭店人力资源规划有助于创造良好的条件，有助于员工充分发挥主观能动性和创造性，从而提高工作效率，助力饭店实现经营目标。

二、 饭店人力资源规划的内容

(一) 饭店人力资源总体规划

人力资源总体规划是饭店在总体战略目标的指导下，在计划期内对人力资源开发的总目标、总战略、总措施及总预算的安排。各项业务规划是总体规划的具体实施。

(二) 饭店员工配备规划

员工配备规划用于反映饭店中长期内不同职位或从事不同工作类型的人员的分布状况，具体是指饭店按照内外部环境的变化，采取不同的人员管理措施，以实现饭店内部人员最佳配置，包括员工在饭店内部的合理流动、对岗位再设计等。

(三) 饭店员工补充规划

饭店业是员工流动率比较高的行业，由于各种原因饭店内经常会出现岗位空缺或产生新岗位。员工补充规划是饭店为解决岗位空缺所制定的补充人员方案，旨在满足饭店对人力资源的需求，确保人力资源数量、质量和结构符合饭店发展需要。

(四) 饭店员工晋升规划

员工晋升规划是饭店根据经营目标、饭店内人员分布情况、层级结构、未来发展制定的员工职务提升方案，这对调动员工的工作积极性和提高人力资源利用率是非常重要的。

(五) 饭店员工培训开发规划

员工培训开发规划是饭店为使员工技能发展和饭店发展目标相适应而制定的培训策略方案。饭店通过对员工进行培训开发，一方面，可以使员工更好地适应工作，提高员工的服务水平和工作效率；另一方面，可以为饭店的未来发展储备人才。

(六) 饭店员工绩效考核规划

员工绩效考核规划是饭店为考核员工的工作表现和工作结果所制定的评价方案。绩效考核结果可以作为饭店任用、调配、培训员工的参考依据。

(七) 饭店员工薪酬激励规划

员工薪酬激励规划是饭店为平衡人工成本与饭店经营状况，同时充分发挥薪酬激励功能所制定的方案。饭店应在展望未来发展的基础上，对未来薪酬总额进行预测，设计、制定并实施针对未来一段时间的激励措施，以充分调动员工的工作积极性。

(八) 饭店员工职业生涯规划

员工职业生涯规划在人员流动性较强的饭店行业的作用尤为突出，它既是员工个人的发展规划，又是饭店员工规划的有机组成部分。饭店通过规划员工职业生涯，能够把员工个人的职业发展与饭店需要结合起来，从而有效留住人才，稳定饭店的员工队伍。特别是对那些具有发展潜力的员工，饭店可通过员工职业生涯规划激发他们的主观能动性，使其在饭店发挥更大的作用。

(九) 饭店员工退休解聘规划

员工退休解聘规划是饭店为解决员工退休问题所制定的方案，旨在确保饭店员工的离岗过程正常化与规范化，降低劳动成本，提高劳动效率，同时为饭店内的年轻员工创造更多的机会。

三、 饭店人力资源规划的分类

(一) 按规划时限分类

根据规划时限的长短，可以将饭店人力资源规划分为短期人力资源规划、中期人力资源规划和长期人力资源规划3类。短期人力资源规划是指6个月至1年的规划；中期人力资源规划一般是指1年以上、5年以下的规划；长期人力资源规划是指5年或者5年以上的规划。

(二) 按规划范围分类

　　根据规划范围的大小，可以将饭店人力资源规划分为整体人力资源规划和部门人力资源规划。整体人力资源规划是指在整个饭店范围内进行的规划，它将饭店的所有部门纳入规划范围，具有全局性和整体性；部门人力资源规划是指在一个部门范围内进行的规划。整体人力资源规划是在部门人力资源规划的基础上进行的。

(三) 按规划性质分类

　　根据规划性质的不同，可以将饭店人力资源规划分为战略性人力资源规划和战术性人力资源规划。前者的主要特点是具有全局性和长远性，通常是饭店人力资源战略的表现形式；后者一般指具体的短期规划，是具有专门针对性的业务计划，主要包括人员补充计划、人员分配计划、人员接替和提升计划、薪酬计划等。

四、 饭店人力资源规划的作用

(一) 为饭店战略目标的实现提供人力资源保障

　　人力资源作为饭店的核心资源之一，对饭店而言具有十分重要的作用。人力资源的供给状况直接影响饭店的未来发展和战略目标的实现。饭店中的一些核心管理人才和技术人才属于饭店的稀缺资源，并非随时可以获得，因此，饭店应做好人力资源需求与供给预测，并制订一系列相应的计划，以保证饭店的人才供给。

(二) 为饭店人力资源管理夯实基础

　　人力资源规划是饭店人力资源管理的起点和基础。从战略层面来说，人力资源规划通过分析饭店内外部因素，盘点饭店人力资源现状，预测饭店发展所需员工的数量和质量，对饭店人力资源管理进行方向性指导和宏观把握。从战术层面来说，人力资源规划通过预测饭店员工的需求与供给，制定人力资源政策和具体行动方案，使人力资源管理规范化、科学化，从而指导员工招聘、培训和绩效考核等工作的开展。

(三) 有助于控制饭店的人工成本

　　人工成本控制是饭店成本控制中的一个重要环节，人工成本在很大程度上取决于各部门员工分布状况。员工分布状况是指饭店组织中不同工种、不同职位上的员工数量状况。如果没有进行科学的人力资源规划，未来的人工成本是未知的，难免会出现人工成本上升、效益下降的趋势。因此，在预测饭店发展规模的同时，应有计划地调整员工职位分布，把人工成本控制在合理的范围内。

(四) 为饭店人力资源管理的有序化提供依据

人力资源规划由总体规划和各业务规划构成，它为饭店的各类管理活动，如确定人员需求及供给数量、调整职务和任务、人员培训与开发等提供可靠的信息和依据，从而保证人力资源管理的有序化。

(五) 有助于饭店及员工实现利益双赢

人力资源规划是同时面向饭店自身和员工的计划。饭店的发展和员工的发展应该是互相依托、互相促进的关系。科学的人力资源规划可以作为员工职业生涯规划的参考，同时也有利于饭店开发员工的潜能。如果饭店只考虑自身发展的需要，而忽视了员工的发展，最终会使饭店的发展受限。

学习任务二 饭店人力资源规划的程序

饭店人力资源规划一般分为5个阶段，即确立目标阶段、调查分析阶段、需求及供给预测阶段、制定与实施阶段、收集反馈信息阶段。每个阶段紧密衔接，确保饭店人力资源规划各项任务的落实，保证饭店内外部人力资源的供需平衡，最终保证饭店组织目标的顺利实现。

一、确立目标阶段

这是人力资源规划的第一步，主要根据饭店的总体目标来确定人力资源规划目标。饭店的产品组合、经营规模及特色、层次档位等不同，对从业人员的要求也不同。明确饭店的战略决策与经营决策，从而确立人力资源规划目标，是开展人力资源规划的前提。

二、调查分析阶段

信息资料是制定饭店人力资源规划的依据。调查分析阶段的主要任务就是广泛收集饭店组织内部和外部的各种有关信息，并进行分析整理，为后续阶段确定实务方法和选择实施工具做准备。

饭店组织内部信息主要包括饭店组织战略、人力资源战略、组织员工流动状况、员工素质、人力资源成本及其变动趋势、产品市场占有率、岗位需求变化等。饭店组织外部信息主要包括宏观经济发展趋势、饭店行业发展前景、主要竞争对手的动向、相关技术的发展、劳动力市场相关人才的供需状况、政府的政策法规等。

三、需求及供给预测阶段

(一) 饭店人力资源需求预测

饭店人力资源需求预测是人力资源规划的重要组成部分,主要是预测实现饭店的经营目标所需要的员工数量、质量及结构。人力资源需求预测可以采用定量或定性的方法,饭店可以根据内外部环境因素并综合考虑各类预测方法的优缺点,选择适合本饭店的方法。饭店在当前或未来一段时间内到底需要多少符合数量要求和质量要求的人员,必须在全面收集相关信息的基础上做出判断。

(二) 饭店人力资源供给预测

饭店人力资源供给包括内部人力资源供给和外部人力资源供给。在进行人力资源需求预测后,饭店应根据人力资源现状、未来的变动情况选择合适的预测方法,预测出计划期内各时间点上的饭店内部人员供给量,再根据宏观经济形势和当地劳动力市场供求状况,预测出在计划期内各时间点上可以从饭店外部获得的各类人员数量。一般情况下,饭店内部人力资源供给较容易预测,而外部人力资源供给具有较大的不确定性。

四、制定与实施阶段

(一) 制定饭店人力资源规划

饭店应首先拟定人力资源战略,再根据人力资源战略进行总体规划,制定各项具体的业务计划以及相应的人事政策,以便各部门贯彻执行。在制定饭店人力资源规划时,要保持各项计划和政策的一致性,确保满足饭店对人力资源的需求,从而使饭店人力资源战略目标得以实现。饭店人力资源供求达到协调平衡是人力资源规划的基本要求。

(二) 实施饭店人力资源规划

饭店人力资源规划的实施是人力资源规划的实际操作环节,在实施过程中要注意协调各部门、各环节的关系,并将规划转化成有具体计划目标、日期、时间进度安排和资源投入的可操作项目,然后分解执行。在规划实施阶段,应有实现既定目标的饭店组织保证。在实施过程中,许多可控或不可控因素都可能对饭店人力资源管理措施产生影响,因此要对人力资源规划进行动态调整和监控,只有这样才能实现预期的目标,发挥人力资源规划的作用。

五、收集反馈信息阶段

在这一阶段，应对人力资源规划执行过程进行监督，通过收集反馈信息，分析和评价规划质量，找出不足，及时并适当修正，以保证饭店总体目标的实现。在评价人力资源规划时，一定要公正、客观和准确，同时考虑成本与效益，还要征求部门经理和基层管理者的意见。

学习任务三 饭店人力资源规划的方法

一、饭店人力资源需求预测方法

饭店人力资源需求预测是指根据饭店的发展目标和饭店的内外部条件，选择适当的预测技术，对人力资源需求的数量、质量和结构进行预测。要制定一份科学合理的人力资源规划，人力资源需求预测是必不可少的环节。人力资源需求预测是人力资源规划的重要组成部分，主要预测实现饭店目标所需要的员工数目和类别。饭店人力资源需求预测的常用方法有如下几种。

(一) 经验判断法

经验判断法是较为常用的预测方法之一，即各级经理或管理人员根据自己的经验和直觉，自下而上或自上而下地确定未来所需人员。采用自下而上的形式预测人力资源需求时，由部门经理提交人力资源需求预测方案，通过饭店人力资源部上报最高管理层审批。采用自上而下的形式预测人力资源需求时，由最高管理层预测饭店及各部门人力资源的需求情况，人力资源部参与讨论并提出建议，最后要与部门经理讨论预测结果，并征得部门经理的同意。

(二) 德尔菲法

德尔菲法是20世纪40年代由兰德公司发展起来的，也称专家评估法。一般采用问卷调查的方式，听取专家对企业未来人力资源需求量的分析与评估，反复进行多次评估后，最终达成一致意见。这是一种有步骤地根据专家意见去解决问题的定性预测方法，它既可用来预测饭店整体人力资源需求，也可用于预测部门人力资源需求。它的目标是通过综合专家的意见来预测某一领域的发展状况，适合预测人力资源需求的长期趋势。

(三) 现状规划法

现状规划法是较为简单的预测方法，易于操作。它假定饭店保持原有的生产状态和生产技术不变，饭店的人力资源也处于相对稳定的状态，即饭店各种人员的配备比例和人员总数完全适应预测规划期内的人力资源需求。在此预测方法中，人力资源规划人员所要做的工作是测算出在规划期内有哪些岗位上的人员将要晋升、降职、退休或被调出本饭店，再准备调动人员去弥补即可。

(四) 趋势及回归分析法

趋势分析法是指找出饭店中对劳动力数量和结构影响最大的因素，分析这一因素变动导致饭店劳动力数量和结构变化的规律，据此预测未来饭店的人力资源需求。

在运用趋势分析法预测时，可以根据经验估计，也可以利用计算机进行较为复杂但更准确的回归分析。所谓回归分析法，就是利用历史数据找出某一个或几个组织因素与人力资源需求量的关系，并将这一关系用一个数学模型表示出来，借助这个数学模型来推测未来饭店人力资源需求的一种预测方法。

二、饭店人力资源供给预测方法

饭店人力资源供给预测又称为人力资源拥有量预测，是人力资源预测的又一个关键环节。饭店人力资源供给预测与饭店人力资源需求预测是制定各种具体规划的基础和依据。饭店人力资源供给预测的常见方法有如下几种。

(一) 管理人员接替法

管理人员接替法是在对饭店人力资源进行彻底调查以及对现有劳动力潜力进行评估的基础上，明确饭店中每个职位的内部供应源，即根据饭店现有人员分布状况及绩效评估资料，对各个职位尤其是管理层的接班人预作安排，并且记录各职位接班人预计可以晋升的时间，作为内部人力供给的参考。

(二) 转换矩阵法

转换矩阵法也称为马尔可夫法，它的基本思想是找出过去人事变动的规律来推测未来的人事变动趋势。采用这种方法的第一步是编制人员变动矩阵表，表中的每一个元素表示从一个时期到另一个时期在两个岗位之间调动的员工数量的历史平均百分比。这些数据实际上反映的是每一个岗位上人员变动的概率，一般以5～10年作为一个周期来估计年平均百分比。周期越长，这一数据的准确度就越高。这一方法不仅可以用来处理员工类别单一的饭店组织中的人力资源供给预测问题，也可以用来解决员工类别复杂的大型饭店中的内部人力资源供给预测问题。

(三) 人力资源信息系统法

对于员工较多的饭店或大型饭店集团来说，要管理数百甚至数千名员工的资料信息，仅靠人工是不够的。饭店可以将此类信息输入计算机中，形成人力资源信息系统。人力资源信息系统从饭店的经营目标出发，对与职务和员工有关的信息进行收集、保存和分析。饭店可以在正式聘用员工之前将员工资料输入计算机，并于日后不断更新，以便在各部门需要人力资源时随时查用，为管理人员提供合格的候选人名单。一般来说，为了能够在职位空缺时搜索出合适的候选人，人力资源信息系统一般应收集业务知识、工作技能、行业经验、教育背景、培训经历、外语水平、职业兴趣、工作绩效评价等方面的信息。

(四) 文献查阅法

运用文献查阅法时，主要从两类文献中获得人力资源外部供给预测所需的信息，一是有关的经济统计资料，重点关注经济增长水平、失业率和新增就业人口等指标；二是有关劳动管理的法律法规，如《中华人民共和国劳动法》《中华人民共和国劳动合同法》和《中华人民共和国工会法》等，并预见这些法律法规对饭店人力资源管理的影响。此外，各地政府为了保证本地区经济的发展，保护本地劳动力的就业机会，也会颁布一些地方性劳动管理和劳动保护政策，对这些信息，饭店也应保持关注。

(五) 招聘及人才市场分析法

饭店通过对应聘者数量、条件、来源以及新录用员工的稳定性进行分析，可了解同类人才在人力资源市场上的就业和供给状况，以此间接预测未来人力资源供给状况。同时，饭店可以根据自身的人力资源供给状况，与猎头公司、劳务中介等专门机构长期保持紧密联系，也可与大中专学校保持长期合作，以便密切跟踪目标人才的供给情况。

项目小结

饭店人力资源规划，是指为实现饭店组织发展目标与战略，根据饭店组织内外部环境的变化，运用科学的方法对所属人力资源的供需进行预测，并制定相宜的政策和措施，从而使饭店组织人力资源供给和需求达到平衡，使组织与成员均受益，最终实现饭店组织可持续发展目标的过程。饭店人力资源规划的内容包括人力资源总体规划、员工配备规划、员工补充规划、员工晋升规划、员工培训开发规划、员工绩效考核规划等。饭店人力资源可以按规划的时限、范围和性质进行分类。

饭店人力资源规划的作用：为饭店战略目标的实现提供人力资源保障；为饭店人力资源管理夯实基础；有助于控制饭店的人工成本；为饭店人力资源管理的有序化提供依据；使饭店及员工实现利益双赢。

饭店人力资源规划的程序分为确立目标、调查分析、需求及供给预测、制定与实施、收集反馈信息五个阶段。饭店人力资源规划的方法包括需求预测方法和供给预测方法。其中，需求预测的常用方法包括经验判断法、德尔菲法、现状规划法、趋势及回归分析法。供给预测的常用方法包括管理人员接替法、转换矩阵法、人力资源信息系统法、文献查阅法、招聘及人才市场分析法。

📖 **知识链接**

德尔菲法的基本特点：①专家参与，博采众长；②匿名进行，专家独立做出判断；③多次反馈，预测过程必须经过几轮反馈，使专家意见互相补充、启发，并渐趋一致；④采用统计方法，将每一轮反馈的预测结果用统计方法加以处理，做出定量判断。

德尔菲法的实施步骤：①选择20位左右了解人力资源管理的专家，为其提供人力资源预测的背景材料；②设计人力资源调查表，表中列出有关人力资源预测的各类问题，这些问题必须能够进行统计处理；③进行第一轮调查，将调查表送交专家，由专家匿名并独立地对表中问题进行判断或预测，然后对反馈回来的调查表进行分析，并用统计方法进行综合处理；④根据第一轮调查的专家意见与统计分析结果，设计第二轮调查表，请专家对第二轮调查表中的问题进行判断、预测，并给出相应的分数；⑤对第二轮调查反馈的信息进行处理，总分数最高的方案是最佳方案，专家意见进一步集中；⑥根据第二轮调查结果，设计第三轮调查表，并提出若干种(一般为3种)比较方案，再请专家加以判断或预测；⑦表述预测结果，用文字、图表等形式公布专家的预测结果。

资料来源：罗旭华. 酒店人力资源开发与管理[M]. 北京：旅游教育出版社，2016.

案例分析 | 洲际酒店集团的"锦鲤还乡"计划 ⬇

随着越来越多的国际品牌酒店进入我国二、三线城市，人力资源供给不足问题日益凸显，特别是中层管理人员奇缺，因为这些人才多数都在一线城市工作。当年，洲际酒店集团(Intercontinental Hotels Group，IHP)在西安开设酒店后，有许多在北京、上海、广州工作的陕西籍员工申请回西安工作。通过内部调查，洲际酒店大中华区的人力资源部发现，那些来自中西部欠发达地区的员工中有不少人希望回家乡就业，只是苦于拿不到一线城市的薪水。为此，洲际酒店集团制订了一个名为"锦鲤还乡"的人力资源计划。

鲤鱼有逆流回溯产卵的习性，所以人们常将它与"回家"联系到一起。在中国，还有"鲤鱼跳龙门"的典故，寓意逆流前进、奋发向上。洲际酒店集团的"锦鲤还乡"计划意在鼓励员工回到家乡工作，这样不但能使员工与家人团聚，建立"亲情、乡情、友情"的情感联系，还能激发赤子情怀、感召游子，促使他们在事业上取得飞跃。

"锦鲤还乡"计划启动后，洲际酒店集团把所有空缺管理职位发布在官网上，为异乡员工提供返乡工作机遇，并承诺将提供相当有竞争力的薪酬福利和工作环境，旨在鼓励异乡员工将工作经验带回家乡，在新的岗位上不断突破，从而创造卓越的人生。

资料来源：李志刚. 酒店人力资源管理[M]. 重庆：重庆大学出版社，2016.

试分析：

1．洲际酒店集团的"锦鲤还乡"计划会对其在中国酒店市场的发展产生怎样的影响？

2．洲际酒店集团的"锦鲤还乡"计划对其员工有哪些影响？

3．洲际酒店集团旗下的多个品牌酒店如何平衡"锦鲤还乡"计划可能带来的跨品牌员工流动问题？

实训练习

学习完本项目内容后，学生分组调查当地某饭店的人力资源现状，在此基础之上进行预测与分析，并据此完成该饭店的人力资源规划报告。

复习思考题

1．简述饭店人力资源规划的含义。

2．饭店人力资源规划包括哪些内容？

3．试分析饭店人力资源规划的作用。

4．简述饭店人力资源规划的程序。

5．饭店人力资源规划方法有哪些？

饭店组织职务分析与设计

知识目标

- 掌握饭店组织职务分析的含义
- 熟悉饭店组织职务分析的意义
- 掌握饭店组织职务分析的具体内容
- 掌握饭店组织职务设计的含义及内容
- 熟悉饭店组织职务设计的作用

技能目标

- 了解饭店组织职务设计的影响因素
- 掌握饭店组织职务设计的常用方法
- 熟悉饭店组织职务分析的基本方法
- 了解饭店组织职务分析的流程

课前导读

　　职务分析是饭店组织管理的科学方法之一，对人力资源配置、人才规划、员工评价、薪酬设计等方面均具有重要的指导意义。当前，在我国饭店人力资源管理实践中，职务分析的应用情况并不理想，在诸多方面都有待进一步研究和开拓。在本学习项目中，首先，介绍了饭店组织职务分析的含义，以及饭店组织职务分析的意义和具体内容。其次，介绍了饭店组织职务分析的基本方法，包括观察法、访谈法、问卷调查法、现场工作日志法、关键事件法、工作实践法和专家讨论法等。再次，介绍了饭店组织职务分析的流程。最后，介绍了饭店组织职务设计的相关内容。

案例导入 | 职务分析为何得不到配合　　　　　　　　　　　⊙

　　卢娜从某外资饭店跳槽到一家民营饭店，担任人力资源部经理。在工作过程中，她发现饭店管理有些混乱，员工职责不清，工作流程也不科学。她希望运用自己的专业技能进行职务分析，优化饭店组织架构。总经理听说这是外资饭店的管理做法，马上点头答应，还很配合地做了宣传和动员。

卢娜和职务分析小组的成员积极筹备一番后开始行动。不料，员工并不配合。不断有员工抱怨，"我们是最忙的部门，我一个人就要干三个人的活""我每天都要加班到9点以后才能回家，你们别再给我增加工作量了"。

经多方了解后，卢娜才知道，前任人力资源部经理不但做了职务分析，还根据分析结果进行了大调整，比如削减了大量人员和岗位，重新分配并调整了员工工作量，导致几乎每个人都被分配到更多的工作。有了前车之鉴，大家忙不迭地夸大自己的工作量，生怕职务分析把自己"分析掉了"。那么，员工对卢娜的职务分析不予配合的原因是什么？面对现实，卢娜应当采取哪些措施解决问题？

资料来源：夏兆敢. 人力资源管理习题集[M]. 上海：上海财经大学出版社，2006.

案例评析

员工不配合卢娜开展职务分析的原因在于，员工担心再出现与上次职务分析类似的结果，例如自己可能被分配更多的工作或自己可能被裁掉。也就是说，员工因担心个人利益受损失而不予配合。面对这种情况，卢娜应首先与员工讲清楚职务分析的目的和意义，然后有针对性地根据岗位情况进行职务分析，最后科学安排员工工作，保持人员稳定。

学习任务一　认识饭店组织职务分析

职务分析又称工作分析或职位分析，它是人力资源管理的基础。职务分析始于"科学管理之父"泰罗于1895年提出的工作时间与动作研究，它应用于人力资源管理领域已有百余年，是现代饭店人力资源管理的基本要素之一。职务分析可为饭店设计组织结构，制定人力资源规划，以及开展招聘、培训、绩效考核、薪酬管理、激励等一系列工作提供重要的参考和依据。

一、饭店组织职务分析的含义

饭店组织职务分析是指通过科学、系统的观察和研究，确定某个特定岗位和职务的基本情况，以及完成相关工作所应具备的资格的过程。饭店组织职务分析主要调查和研究员工的工作性质、任务、知识水平、能力与责任等方面，并进行系统描写、总结和记录，旨在为日后实施科学管理提供依据，如图3-1所示。

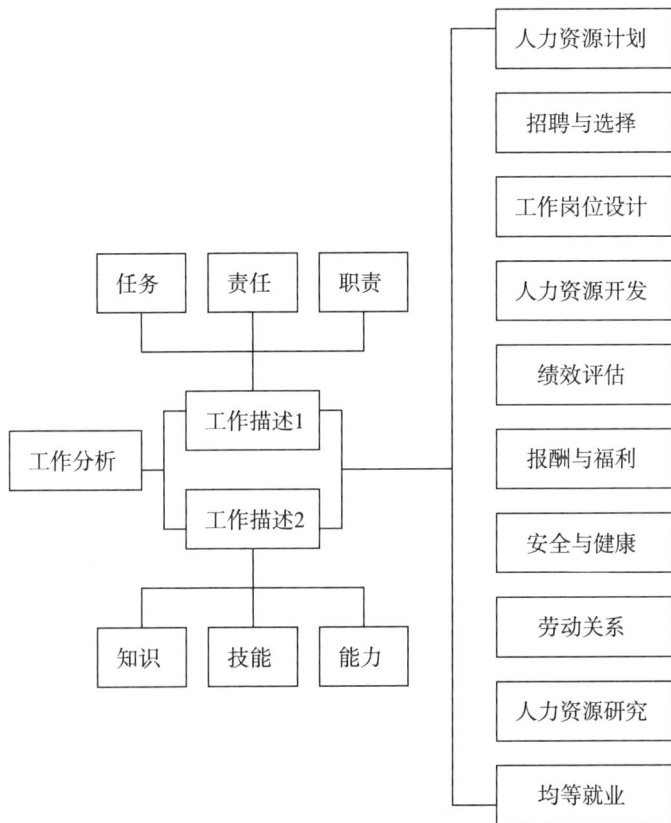

图3-1 职务分析示意图

资料来源：廖钦仁. 酒店人力资源管理实务[M]. 广州：广东经济出版社，2006.

通常情况下，当饭店组织出现下列三种情况时应做职务分析：第一，当新的饭店组织建立，职务分析首次被正式引进时；第二，当饭店组织中有新的工作产生时；第三，当饭店组织中的工作由于新技术、新方法、新工艺、新系统的产生而发生重要变化时。其中，当第三种情况出现时，最需要进行职务分析，因为职务分析可帮助饭店组织察觉环境正发生变化这一事实，从而采取相应的措施。职务分析是确定完成各项工作所需技能和知识的系统过程，是一种重要且常用的人力资源管理技术。

二、饭店组织职务分析的意义

(一) 充分运用人力资源，提升工作效率

饭店通过职务分析，有助于员工明确使工作职责、工作目标、工作环节和任务要求；有助于员工充分利用和安排工作时间，更加合理地运用自己的知识和技能，提高工作满意度，从而提高工作效率，避免人力资源浪费。

(二) 有助于招聘、选拔和录用优秀人才

饭店通过职务分析，能够明确不同职务的近期目标和长期目标，掌握工作任务的静态特点和动态特点，提出对有关人员在心理、生理、工作和思想等方面的要求，选择工作的具体程序和方法，并在此基础上确定选人、用人的标准。有了明确而有效的标准，饭店组织就可以通过心理测评和工作考核，选拔和任用符合工作需要和职务要求的员工。

(三) 有效激励员工，开发员工潜力

饭店通过职务分析，可以设计科学合理的员工培训和职业生涯规划方案，有针对性地安排培训内容、选择培训方法，使员工在组织内按部就班地获得知识和技能水平的提升，增强工作信心；可以为工作考核和晋升提供客观标准，提高员工的工作积极性；可以为制定工作标准和工资、奖金等薪酬制度提供科学依据；还可以了解员工的各种工作信息，以便全方位、多角度、有效地激励员工。

(四) 有助于饭店目标管理的有效实施

目标管理是饭店组织管理方式之一，它的实施前提是分析每个岗位所承担的责任、职权范围以及目标。依据职务分析结果可对饭店组织员工进行目标管理。职务分析以岗位为中心，主要分析和评定各个岗位的功能和要求，并明确每个岗位的职责、权限，以及承担本岗位工作的员工所必备的资格和条件。

(五) 有助于制定科学系统的绩效考核标准

员工绩效考核是人力资源管理的一项重要工作。要对员工进行考核，首先需要了解员工的工作要求、工作内容、工作性质等岗位信息，然后据此制定绩效考核标准来对员工进行考核。职务分析能够帮助饭店组织梳理某类岗位员工的核心工作内容，确定衡量员工绩效的关键指标，从而制定科学有效的考核标准，实现对员工的科学考核。因此，根据职务分析编制的职位说明书，是该职位绩效考核的主要依据，也是考核该职位的客观标准。

(六) 有利于饭店薪酬管理与设计

薪酬分配的依据是该岗位的员工承担了何种重要程度的工作，这一工作需要员工具备怎样的受教育程度、工作能力、工作经验以及该工作的责任风险有多大等，而这些信息的获得同样需要通过职务分析。职务分析的结果客观上为每一种工作提供了具有重要价值的信息，成为薪酬分配的基础。

(七) 为制定员工职业生涯规划提供依据

职业生涯规划对于稳定饭店员工队伍，提高员工工作积极性，增强员工自尊心、自信心、自豪感具有不可忽视的意义，同时也关系饭店的持续、健康、稳定发展。职业生涯规

划的基本内容就是把员工的技能、愿望与饭店的发展目标、饭店现在和将来会出现的机会匹配起来。这个匹配过程需要饭店和员工了解每一种工作的性质、技能要求，对于尚未掌握的技能，员工可以提前预知并学习。职务分析为饭店和员工提供了与工作相关的且需要了解的信息。

■ 三、饭店组织职务分析的具体内容

职务分析的实质就是研究某项工作所包括的内容以及员工必须具备的技术、知识、能力与所要承担的责任，并分析一个岗位与另一个岗位之间的差异。所以职务分析也就是对某一项工作的内容及有关因素做全面的、系统的、有组织的描写和分析。为了达到这一目标，国外的心理学家从人力资源管理的角度，提出了职务分析公式，将职务分析的主要内容归纳为7项要素。

(一) 工作主体(who)

工作主体即"谁来做"，是指对担任饭店某项工作的员工需要具备的身体素质、心理素质和个性特点，需要掌握的知识和技能、接受的教育和培训以及其拥有什么样的工作经验等方面的要求。职务分析中制定的岗位规范，描述的主要就是这些内容，以此作为员工甄选、任用、调配的依据。

(二) 工作内容(what)

工作内容即"做什么"，是指工作主体从事的工作活动内容。职务分析应具体描述每个岗位需要完成的工作内容，包括所要完成的工作任务、工作职责、工作流程是什么，工作活动产生的结果或产品是什么，工作结果和产品要达到什么样的标准。每项工作都要用一个动词加以描述。描述体力工作常用的动词有搬运、清洗、整理、运送等，常用于饭店基层服务人员；描述智力工作常用的动词有计划、分析、研究等，常用于饭店管理人员。同时，有些工作需要智力与体力结合才能顺利完成，如销售、采购、维修等。

(三) 工作时间(when)

工作时间即"何时做"，是指在完成工作过程中与时间有关的描述。例如，哪些工作活动是有固定时间的，什么时间做，完成什么任务；哪些活动是每天、每周、每月必须做的；明确上下班时间，是否加班、每项工作占用工作时间的比例等。

(四) 工作环境(where)

工作环境即"在哪里做"，是指工作的自然环境和社会环境。饭店工作的自然环境包括工作地点、温度、光线、噪声、通风、安全条件等。饭店工作的社会环境包括所处的文化环境、工作群体中的人数、完成工作所要求的人际交往数量和程度、环境稳定性等。

(五) 工作方式(how)

工作方式即"如何做",是指完成工作的具体方式,包括从事工作活动的一般程序、完成工作要使用哪些工具和操作哪些设备、工作中所涉及的文件或记录有哪些、工作中重点控制的环节是什么等内容。

(六) 工作原因(why)

工作原因即"为什么做",主要说明工作的原因,包括做这项工作的目的是什么、与其他工作有什么关系、对其他工作有什么影响等。

(七) 工作关系(for whom)

工作关系即"为谁做",是指确定某项工作的隶属关系,明确工作内容之间的联系,包括工作要向谁请示和汇报、向谁提供信息或工作结果、可以指挥和监控哪些人员等。员工一方面要为本职务所面向的对象,也就是顾客服务,包括饭店内的员工和饭店外的客人;另一方面要明确上下级关系,对所属上级负责。

学习任务二 饭店组织职务分析的基本方法

一、观察法

(一) 观察法的含义

观察法是指饭店职务分析人员通过对员工正常的工作状态进行观察,获取工作信息,并通过对信息进行比较、分析、汇总的方式,得出职务分析的成果。通过系统的观察,可以收集有关工作内容、工作时间、员工与工作的关系以及工作环境、条件等方面的信息,并用文字和图表等形式记录下来,进行分析、归纳和总结。

(二) 观察法的优点

1. 获得的信息直观、准确

观察法是通过直观、近距离的观察获得信息的,这样获得的信息可靠性较高。

2. 成本低

观察法操作简单、花费少,还可以同时观察多个员工的工作,有利于降低职务分析成本。

(三) 观察法的缺点

1. 真实情况难以调查

员工被观察时，其行为可能与平时不同，存在"霍桑效应"。例如，有些员工喜欢炫耀；有些员工认为被观察时的行为关系个人的实际利益，所以会比平常更努力地工作；有些员工则会因为紧张而发挥失常。另外，观察的样本对象是否具有代表性也是不确定的。

2. 统计结果易有偏差

观察到的信息可能过于凌乱，会给最后的归纳、分析带来困难。另外，观察者工作经验不足或者对某些员工或工作可能存在偏见，都会导致统计分析偏差。

3. 干扰正常工作

观察者本身无法"隐形"，难免干扰员工的正常工作，可能会对饭店的经营管理造成影响。

4. 使用范围狭窄

首先，观察法不适合以脑力劳动为主的工作岗位，如饭店总经理，因为员工大脑的思维活动是没有办法从外部观察到的；其次，观察法不适合工作内容或空间变化大的岗位，如饭店销售部经理。

采用观察法时，应配合使用如表3-1所示的观察记录表。

表3-1 观察记录表(部分)

员工姓名：		职位：		部门：		日期：
观察者姓名：			观察时间：			
任务(观察内容)	工作标准	完成情况	存在问题	问题原因	备注	

资料来源：徐文苑，贺湘辉. 饭店人力资源管理[M]. 2版. 北京：清华大学出版社，北京交通大学出版社，2010.

二、访谈法

(一) 访谈法的含义

访谈法是目前国内饭店运用得较为广泛的职务分析方法之一。访谈法又称面谈法，是通过面对面谈话来获取工作要素信息的一种职务分析方法，主要用于确定工作任务和责任、工作流程配合等方面。访谈对象可以是任职者本人，也可以是上级主管人员或下级人员。访谈形式可以是个别访谈，也可以是群体座谈；可以是结构化访谈，也可以是非结构化访谈。在实际运用中，往往将结构化访谈与非结构化访谈相结合，即以结构化访谈提纲作为访谈的一般性指导，在访谈过程中可根据实际情况就某些关键领域进行深入探讨。

(二) 访谈法的优点

1. 灵活性较强

访谈法较为灵活，由于任职者或相关员工熟悉自己的工作内容，在回答问题时可以做到具体、准确，职务分析人员可以就捕捉到的信息灵活提问，可能会得到意想不到的收获。

2. 具有双向性

由于谈话是双向沟通，便于分析人员向饭店员工解释职务分析的必要性和功能，从而得到积极的配合。

3. 有利于减轻压力

这种沟通和解释有利于消除或减轻员工工作上的压力。如果双方配合默契，取得对方的信任，分析人员还可能获取任职者对工作满意程度、工作动机等深层次的信息。

(三) 访谈法的缺点

(1) 对职务分析人员的语言表达能力和逻辑思维能力有较高的要求。

(2) 不易控制谈话的局面，因为既要防止谈话跑题，又要使谈话对象思想放松，需要花费较多精力。

(3) 由于受种种因素的影响，从访谈对象那里获得的信息不一定真实，可信度也不高，因为一次访谈涉及的人员不可能太多，因此要得到较完整的信息往往需要花费大量时间。

(4) 访谈法获取的信息涉及面较宽，开放度较大。因此，对访谈结果的整理和分析较为困难。

■ 三、问卷调查法

(一) 问卷调查法的含义

问卷调查法是一种应用非常普遍的职务分析方法，它是让有关人员以书面形式回答有关职务问题的调查方法。实施问卷调查法的基本过程：设计并分发问卷给选定的员工，要求他们在一定的时间内填写，以获取有关信息。问卷调查表主要有两种：一种是内容具有普遍性，适合各种岗位的一般职务分析问卷；另一种是专门为特定岗位设计的指定性职务分析问卷。另外,还可以分为职务定向问卷和人员定向问卷两种,前者注重工作本身,后者侧重员工特征。

(二) 问卷调查法的优点

1. 规范化、数量化

问卷调查法便于使用计算机对结果进行统计分析。通过问卷特别是标准化问卷获得的信息是规范和标准的,且大家回答的问题都一样,其结果可以非常方便地录入计算机,并运用现代数据分析软件进行多方式、多用途的统计分析。

2. 成本低

由于问卷调查法具有规范化、便于统计分析的特点,保证了饭店可以同时对多人进行调查研究,进而节省成本。同时问卷法对于分析人员的要求不高,可以减少培训费用。更重要的是,员工填写问卷不占用工作时间,可以最大限度地减少对工作的影响。

(三) 问卷调查法的缺点

1. 问卷设计存在难度

问卷调查法的成败主要取决于问卷设计水平的高低,问卷中的问题是否全面、是否包括要了解的所有情况,问题设计得是否恰当、是否符合实际工作情况、是否便于员工理解,备选答案是否带有倾向性等,都会对问卷的最终效果产生重要影响。

2. 缺乏互动交流

问卷调查属于书面沟通方式,书面沟通方式的固有缺点即缺乏双向沟通,无法及时反馈。饭店可以通过问卷获得很多数据信息,但饭店很难了解其背后的深层原因。例如,员工对同样的问题给出同样的答案,但其背后的原因是不同的,这一点很难被了解。

3. 信息差异性较大

面对同样的问卷,不同员工的认真程度可能会有很大的差别,容易造成信息失真。

岗位调查问卷如表3-2所示。

表3-2 岗位调查问卷

本调查问卷是为了帮助您清楚地描述您的工作。您所提供的信息将有助于更新您的工作描述。请您准确描述工作是什么,如何做,以及需要何种知识与能力。请您如实填写,谢谢您的支持与合作。

一、基本信息

姓名:	填写日期: 年 月 日
职务名称:	职务编号:
所属部门:	部门经理姓名:

(续表)

二、调查信息

1. 请您用准确、简洁的语言描述您的工作

2. 请认真、详尽地描述您的日常工作、活动和职责

3. 请简明地描述您的上级如何监督您的工作

4. 请简明地描述您的哪些工作是不被上级监督的

5. 请详细地描述您在工作中需要接触从事其他职务的哪些员工，并且讲明接触的原因

6. 请列举工作中需要用到的主要办公设备和用品

7. 请描述您在人事和财务方面的权限范围

8. 您认为胜任本岗位工作需要何种经验，以及期限长短

9. 您认为胜任本岗位工作需要具备怎样的学历？包括最低学历要求、所需专业知识、外语水平、计算机熟练程度

10. 您认为一位没有相关工作经验的大专学历人员，需要多长时间的培训可以胜任本岗位工作

11. 您认为较好地完成本岗位工作应该接受哪些培训课程？并说明培训内容、培训方式、最短培训时间

12. 请描述您认为有效开展工作所需的工作环境

13. 您认为什么样的性格、具备何种能力的人能更好地胜任本岗位工作

14. 您认为具备什么样心理素质的人员能更好地胜任本岗位工作

15. 请说明您的岗位组织关系，包括直接上级、直接下级、内部接触、外部接触

16. 您对该工作岗位的评价

17. 您认为饭店以及您所从事的工作中存在哪些不合理的地方？应该如何改善

注意事项：

1. 填写人应保证以上填写的内容真实、客观，并且没有刻意隐瞒；

2. 该问卷内容将作为职务分析的重要依据，如果填写人发现有遗漏、错误，或其他需要说明的情况，请立即与饭店人力资源部联系。

填写人签字：

人力资源部负责人签字：

资料来源：徐文苑，贺湘辉. 饭店人力资源管理[M]. 2版. 北京：清华大学出版社，北京交通大学出版社，2010.

四、现场工作日志法

(一) 现场工作日志法的含义

现场工作日志法是指由员工在每天的工作过程中记下工作的各种细节，由此来了解员工实际工作的内容、责任、权力、人际关系及工作负荷。工作日志法的要点是员工应及

时记录工作细节，以免遗忘。因此，一般可以采取的措施是根据员工的工作职责和工作范畴，大致编制日志表，以便于员工按时在相关的空白处填写相关信息。工作日志法通常和访谈法结合起来运用。职务分析人员应该及时对工作日志进行汇总、分析，把其中的疑问记录下来，以访谈的形式向相关员工咨询，并予以记录、整理。这种方法提供的信息完整详细，且客观性强，适用于管理层或其他随意性强、内容复杂的职位分析。

(二) 现场工作日志法的优点

可以长期对工作进行真实、全面的记录，避免漏掉一些工作细节，这是其他方法所不具备的特点。

(三) 现场工作日志法的缺点

程序化的日志记录可能导致任职者缺乏动力，态度敷衍。员工可能会夸大某些工作，也可能会弱化某些工作。因此，运用工作日志法最大的问题是如何确保工作日志内容的真实性。针对该方法的缺点，可要求员工事后对记录和分析结果进行检查，检查工作可由任职者的直接上级来承担。

岗位调查问卷如表3-3所示。

表3-3　岗位调查问卷

部门：　　　职务：　　　姓名：　　　　　　　　　　年　月　日　时　分至　时　分

序号	工作活动 (名称)	工作性质 (例行/偶然)	时间消耗 (分钟)	重要程度(一般/ 重要/非常重要)	备注

资料来源：王珑，徐文苑.酒店人力资源管理[M].广州：广东经济出版社，2007.

五、关键事件法

(一) 关键事件法的含义

关键事件法是由美国心理学家约翰·福兰纳根于1954年提出的。关键事件法就是对实际工作中影响工作绩效的关键事件或行为进行记录，并选择其中最重要和最关键的部分进行评定的方法。它的实质就是找出使工作成功或失败的行为特征或事件，在对这些关键行为或事件进行分析后，总结工作的关键特征和行为要求。

(二) 关键事件法的优点

关键事件法能够找出影响员工绩效的关键性因素，能够反映任职者特别有效的工作行为或特别无效的工作行为，从而为确定每一种行为的价值和作用、提高员工工作绩效提供帮助。由于对关键事件有详细的记录和分析，因此应用关键事件法能够准确地描述岗位行为并建立准确的工作行为标准。同时，关键事件法也适用于工作周期较长以及员工的行为对组织任务的完成具有重要影响的情形。对员工关键行为的描述也可以为人力资源主管部门对员工进行绩效考评提供参考。

(三) 关键事件法的缺点

关键事件法需要花大量的时间去搜集工作中的关键事件，并加以概括和分类。关键事件法针对的是对工作绩效有效或无效的行为或事件，不涉及中等绩效的员工，这样就遗漏了平均绩效水平。而对工作来说，最重要的一点就是要描述"平均"的工作绩效。关键事件法不能对工作提供完整的描述，因此无法描述工作职责、工作任务、工作背景等情况，无法完成全面的职务分析工作。

六、工作实践法

(一) 工作实践法的含义

工作实践法又称工作参与法，这种方法是由职务分析人员亲自参加工作活动，体验工作的整个过程，从中获得职务分析的资料。

(二) 工作实践法的优点

要想对某一工作有深刻的了解，最好的方法就是亲自实践。通过实地考察，可以细致深入地体验、了解和分析影响某种工作的心理因素及工作所需的各种心理品质和行为特征。所以，就获得职务分析资料的质量而言，这种方法优于其他几种方法。

(三) 工作实践法的缺点

工作实践法要求职务分析人员具备从事某项工作的技能和知识，因而有一定的局限性。现代社会和生产中的工作职务日益专门化，即使有些职务分析人员能够参与一部分工作，也很难像熟练的员工那样完成所有工作职责。另外，一些具有一定危险性的工作也不适合使用实践法。

七、专家讨论法

(一) 专家讨论法的含义

专家讨论法是指请饭店行业的人力资源管理专家和经验丰富的管理者以讨论的形式进

行职务分析。这种方法适用于发展变化较快的岗位和全新岗位的职务分析。

(二) 专家讨论法的优点

行业专家可提供具有指导性的建议，为相关岗位提供意见参考。

(三) 专家讨论法的缺点

饭店组织尚未定型，因而专家讨论可能无法形成具体的工作描述，还需要通过现实工作的检验。

八、资料分析法

(一) 资料分析法的含义

饭店为了降低职务分析成本，通常会尽量使用现有的资料，来了解每个岗位的工作任务、责任、权力、任职资格等，为进一步调查奠定基础。岗位责任制是我国饭店业普遍重视且正在实施的制度，但是岗位责任制只规定了工作的责任和任务，没有规定该工作的其他要求，如工作的社会条件、物理环境和聘用条件等。如要形成完整的工作说明和岗位规范，就需要增加一些必要的内容。下面，我们以劳资福利主管为例，进行岗位职责分析，如表3-4所示。

表3-4　劳资福利主管岗位职责

岗位职责	1. 执行人力资源部经理的工作指令，具体负责执行国家制定的有关工资、福利、劳保等方面的政策、规章，制定饭店岗位工资等规定，解决员工有关劳动人事方面的问题和投诉 2. 管理员工人事档案，负责办理员工的转正、定级、定职、考核、晋升的工资变动事宜 3. 负责办理员工调动的工资手续，调入员工的工资标准的审定工作 4. 负责办理员工退休、内退手续及管理工作 5. 负责劳动用工年检、编排有关人事台账、编制年度人员工资报表、人员情况的卡片登记等管理工作 6. 负责饭店主管以上管理人员的聘任、解聘、奖惩等相关资料的档案建立工作 7. 负责各类专业技术人员的职称评定工作，建立健全技术档案并完成年度考核评估 8. 负责各类技术工人等级的申报、考核、评定工作，建立健全技术工人档案 9. 严格饭店劳动工资管理，建立健全员工工资一览表，掌握各类人员的工资变动情况和人员增减情况 10. 负责员工劳动保护、劳动安全、工伤申报等工作 11. 负责员工奖惩、超时工作、节假日加班和各种假期工资的审核及报批工作，及时登记造册，并实施监督和检查 12. 负责饭店医药管理工作

(续表)

岗位职责	13. 负责拟定饭店员工劳保用品、各类工作服的发放范围、数量和标准 14. 关心员工的工作环境和劳动条件，及时提出改进意见和建议，保障员工身心健康 15. 完成人力资源经理交办的其他工作

资料来源：中国酒店员工素质研究组. 星级酒店行政人事部经理案头手册[M]. 北京：中国经济出版社，2008.

表3-4可为职务说明书的形成提供许多关键信息。饭店还可通过职务说明书对每个员工的出勤、工作量进行统计，对员工的工作内容、工作范围进行了解。职位说明书是建立工作标准的重要依据。

(二) 资料分析法的优点

该方法的优点是能够节约费用，降低用于职务分析的成本。

(三) 资料分析法的缺点

该方法的缺点是获得的资料受准确性和时效性的限制，往往与实际情况差距较大。

学习任务三 饭店组织职务分析的流程

一、计划准备阶段

(一) 建立工作小组，制订职务分析实施计划

职务分析涉及饭店内的所有部门，只有得到各部门的充分重视和支持才能顺利完成任务。所以最好建立由最高层领导牵头，各部门主要领导参与的领导小组，在领导小组下再设具体操作的工作小组。还可外请专家参加领导小组，并作为工作小组的顾问。

工作小组主要由饭店人力资源部牵头，由人力资源部部分成员及各主要部门暂借人员组成。部门参加人员要熟悉部门内各岗位工作及职责，应具有一定的管理经验、理论能力和写作能力，并具有全局观念和较强的责任感。职务分析实施计划应根据饭店的需要、任务量、专家意见及工作小组实施能力的强弱制订。

(二) 确定要解决的问题

本阶段要解决的主要问题包括：确定职务分析的目标和侧重点；制定总体实施方案；收集和分析有关的背景资料；选择收集信息的方法；等等。

1. 确定职务分析的目标和侧重点

要进行职务分析，首先要明确职务分析的目的，即明确所得到的工作资料到底用来做什么、解决什么管理问题，这对于确定职务分析的侧重点、选择分析方法、确定信息收集的范围而言是很有意义的。例如，为饭店相关部门的空缺岗位招聘员工，其职务分析的侧重点就在于分析该岗位的工作职责和对任职者的要求；如果是为了确定绩效考核标准，其侧重点就应该是衡量每一项任务的标准。

2. 制定总体实施方案

实施完整的职务分析过程，往往需要调动大量的资源，需要花费相当长的时间，需要来自各方面人员的配合，这就需要事先拟定一个方案，以便有条理、有计划地实施。一般包括：建立职务分析小组；选择被分析的工作；确定所需收集的信息内容；选择职务分析方法；安排实施时间和相关活动；确定组织形式与实施者；等等。

3. 收集和分析有关背景资料

在职务分析中，有些信息需要实地收集，而有些信息的背景材料对于职务分析而言也是非常重要的。这些资料主要包括：国家职业分类标准；国际职业分类标准；有关饭店的信息(如饭店的组织结构图、工作流程图、部门职能分析等)；现有的工作说明或有关岗位描述信息；等等。

4. 选择收集信息的方法

目前，国内饭店主要采用问卷调查法和访谈法来收集信息，主要是因为这两种方法实施程序较简单，并可在短期内得到所需信息。

(三) 小组成员操作程序培训

在进行职务分析前，应由专家对职务分析的意义、使用工具的特点进行讲解；对项目用语的标准含义、施测指导语、施测过程的引导和控制进行统一规定；同时回答成员的质疑，并针对有歧义的地方进行讨论和确定。

二、信息收集阶段

信息收集阶段的主要工作任务是对整个工作过程、工作环境、工作内容和工作人员的主要方面做出全面调查，以获得相关信息。信息收集具体包括以下几个工作步骤。

(1) 征得样本员工直接上级的同意，获取直接上级的支持。

(2) 为样本员工提供良好的信息反映环境，以便其能够真实地反映信息。

(3) 向样本员工讲解职务分析的意义，并说明信息收集时的注意事项。

(4) 鼓励样本员工客观反映自己的信息，不要对任何内容产生顾虑。

(5) 随时解答样本员工在反映信息时提出的问题。

(6) 样本员工信息反映完毕，职务分析人员要认真地检查，查看是否有遗漏。

(7) 检查无误后，即完成信息收集任务，向样本员工致谢。

(8) 完成信息收集之后，饭店组织职务分析人员形成调研报告。

三、分析阶段

分析阶段的主要任务包括以下内容：对收集的资料、数据进行综合分析；归纳、总结职务分析需要的材料和要素；对新出现的因素进行分析。具体的分析工作可从以下4个方面进行。

(1) 职务名称分析。职务名称分析包括职务名称的选择与表达、职务名称的标准化等内容。要求务必准确地说明职务的性质和内容，使员工一看到职务名称就会想到工作内容，不会产生歧义。

(2) 工作规范分析。工作规范分析是对某种工作的责任大小、具体操作要求、工作强度及个人必备的任职条件的分析。

(3) 工作环境分析。工作环境分析是对工作的物理环境、安全环境以及所处的社会环境的分析，也包括对工作涉及的上下左右关系的分析。

(4) 工作人员必备条件分析。工作人员必备条件分析包括对工作所需的知识、经验、技能和心理素质的分析。

四、结果形成阶段

在结果形成阶段，需要对收集来的信息做进一步的审查和确认，从而形成岗位说明书。大堂经理岗位说明书如表3-5所示。

表3-5　大堂经理岗位说明书

岗位职责与内容

1. 代表饭店迎送VIP客人，处理主要事件及记录贵宾、值得注意的客人的有关事项
2. 迎接及带领VIP客人到指定的房间，并介绍房间设施和饭店情况
3. 记录VIP客人离店情况，落实贵宾接待的每一个细节
4. 决定是否受理客人支票、处理客人结账时提出的问题，根据饭店有关规定授权处理
5. 记录和处理换锁、换钥匙的工作
6. 处理客房部报房表上与接待处有误差的房间，并亲自锁定房间
7. 处理客人投诉，针对客人心理正确解决问题
8. 了解当天及以后房间的状态走势，尽量参与接待处工作
9. 巡查饭店内外部以保证各项功能运行正常，及时排除可防范的隐患
10. 与客人谈话时，适当介绍饭店设施
11. 与保安部及接待处紧密联系，及时处理"意外""病客"等问题
12. 与保安人员及工程部人员一起检视发出警报的房间

（续表）

13. 与财务部人员配合，追收仍在饭店住宿的客人拖欠的账款
14. 发生紧急事件时，做出正确的指示
15. 遇危险事故而没有领导可请示时，应果断做出决定，视情况和需要疏散客人
16. 为生病或发生意外的客人安排送护或送院事宜
17. 处理贵重物品遗失和寻获等工作
18. 检查大堂范围内需维修的设备，并督促有关部门及时维修
19. 做好本组范围内的防火防盗工作
20. 向领导反映有关员工的表现和客人意见
21. 每天在值班记录本上记录当天发生的事件及投诉处理情况，并向前厅部经理汇报
22. 主持大堂的各项服务工作，保证灯光、音乐效果
23. 监管前台、服务员的工作质量
24. 巡视大堂、房间的卫生状况
25. 监督整个饭店的运作情况，尤其是夜间运转
26. 管理大型活动，并提供相关服务
27. 做好领导指派的其他工作

资格要求

教育背景：专业不限，大专以上学历
培训经历：受过服务管理、饭店管理、饭店礼仪等方面的培训
经验：3年以上客服主管或大堂经理从业经验
技能技巧：熟悉饭店运作和管理，有相关知识与管理经验；熟悉饭店各项管理工作流程和管理规范；熟悉同行业竞争的动向，具有服务、质量、市场、效益意识；具备较强的组织、管理、协调能力；英语口语流利
态度：形象气质好，精力旺盛；综合素质较高，具有服务意识；有较强的责任心及团队合作精神，擅长与人沟通；工作踏实，能承担较大的工作压力

工作条件与环境

工作场所：有独立的办公室
环境状况：舒适
危险性：基本无危险，无职业病危险，很少出差或应酬

聘用条件

　　每周工作6天，时常有加班情况，一天加班不会超过2个小时。正常工作日加班费按平时工资的20%计算；周末加班工资按平时工资的50%计算；法定节假日加班工资按国家标准计算。员工被聘后试用期为3个月，试用合格后即可与饭店签订正式合同。员工在被正式录用后，如要辞职，必须提前半个月向饭店提出辞职申请，获得饭店批准后才可离开饭店。如果饭店经营不善导致需要解雇员工，饭店会提前宣布人事调整计划，且饭店会向个人支付一定的补偿。饭店会在国家法定假日和年终发放奖金

晋升与培训机会

　　本职位为饭店较高级别职位，可能晋升到饭店前厅部经理或更高的职位，在饭店内可获得饭店管理等方面的知识

工作部门与地点

工作名称：饭店大堂经理	部门：饭店前厅部	工作地点：饭店大堂
时间：	工作代码：	在职者：

(续表)

工作关系

| 上级：饭店前厅部经理 | 内部联系：饭店前厅部的C、D、E、F等其他员工 |
| 外部关系：饭店客户 | 间接下级：各管区主管和领班 |

职务分析的结果记录在职务说明书这一类专门文件中。职务说明书包括两部分：一是职务描述，它是对有关工作活动、工作程序和方法、工作职责、工作条件等工作特性方面的信息所进行的书面描述；二是职务规范，它是全面反映工作对员工的品质、特点、技能、经验和知识等方面要求的书面文件。

(一) 职务描述

职务描述主要解决职务操作者做什么、怎么做和为什么做等问题，主要包括以下4个要素。

(1) 工作名称，即从事的工作是什么。

(2) 工作活动和程序，包括所要完成的工作任务、工作职责、完成工作所需的资料、工作流程、工作中上下级与平级之间的关系等。

(3) 社会环境，包括工作团队的情况、同事的特征及相互关系、各部门之间的关系等。

(4) 聘用条件，包括工资报酬、工作时间、该工作在组织中的地位及享受的待遇等。

(二) 职务规范

职务规范是指根据职务描述提供的信息拟定的工作资格。编制职务规范的目的是确定重要的个体特征，并将其作为甄选、任用和培训员工的基础。职务规范主要包括以下3个要素。

(1) 对有关工作程序和技术的要求。

(2) 对操作技能和各种工作能力(记忆力、注意力、判断力等)的要求。

(3) 对文化程度、工作经验、生活经验、健康状况的要求。

五、应用与反馈调整阶段

(一) 结果运用

编写出岗位说明书，意味着职务分析的工作基本告一段落。但是对职务分析结果的应用也是非常关键的，因为只有职务分析结果得到了应用，才能体现职务分析的价值。而且，在应用岗位说明书的过程中，可能会发现一些重要问题，通过收集反馈信息，可以为后续的职务分析提供参考。为提高职务分析结果的利用率，必须做好以下两个方面的工作：编制应用文件，如考核标准、培训内容；确定岗位说明书的使用者，增强管理活动的科学性和规范性。

饭店岗位说明书是由专业人员编写的，而它的使用者是从事实际工作的员工。在进行职务说明书的使用培训时，一方面要让使用者了解职务说明书的意义与内容，了解职务说明书各个部分的含义；另一方面要让使用者了解如何在工作中运用职务说明书。例如，如何在招聘员工时使用职务说明书，如何根据职务说明书与下属员工确定工作目标和标准，如何根据职务说明书考核员工并提出员工培训的需求等。

(二) 职务分析评价

对职务分析进行评价时，应关注成本与收益、灵活性、可靠性、有效性等方面。通常职务分析越细致，所花费的成本就越高。因此，在工作细致度方面需要进行优化，避免过度投入。有许多饭店都在减少工作类别的划分，并尝试进行比较灵活的职务描述，以便当饭店的工作任务发生变化时，能够灵活调整员工工作内容。为了确保职务分析的可靠性，在分析过程中应尽量收集详尽、客观的资料。职务分析结果在实际工作中应用得越广泛，职务分析的有效性就越高。

(三) 职务分析控制

职务分析控制贯穿职务分析应用与反馈调整的全过程。在饭店经营管理活动中，随着饭店与环境的发展变化，一些原有的工作任务会被取消，一些新的工作任务会产生，这就使得现有许多职位的性质、内涵和外延都会发生变化。因此，对职务分析进行控制，及时调整和修订职务分析流程就会成为必然。职务分析文件的适用性需要通过反馈才能确认，相关人员应根据反馈结果完善职务分析流程。

学习任务四　饭店组织职务设计

一、认识饭店组织职务设计

(一) 饭店组织职务设计的含义

饭店组织职务设计是指在明确组织与其他职位关系的基础上，使员工与工作更加匹配，以调动员工的工作积极性，提高工作效率。职务设计有助于饭店对现有工作规范的认定、修改和对新设职位进行完整描述。在科学管理时代，工作被当作不可变的固定物；员工被牢牢地固定在工作岗位上，必须适应工作岗位的要求，若不能适应则会被淘汰。科学家曾试图通过改进甄选员工的程度和培训内容来使员工适应工作，然而其结果仍然是要员工服从工作。进入现代管理时代，这一传统被改变，人们认为工作本身可以对员工产生激励作用，并能对员工工作满意度和生产效率的提高产生较大影响。

(二) 饭店组织职务设计的内容

(1) 工作内容。确定工作的一般性质问题。

(2) 工作职能。每项工作的基本要求和完成方法，包括工作责任、权限、信息沟通、工作方法和写作要求等。

(3) 工作关系。个人在工作中所建立的人与人的关系，包括与他人交往的关系、建立友谊的机会和群体工作的要求等。

(4) 工作结果。工作成绩与效果的好坏，包括工作绩效和员工反映。前者是指完成工作任务所达到的数量、质量和效率等具体指标，后者是指员工对工作的满意程度、出勤率和离职率等。

(5) 工作结果反馈。工作结果反馈包括工作本身的直接反馈和来自同级、上级、下属人员的间接反馈。

二、饭店组织职务设计的作用

(一) 职务设计可以有效解决职业倦怠

饭店员工长期从事某种职业，在重复机械的作业中，渐渐会产生一种疲惫、困乏甚至厌倦的心理，在工作中难以提起兴致，打不起精神，只是依靠一种惯性来工作，这种现象便属于职业倦怠。在饭店组织中长期从事单一的工作，如饭店的行李员长期提供行李服务，容易产生烦躁、厌倦的工作情绪，难免会降低工作效率和服务质量。通过职务设计合并工作任务，可以降低员工工作的疲劳感，有助于员工提升工作技能，强化工作责任感，从而将单调的工作变成有意义的工作。

(二) 职务设计可以有效减少员工流动

长期以来，如何应对优秀员工流失成为饭店面临的挑战之一。职务设计强调公开信息反馈渠道，这意味着应尽可能向员工提供更多的生产结果信息，如成本、质量、客人反馈等。公开的信息沟通与反馈既可让员工树立对工作的责任感以及明确工作的要求与目标，也可培养员工对饭店组织的信任和忠诚，从而减少员工流动，同时反馈的信息还可以作为员工改进工作绩效的参考和借鉴。

(三) 职务设计可以调整员工与工作职务的关系

在实践中，对饭店员工和职务之间的基本关系通常是这样处理的：职务被当作不可改变的固定物，把管理重点放在员工身上，将职务的物质要求与员工的生理特征相结合，然后淘汰那些不符合要求的员工。而职务设计是建立在这样的假设基础之上的：工作本身对员工有激励作用，会对员工满意度和工作效率产生强烈的影响。通过职务设计可以提高员工的工作效率，增加工作灵活性，改变员工对工作的态度，使工作能够满足员工的各种需要，特别是受尊重、成长、成就感等高级需要，从而提高员工的工作积极性，增强饭店的凝聚力。所以，职务设计对饭店的经营管理有直接的影响。

(四) 职务设计可以切实提高员工工作效率

通过职务设计，可以使岗位要求更加契合员工特点和实际情况，增加工作的乐趣，避免员工感到厌烦和枯燥；可以合并工作任务，降低工作的疲劳感，扩展工作任务范围，丰富员工工作技能；可以将单调的工作变成有意义的工作，强化员工的工作责任。这些改变都会使员工更加乐于工作，从而提高工作效率。参与职务设计对员工来说非常重要，大多数员工会从改善自身工作的角度来思考。当员工积极参与任务完成过程时，会设想不同的完成方式、不同的完成顺序或与其他任务相结合，有了员工的参与，职务设计会更符合员工的需要。

三、影响饭店组织职务设计的因素

(一) 组织因素

饭店组织职务设计的根本目的是提高饭店组织的工作效率。在具体进行饭店组织职务设计时，应注意以下两个方面。

(1) 职务设计内容应包括饭店组织所有的生产经营活动，也就是说，饭店组织运行中所有环节的任务都应该在职务设计中明确规定，以保证整个饭店的顺利运营。

(2) 在设计各岗位的具体任务时，应遵循均衡性原则，以保证工作中不出现多余环节。例如，在饭店前台办理入住和结账手续的过程中，前厅部迎宾员、行李员、接待员及客房部相关人员的工作都应该提前设计好，以免使客人在入住登记或离店结账时等待过久，从而影响工作效率。

(二) 环境因素

环境因素主要是指饭店外部环境因素，包括经济技术环境、社会心理环境等。在一定的经济技术环境中，职务设计要考虑有足够的、合格的人力资源供给。在经济技术发展的不同阶段，对职务设计的要求是不同的。例如，在互联网时代，信息获取和传递速度快，可减少信息传递环节并采取更快捷的方式建立工作信息窗口。社会心理环境能反映员工的期望，即员工想通过工作满足什么需求。在员工对工作与生活质量有较高要求的情况下，仅考虑工作效率往往达不到预期效果。在进行职务设计时，要考虑到员工的真正需求。

(三) 行为因素

行为因素是指在职务设计时要考虑员工的感受及对员工行为的影响，应明确职务设计能否满足员工对多样性、整体性、重要性、自主性和反馈性等方面的要求。饭店员工的需求是多方面、多层次的，随着物质生活水平和文化水平的不断提高，员工的需求层次也在不断提高。员工除了追求合理的经济报酬外，也对工作环境、工作本身有更高的要求。职务设计的目的之一就是让员工在工作中得到快乐和满足，使其有进一步上升的空间，以满足员工成长和自我实现的需要。职务设计如果能让员工在工作中有更多的收获，就能激发员工的工作积极性，增强员工对饭店的归属感。

四、饭店组织职务设计的常用方法

(一) 工作扩大化

工作扩大化，即横向扩大工作范围，通过使工作变得多样化和扩大责任范围的办法来提高饭店员工的兴趣。通过工作扩大化可提高饭店的服务质量，降低劳动力成本，提高员工的满意度，使管理工作变得更加灵活，改善整个饭店组织的工作绩效。工作扩大化的实质是增加员工应掌握的技术种类和增加工作量，目的在于降低员工对原有工作产生的单调感，从而提高员工对工作的满意度，充分发挥潜在的工作能力。例如，可以安排一名员工完成一间客房的全部整理工作，如清扫、更换布草、更换客用物品、做床等，这样能够扩大工作范围，有助于员工掌握更多技能。

工作扩大化的优点是能丰富员工的工作内容。当员工对某项工作更加熟悉时，能提高其工作质量，使员工感到更加充实。工作扩大化的缺点是对员工的要求更高，若没有做好员工培训，很容易造成工作失误，导致工作质量下滑。

(二) 工作丰富化

工作丰富化是指在工作中赋予员工更多的责任、自主权和控制权。工作丰富化与工作扩大化不同，它不是水平地增加员工的工作内容，而是垂直地增加工作内容。这样，员工会承担更多的任务、更大的责任，同时有更大的自主权和更高程度的自我管理，还有对工作绩效的反馈。工作丰富化的职务设计方法与常规性、单一性的职务设计方法相比，虽然会增加一定的培训费用，但能提高对员工的激励程度和员工对工作的满意度，从而提高工作效率与服务质量，并能降低员工流失率。

(三) 工作轮换

工作轮换有两种：一是工作岗位轮换，即员工在一个岗位上工作一段时间后，就安排其到另外一个岗位上工作；二是工作任务轮换，即在一段时间内，员工的岗位不变，但工作任务不同，即在不同工作任务之间进行轮换。

工作轮换需要在保证饭店正常运转的前提下进行。例如，员工在前厅部工作一段时间后，轮换到客房部工作，再轮换到康乐部工作。这样安排有3个好处：一是相较于日复一日地做同样的工作，这样安排能让员工对工作保持兴趣；二是使员工从只能做一项工作的专业人员转变为能承担很多工作的多面手；三是有利于员工加深对最终工作成果的认识。这种方法能使工作具有更大的挑战性，增强员工的适应能力，能激发员工发挥更大的潜力。

(四) 工作专业化

工作专业化是指饭店通过研究，将工作分解细化为若干单一化、标准化和规范化的操作内容与操作程序，然后把分解后的工作作为一个整体分配给员工，并对员工进行培训和适当激励，以达到提高工作效率的目的。这种方法可以简化工作步骤，使工作趋于标准化和规范化，从而避免人力浪费。工作专业化的核心是充分体现效率的要求，将工作分解为许多简单且高度专业化的环节，最大限度地提高员工的操作效率。这样能降低对员工的技术要求，节省培训费用，也便于岗位轮换。工序和操作规程由于是标准化的，可以保证工作任务高质量地完成。但也应考虑到，如果工作专业化程度过高，会让员工产生职业倦怠，不利于工作效率的提升。

🔖项目小结•

职务分析又称工作分析或职位分析，它是人力资源管理的基础。职务分析始于"科学管理之父"泰罗于1895年提出的工作时间与动作研究，它应用于人力资源管理领域已有百余年，是现代饭店人力资源管理的基本要素之一。做好了职务分析，可为饭店设计组织结构、制定人力资源规划、招聘、培训、考评、薪酬管理等工作提供依据。饭店组织职务分析能够充分提升工作效率，避免人力资源浪费；有助于饭店招聘和选拔优秀人才；能够有效激励员工，开发自身潜能；有助于饭店目标管理的实施；有助于提供科学的绩效考核标准；能够为制定员工职业生涯规划提供依据。饭店组织职务分析的具体内容包括工作主体(who)、工作内容(what)、工作时间(when)、工作环境(where)、工作方式(how)、工作原因(why)、工作关系(for whom)。饭店组织职务分析的基本方法有观察法、访谈法、问卷调查法、现场工作日志法、关键事件法、工作实践法、专家讨论法和资料分析法。饭店组织职务分析的流程可分为计划准备、信息收集、分析、结果形成和应用与反馈调整5个阶段。饭店组织职务设计是指在与组织其他职位关系融洽的基础上，使某一职位的工作与从事这一职位工作的员工更加匹配，以调动员工的工作积极性，提高工作效率。职务设计有助于对现有工作规范的认定、修改和对新设职位的完整描述。职务设计的内容包括工作内容、工作职能、工作关系、工作结果和工作结果的反馈。饭店组织职务设计的作用为：有效解决职业倦怠；大幅减少员工流动；调整员工与工作职务的关系；切实提高工作效率。影响饭店组织职务设计的因素包括组织因素、环境因素和行为因素。饭店组织职务设计的常用方法有工作扩大化、工作丰富化、工作轮换和工作专业化。

📖知识链接

劳动定员管理制度

一、饭店员工分类和定员范围

第一条 员工分类工作是饭店制定各级岗位职责的基础，也是考核各类岗位和评定工资的依据。

第二条 饭店人员按工种岗位划分，可分为5大岗位系列，即管理岗位、厨师岗位、服务岗位、工程技术岗位、普通工岗位。按岗位系列性质划分，可分为生产服务人员、辅助生产服务人员、部门管理人员、后勤服务人员和其他人员。生产服务人员包括总台接待人员、厨师、服务员、营业员、收银员、行李员等直接从事生产服务的人员。辅助生产服务人员包括间接服务于生产的工程维修人员和洗衣房人员、保卫巡逻人员等。部门管理人员包括行政及经营部门的管理人员。后勤服务人员包括服务于员工生活或间接服务于生产的人员，如员工浴室、员工宿舍、员工餐厅、员工理发、环境卫生等后勤服务人员。其他人员包括由饭店支付工资，但所从事的工作或活动与饭店经营活动基本无关的人员，如患病休假6个月以上的员工、工伤假人员、长期脱产学习人员、出国援外人员、派往外单位工作人员等。

第三条 劳动定员范围是指饭店正常服务和经营活动中所必需的工作人员，即在饭店中从事固定性或临时性工作，由饭店支付工资的各类人员。

二、编制定员

第四条 编制定员是指根据饭店的规模、经营范围、服务内容等，确定各类人员的数量和质量。

第五条 编制定员应贯彻以下原则：一是要从服务和工作实际需要出发；二是精简、统一效能，防止层次过多、机构臃肿，要建立统一指挥、精干的工作系统，提高工作效率；三是先进合理；四是灵活变通。在保持相对稳定的同时，应视情况变化及时调整。一般核编后保持一年不变，不断提高编制定员的管理水平。

三、饭店编制定员制度

第六条 按岗位定员。采用这种办法，首先要确定饭店内部的机构设置、经营方向、服务规格和设施设备，再考虑各岗位的工作量、效率、班次及出勤率等因素。这种方法一般适用于无法按劳动定额计算定员的工种，如非经营部门人员、行李员、大门迎宾员和采购员、仓保员、设备维修工及管理职能部门的人员。

第七条 按设备设施定员。根据饭店设备设施的数量和员工看管的定额计算定员。此种办法适用于客房部、工程部、餐饮部等部门中的部分工种。餐饮工作人员应根据宴会餐厅与点菜餐厅的不同比率、炉灶数量的多少、其他服务功能等，并结合客人上座率，一般按70%～75%计算定员；工程维修部的电工、管道工、机械工可视饭店的电器、管道等设备的新旧程度等具体情况加以确定。

第八条　按比例定员，即按某一类人员数量占员工总数的比例，计算某种人员的定员。饭店计算直接服务人员与非直接服务人员或辅助人员以及各工种之间的比例都可以采用这种办法。例如，员工餐厅厨师可按就餐人数的一定比例计算定员，尤其是后勤保障与职能部门人员应控制在一定的比例内。从整个饭店来讲，人员配备应首先依据比例定员办法进行宏观控制，即饭店员工总数与客房总数配备形成一定的比例关系。

第九条　按劳动效率定员，即按岗位工作量和劳动定额计算定员。饭店不同于一般生产型企业，它是一种综合性行业，劳动过程中随时服务的比率较大。因此，劳动定额很难确定，但又确实存在，只不过有显化和潜化两种表现形式而已。目前，按劳动效率定员的办法适用于饭店的洗衣房、餐饮等部门。

第十条　实行编制定员的关键是实施工作过程管理。因此，应采取必要的技术组织措施，如引进先进设备，改善劳动组织；不得随意批调经营部门人员从事非生产服务活动，经营部门人员外借要限期返岗等；要妥善调剂岗位余缺人员，特别要及时地把多余人员减下来，不然就会使编制定员流于形式；要保持定员水平的先进合理，可以采取调整某些环节的工作任务或者临时调动和借用的办法，来解决劳动力不平衡的问题；在特别忙的季节，劳动力无法平衡的情况下，可临时招用季节性劳工或实习员工来解决，但忙季过后，应开展调查，还要建立健全各项有关劳动管理制度，将编制定员工作真正落到实处。

资料来源：中国酒店员工素质研究组. 星级酒店行政人事部经理案头手册[M]. 北京：中国经济出版社，2008.

案例分析｜饭店人力资源管理经典案例

A饭店是我国西部省份一家三星级饭店。近年来，随着当地旅游业的迅速发展，该饭店也有了飞速的发展，规模持续扩大。与此同时，员工人数大量增加，众多组织和人力资源管理方面的问题日益凸显。

饭店现有的组织机构是基于创业时的饭店规划，随着业务扩张的需要逐渐扩充而形成的，在运行的过程中，组织与业务之间的矛盾逐渐凸显。不同部门之间、职位之间的职责与权限缺乏明确的界定，推诿扯皮的现象不断发生。有的部门抱怨事情太多，人手不够，任务不能按时、按质、按量完成；有的部门又觉得人员冗杂，人浮于事，工作效率低下。

在饭店人员招聘方面，用人部门给出的招聘标准往往比较含糊，招聘主管无法准确理解，导致用人部门对招来的员工大多不满意。许多岗位没有做到人事匹配，员工的能力没有得到充分发挥，严重挫伤了员工士气，影响了工作效果。饭店员工的晋升以前由总经理直接决定，但随着饭店规模的扩大，总经理几乎没有时间与基层员工和部门主管沟通，基层员工和部门主管的晋升只能根据部门经理的意见来决定。因而在晋升过程中，上级和下属之间的私人感情成为决定性因素，有才干的人往往不能获得提升，这就导致许多优秀的员工由于看不到自己的前途所在而另寻出路。在激励机制方面，饭店缺乏科学的绩效考核和薪酬制度，考核中的主观性和随意性非常严重，员工的报酬不能体现其价值与能力，人力资源部经常听到员工对薪酬的抱怨和不满，这种抱怨和不满是人才流失的重要原因。

面对这些情况，人力资源部开始着手进行人力资源管理变革。变革首先从职位分析、职位评价开始。职位分析、职位评价究竟如何开展，如何抓住职位分析、职位评价过程中的要点，为饭店本次变革提供有效的信息支持和基础保证，是摆在A饭店面前的重要课题。

首先，人力资源部开始寻找适用于职位分析的工具与技术。在阅读了国内流行的职位分析书籍之后，他们从中选取了一份职位分析问卷，作为收集职位信息的工具。然后，人力资源部将问卷发放到各个部门经理手中，同时他们还通过饭店内部网发布了关于开展问卷调查的通知，要求各部门配合人力资源部开展问卷调查。

然而，问卷被下发到各部门之后，一直被搁置在各部门经理的手中。直到人力资源部开始催收时，很多部门才把问卷发放到员工手中。由于大家都很忙，很多人在拿到问卷之后，没有时间仔细思考，草草填写了事。还有很多人在外地出差，或者公务缠身，自己无法填写，便由同事代笔。此外，据一些较为重视这次调查的员工反映，大家都不了解这次问卷调查的意图，也不理解问卷中那些生疏的专业术语，如何为职责、何为工作目的等。很多人想就疑难问题向人力资源部咨询，也不知道具体该找谁。因此，他们只能按照自己的理解来填写问卷，无法把握填写的规范和标准。

一个星期之后，人力资源部收回问卷。但他们发现，问卷填写效果不太理想，一部分问卷填写不全，一部分问卷答非所问，还有一部分问卷根本没有收上来。辛苦设计的调查问卷没有发挥它应有的价值。

与此同时，人力资源部着手选择一些员工进行访谈，但访谈效果并不好。因为在人力资源部，能够访谈部门经理的人只有人力资源部经理一人，主管和一般员工无法与其他部门经理沟通。同时，由于经理都很忙，双方凑在一起实在不容易。因此，两个星期过后，人力资源部只访谈了两位部门经理。

人力资源部的几位主管负责对经理级以下的人员进行访谈。在访谈中，被访谈的员工大多时候在发牢骚，指责饭店的管理问题，抱怨自己的待遇不公等。而在谈到与职位分析相关的内容时，员工往往言辞闪烁，顾左右而言他，似乎对人力资源部不太信任。访谈结束之后，员工反映对职位的了解还是停留在模糊状态。两个星期后，人力资源部访谈了大概1/3的职位。经理认为不能再拖延下去，因此决定开始进入下一个阶段——撰写职位说明书。

可这时，职位信息收集得并不全面。怎么办呢？人力资源部无奈之下，不得不另觅他途。于是，他们通过各种途径从其他饭店中收集了许多职位说明书，试图以此作为参照，结合问卷调查和访谈收集到一些信息来撰写职位说明书。

在撰写职位说明书阶段，人力资源部成立了几个小组，要求每个小组专门负责起草某一部门的职位说明书，在两个星期内完成任务。在起草职位说明书的过程中，人力资源部的员工都颇感为难，一方面，他们不了解其他部门的工作，问卷调查和访谈提供的信息又不准确；另一方面，大家缺乏写职位说明书的经验，因此，写起来都感觉很费劲。很多人为了按时交稿，不得不东拼西凑了一些材料，再结合自己的判断，最后成稿。

职位说明书终于出台了。人力资源部将成稿的职位说明书下发到各部门，同时下发了一份文件，要求各部门按照新的职位说明书来界定工作范围，并按照其中规定的任职条件实施人员的招聘、选拔和任用。这一举措引起了其他部门的强烈反对，很多直线部门的管理人员甚至公开指责人力资源部，说人力资源部的职位说明书是一堆垃圾文件，完全不符合实际情况。

于是，人力资源部专门与相关部门召开了一次会议，旨在推广职位说明书的使用，说服各部门支持这次改革，但结果恰恰相反，在会上，人力资源部遭到了各部门的一致批评。同时，人力资源部由于对其他部门不了解，对其他部门提出的很多问题也无法解释和反驳。会议的最终结论是，让人力资源部重新编写职位说明书。后来，经过多次重写与修改，职位说明书始终无法令人满意。最后，职位分析不了了之。

人力资源部的员工在经历了这次失败后，对职位分析彻底丧失了信心。他们开始认为，职位分析只是"雾里看花，水中望月"的东西，说起来好听，实际上没有什么意义，而且他们认为职位分析只适用于那些管理水平较高的大饭店，在小饭店里根本行不通。原来雄心勃勃的人力资源部经理也变得灰心丧气，对失败的原因更是百思不得其解。

试分析：

1. 职位分析真的是他们认为的"雾里看花，水中望月"吗？
2. A饭店的职位分析为什么会失败？

实训练习

实际调研某家星级饭店，收集某个具体岗位的工作名称、工作任务、工作职责、完成工作所需要的资料、工作流程、社会环境、聘用条件、操作技能和各种工作能力要求等信息，并根据实际调研的内容撰写该岗位的职务说明书。

复习思考题

1. 简述饭店组织职务分析的意义。
2. 组织职务分析具体包括哪些内容？
3. 组织职务分析有哪些基本方法？
4. 简述饭店组织职务分析的流程。
5. 饭店职务设计有哪些作用？
6. 职务设计包括哪些因素？
7. 职务设计的常用方法有哪些？

饭店员工选聘与录用

- 掌握饭店员工招聘的含义
- 了解饭店员工招聘的基本原则
- 熟悉饭店员工招聘的重要意义
- 掌握饭店员工甄选的内涵

║技能目标║

- 熟悉饭店员工招聘的流程
- 了解饭店员工的录用程序
- 掌握饭店员工的招聘渠道
- 熟悉饭店员工甄选的测评方法

║课前导读║

　　饭店招聘，无非出于两方面考虑：一是有员工离职，补充岗位空缺；二是饭店规模扩大，需要补充人员。饭店招聘的直接意义，或者说等同于目的的意义，就是补充饭店人力资源。一家饭店想要正常运作，必须投入充足的人力，在保证员工工作效率的情况下合理安排工作。如果饭店人力资源不足，将会影响正常运营。在本学习项目中，首先，介绍了饭店员工招聘的含义、基本原则、重要意义。其次，介绍了饭店员工的招聘流程，主要由招募、选拔、录用和评估4个阶段组成，并详细介绍了饭店员工招聘的内部渠道和外部渠道。再次，介绍了饭店员工甄选的内涵及测评方法。然后，介绍了饭店员工的录用程序，具体包括通知应聘者、体检、员工试用、转正并签订劳动合同等步骤。最后，介绍了人工智能在饭店招聘中的应用。

案例导入 | L公司AI招聘案例

　　L公司是世界领先的企业集团之一，拥有A、D和M等价值数亿美元的品牌，在全球拥有17万名员工。L公司开发的招聘系统包括4个环节。

1. AI初步筛选

L公司在领英、脸书等知名社交账号发布招聘信息，有意向的求职者通过填写简短的在线应聘表格参与应聘。L公司收集18 000份应聘表后，通过AI算法筛选出符合基础条件的求职者，完成初步选拔。

2. AI能力评估

候选人被要求花20～30分钟体验指定的游戏。在游戏过程中，候选人的表现将作为评估个人能力的依据。邀请候选人玩游戏是L公司选拔人才的重要一环。为此，L公司与游戏化解决方案提供商P公司合作开发了13款游戏，用于评估候选人的天赋、逻辑推理能力和风险偏好。接下来，L公司运用机器学习算法分析候选人，将他们的能力数据与成功员工的能力数据进行对比，从而筛选出匹配度高的员工。

3. AI面试

L公司将邀请前两个环节中表现出色的候选人进行时长约30分钟的视频面试，面试的主要形式是回答问题。与常见的视频面试不同的是，L公司在视频面试中利用人工智能来评估候选人，从而为下一步的智能分析提供素材。通过与H公司(一家面试平台公司)合作，L公司利用机器学习算法分析候选人在面试过程中的发言和肢体语言，候选人作答时的关键词、语音语调、表情动作都会被记录成数据，作为分析对象。L公司会围绕最佳表现者的反应建立人工智能模型，对候选人进行评估和排名。面试会进行2～3轮，每轮面试都有针对性，通过多轮面试可以提高候选人与岗位的匹配度，以保证招聘效率。

4. 现场模拟

通过AI面试的3500名候选人将被邀请拜访L公司的探索中心体验一天的生活。候选人将与L公司的领导者和招聘人员(非AI)直接接触，同时通过模拟工作场景来展示自己的能力。此环节结束后，大约有800名候选人通过考核，这些人将成为L公司的正式员工。

资料来源：刘晶晶. AI技术在企业招聘工作中的应用研究[J]. 企业改革与管理，2023(24)：55-57.

🐾 案例评析

案例中，L公司作为经营范围覆盖全球的大公司，要从18 000名求职者中筛选录用800人，这个过程的艰辛不言而喻。L公司引入AI技术，不但能自动简化烦琐任务，而且能提高招聘的科学性和精准度，大大缩短了招募新员工所花费的时间，节约了资源。

纵观L公司的招聘过程，主要有两大特色。

1. AI技术精准匹配

精准岗位推荐基于匹配技术，因此对岗位画像和人才画像的要求非常高，需要通过大量的简历、测评等数据进行模拟训练。人岗匹配技术模型主要包含三部分：一是由专家意见和业务经验组成的人工规则，主要考查候选人的通用素质；二是基于简历和其他人力资源数据的行业和人才知识图谱，主要考查候选人的知识技能；三是基于长期积累的用户行为和测评数据训练而成的机器学习模型，主要面向用户行为。通过这个模型，可对岗位和候选人进行不同层面的解析和匹配，有利于企业高效地筛选出适合的人才。

2. AI技术实现招聘全程反馈

在L公司的招聘过程中，反馈也是非常重要的一环。很多应聘者的简历投出去便宛如石沉大海，杳无音讯，而L公司会将AI生成的评价返馈给应聘者，包括他们在游戏中表现如何、在视频面试中表现如何、他们的哪些特征是与岗位匹配的、如果不匹配原因是什么以及如何在未来的职业生涯中获得成功。应聘者不仅能及时收到应聘结果，还能从反馈中了解自己不成功的原因，同时收获宝贵的职业生涯建议。这一举措增加了应聘者对企业的好感度，同时提升了企业形象。

L公司通过AI技术在全球68个国家招聘，周期从以前的4个月缩短为两周，每年节约近100万英镑，雇员多样性提高了16%。可以说，这是创新技术的成功实践。

学习任务一　饭店员工招聘

■ 一、认识饭店员工招聘

(一) 饭店员工招聘的含义

饭店员工招聘是指为一定的工作岗位选拔合格人才而进行的一系列活动，是把优秀、合适的人员招进饭店并安排在合适岗位上工作的过程。

招聘是"招"和"聘"的合称，招即招募，是指饭店组织在吸引员工来应聘前所做的一系列活动，包括招聘岗位及人数的确定，招聘广告的设计与发布等。聘即请人担任某种职务。招聘包括分析员工标准和岗位需要两方面内容，通过对应聘者进行筛选、甄别，选拔符合饭店组织需要的员工。饭店招聘员工是组织发展和运用人力资源的开端，它与饭店组织经营战略和人力资源规划紧密结合，在准确预测人员数量和质量需求的前提下进行。招聘是满足饭店组织对员工数量和质量需要的必然手段。饭店员工流失率高，这一现状决定了人员招聘在饭店组织中是一种经常性活动，所以对员工招聘进行研究对饭店组织人力资源的发展具有重要的参考价值。

(二) 饭店员工招聘的基本原则

1. 能级原则

在当前的饭店招聘实践中，存在人才"高消费"、相互攀比的现象。从人才储备的角度来看这本无可厚非，但有关资料显示，大多数饭店招用的优秀人才并没有被安排到便于其发挥自身最大价值的工作岗位，要么被闲置，要么高能低就。这种完全不顾职位工作需要的做法，造成了饭店间的恶性竞争及饭店自身人力成本的提升，同时也会造成优秀人才的大量流失。因此，饭店员工招聘应做到因职选能、因能量级、能级匹配。

2. 公开竞争原则

饭店招聘信息应公开，即把招聘职位、应聘资格、选拔标准、选拔程序和方法等信息向外部和内部公开。竞争是指让应聘者在相同的规则条件下，参加各种甄选测试和考核，饭店择优录用。采取公开招聘的方式，一方面，能够确保给外部应聘者或内部员工以公平竞争的机会，达到广招人才的目的；另一方面，将招聘工作置于公开监督之下，可确保招聘过程的公平。

3. 择优录用原则

为保证员工的质量，饭店应遵循择优录用的原则。饭店可根据实际情况，结合饭店规模、星级标准、接待对象、工作性质、工作内容、劳动方式和业务能力等要求，对应聘者进行筛选，以甄选真正符合工作需要的员工。

4. 经济效益原则

经济效益原则是指降低招聘成本，提高招聘效率，以最低的成本消耗招聘合适的人才。招聘成本包括：招聘时所花的费用，即招聘费用；因招聘不当，重新招聘所花的费用，即重置成本；因人员离职给饭店带来的损失，即机会成本。此外，饭店员工的选拔聘用是为饭店的生产经营服务的，因此招聘计划的拟定要以饭店的需要为依据，以确保经济效益的提高为前提。

(三) 饭店员工招聘的重要意义

1. 员工招聘是饭店打造竞争优势的关键

当今饭店业的竞争归根结底是人才的竞争，一个饭店组织拥有什么样的员工，在一定程度上决定了该饭店在激烈的市场竞争中将处于何种地位。人才的获得是通过招聘环节来实现的。因此，招聘和甄选工作能否有效地完成，对提高饭店组织的竞争力、绩效及实现其发展目标，均有至关重要的影响。从这个角度来说，人员的招聘和甄选是饭店组织创造竞争优势的基础环节。当饭店需求某些有助于实现组织发展目标的紧缺型人才时，人员招聘和甄选更是有着特殊的意义。

2. 员工招聘是维持饭店正常运营的基础

饭店有计划地招聘和录用一定数量比例的新员工，将"新鲜血液"不断输入饭店，将竞争机制引入饭店人力资源管理体系，是促使员工合理流动、提高员工素质、提高服务质量、保证饭店经营管理顺利进行的基础。

3. 员工招聘有助于饭店树立良好形象

实践表明，人员招聘和甄选的过程既是吸引、招募人才的过程，又是向外界宣传组织形象、扩大组织影响力和知名度的一个窗口。应聘者可以通过招聘和甄选的过程了解饭店的组织结构、经营理念、管理特色、饭店文化等。尽管人员招聘和甄选不以传播饭店形象为目的，但是招聘和甄选的过程在客观上起到了宣传的作用，这是饭店不容忽视的一个方面。

4. 员工招聘有助于降低员工流动性，保持整体稳定

通过科学有效的招聘，可以使饭店获得胜任工作并对工作感到满意的优秀人才，同时员工也能在工作中获得满足。这有利于员工的稳定和发展，从而降低饭店员工的流动性。如果饭店中存在大量不能胜任工作的员工，将导致较高的员工流动率，不利于饭店员工队伍的稳定和发展。

(四) 饭店员工招聘的流程

饭店员工的招聘流程主要由招募、选拔、录用和评估4个阶段组成，如图4-1所示。

(1) 招募。招募是指饭店组织为吸引人才前来应聘所做的一系列工作，包括招聘计划的制订与审批、招聘信息的确定与发布、应聘表格的设计与填写等。饭店求职人员登记表如表4-1所示。

(2) 选拔。选拔是指饭店组织从岗位职责的要求出发，挑选合适的人员来承担某一职位，主要包括审查应聘者的应聘资格、初次面试、复试、任用面试、体格检查、合同签订等。面试通知书如表4-2所示。

(3) 录用。主要涉及员工的初始安置、试用、正式录用等环节。

(4) 评估。评估是指对招聘活动的效益与录用人员的质量进行评价，评估结果将为下一次人员招聘提供参考。

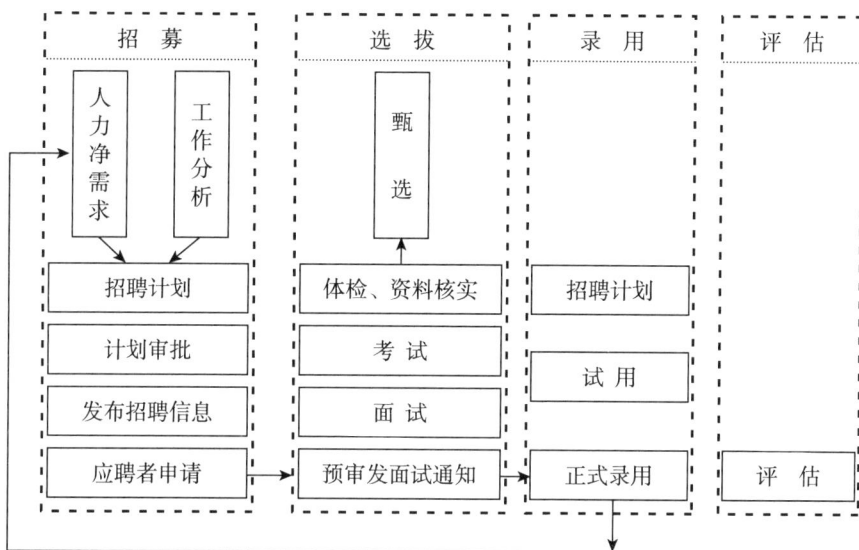

图4-1 饭店员工招聘流程图

资料来源：王珑，徐文苑.酒店人力资源管理[M].广州：广东经济出版社，2007.

表4-1 饭店求职人员登记表

姓 名		性别		出生年月		文化程度	
政治面貌		婚否		民 族		健康状况	
家庭住址					联系电话		
户口所在地					档案所在地		
毕业学校					学 制		年
第一外语语种		程度		第二外语语种		程度	
现任职务工种		现有工龄				身 高	
本人简历							
家庭主要成员							
本人求职意向							
用人部门意见		人力资源部意见			总经理批示		

填写：(求职人员本人)

(续表)

联数：一式一联
用途：登记求职人员使用

　　资料来源：中国酒店员工素质研究组. 星级酒店行政人事部经理案头手册[M]. 北京：中国经济出版社，2008.

表4-2　面试通知书

面试通知书

_____先生(小姐)：

　　经我饭店初步甄选，现荣幸通知您于___月___日___时到___面试。

人力资源部
年　　　月　　　日

　　资料来源：中国酒店员工素质研究组. 星级酒店行政人事部经理案头手册[M]. 北京：中国经济出版社，2008.

二、饭店员工招聘渠道

　　饭店员工招聘的第一步是掌握员工的来源渠道，并加以分析比较，以便提高招聘效率。根据招聘对象的来源，可以将饭店员工招聘渠道分为内部招聘和外部招聘两个渠道。

(一) 内部招聘渠道

1. 内部招聘的含义

　　内部招聘是指从饭店内部或饭店集团内部现有的员工中选拔合适的人才来补充空缺或新增的职位，这实际上是组织内部的一种人员调整。在进行人员招聘时，应先对饭店内部员工进行调整，尤其在招聘高级职位或重要职位时更应重视内部招聘。

2. 内部招聘的方法

　　(1) 内部晋升。从饭店内部提拔一些合适的人员来填补职位空缺是常用的招聘方法，有利于饭店迅速从现有员工中提拔合适的人员到空缺的职位上。内部提升给员工提供了机会，会使员工感到在这里工作是有发展机会的，个人职业生涯是有发展前途的，这对鼓舞士气、稳定员工队伍非常有利。同时，被提升的人员对饭店比较了解，能很快适应新的工作环境，因此这是一种省时、省力、省费用的方法。但采用这种方法人员选择范围小，可能选不到最优秀的人员，也可能导致"近亲繁殖"的弊病，还可能导致饭店缺乏创新与活力。

　　(2) 岗位轮换。岗位轮换是指暂时的工作岗位变动。它是通过实习或培训的方式，将员工从一个岗位调到另一个岗位以增加其经验的工作方法。这种方法有助于员工在逐步掌握多种工作技能的同时，加深对不同工作之间的关系的认识，培养其形成更广阔的工作视角，这对完成高水平的管理工作是大有裨益的。岗位轮换可以在一定程度上消除专业分工过细带来的弊端，有利于员工克服狭隘的部门观点，树立系统的全局观念，有利于部门之间的横向协调。

(3) 工作告示。一般饭店都有自己的宣传媒体，如广播、报刊、宣传栏、墙报等。工作告示是指将饭店空缺岗位的性质、职责及任职条件等信息以告示的形式发布在布告栏、内部报刊及内部网站上，尽可能让更多员工获取信息，并鼓励有才能的员工前来应聘的一种招聘形式。对某岗位感兴趣的员工可直接去人力资源部门申请，用人部门和人力资源部门经过公正、公开的考核择优录用。这种途径既能为有才能的员工提供成长、发展的机会，又体现了公平竞争的原则。

(4) 内部重新聘用。内部重新招聘是指饭店组织在经营状况不佳时让一部分员工离岗待聘，待饭店经营状况转好，再重新聘用这部分员工。饭店行业存在季节性波动，这种招聘方法可以降低人力成本。

(二) 外部招聘渠道

1. 外部招聘的含义

外部招聘是指运用各种招聘方式来吸引饭店外部的人才，从中选录合适的人员来填补职位空缺。饭店外部人才包括同行人士推荐的人才、相关专业的毕业生、实习项目的参加人员、职业介绍中心推荐的人才、饭店在职员工推荐的亲属和朋友等。

2. 外部招聘的方法

(1) 利用各种媒体广告招聘。饭店可充分利用广播、电视、报纸和杂志等进行招聘宣传，每种方式都有自身的优缺点和适用范围，如表4-3所示，饭店可根据具体情况选择适合自身的招聘媒体。

表4-3 广告媒体类型及优缺点

媒体类型	优点	缺点
报纸	灵活；及时；普及率高，能全面覆盖当地市场；可信度高；便于剪贴存查	有效期短；再生质量差；传阅性差
杂志	对象明确，针对性强；可信度高，权威；再生质量高；传阅性好	成本高；传播不广泛；不能保证刊登位置
广播	普及率高；灵活；成本低；及时	只有听觉效果；播出时间短；吸引力差；听众分散
电视	覆盖面广；视听结合效果显著；灵活；艺术性强，感官吸引力强	绝对成本高；时间性强；易受干扰；受众不明确
户外广告	灵活；展示重复性好；成本低；竞争小；位置选择性好	受众面小；创意受限

(续表)

媒体类型	优点	缺点
直接邮寄	灵活,可选择受众;同一媒体中无竞争者;可以个性化	相对成本高;易产生"垃圾邮件"印象
互联网	选择性好;成本低;直接;互助性强	受众少;单一;相对影响小;受众控制展示时间

资料来源:栾港,马清梅.市场营销学[M].2版.北京:清华大学出版社,2010.

在当前用人机制灵活、招聘广告铺天盖地的情况下,为了实现有效招聘,饭店应想办法凸显招聘广告的独到之处;应尽量做到措辞严谨,形式设计独特新颖,内容清晰详尽且引人注目;应避免那种华而不实、不知所云的设计。具体来说,应做到以下几点:题材要新颖,具有吸引力,能引起阅读兴趣;广告内容要务实、真诚,不要带有欺骗性;广告内容要清晰明了,应简要说明工作地点、内容、发展前景、应聘条件、待遇、有无特殊要求、招聘方式、到岗时间等;广告内容的侧重点要突出,可以树立饭店的整体形象,但应重点介绍岗位要求及任职资格;广告内容要符合法律规定。

招聘广告的设计和构思,可以借鉴西方国家的AIDA方法:A——attention,即广告要吸引求职者注意,如饭店可在报纸的宣传广告中有意留白,以增强招聘职位的吸引力;I——interest,即激发应聘者对职位的兴趣,如饭店可重点说明职位的发展空间、收入、地理位置等;D——desire,即让求职者对饭店的空缺职位产生认同感和求职欲望;A——action,即促使求职者立刻采取求职行动。某星级饭店校园招聘简章样例如表4-4所示。

表4-4 某星级饭店校园招聘简章样例

B饭店是一家从事饭店策划、投资、经营、管理的大型股份制饭店,现有员工两千余人。2024年,B饭店集团再次大规模扩张,建筑面积达4万平方米,全部按五星级标准建设,拥有千人多功能厅、138个宴会包房,50人圆桌大宴会厅、260间/套客房,目前已经投入运营。B饭店集团的快速发展将为您提供广阔的发展空间,让我们携手共创成功!

招聘岗位	优先专业	岗位要求	福利待遇及晋升发展空间
总台接待	饭店管理 旅游管理 旅游外语 市场营销	男,1.75米以上;女,1.65米以上。形象气质佳,语言表达能力强,英语四级以上水平,熟练操作计算机	实习补贴:2000~2500元/月 就业薪资:3000~5000元/月
客户关系主任(GRO)		女,1.65米以上,形象气质佳,性格开朗、热情,具备较强的沟通协调及应变能力	
礼宾员		男,1.75米以上,形象气质佳,表达能力及服务意识强	

（续表）

招聘岗位	优先专业	岗位要求	福利待遇及晋升发展空间
餐饮服务	饭店管理 旅游管理 旅游外语 市场营销	男，1.72米以上；女，1.62米以上。形象气质佳，服务意识强，热爱饭店行业	福利：饭店免费提供优越的食宿条件(员工宿舍配有空调、有线电视、宽带，每半月统一换洗床单被套；职工餐每日提供4餐)。毕业后签订劳动合同，缴纳各项社会保险，享受带薪年假。
客房服务		男，1.70米以上；女，1.60米以上。工作认真、细致	
大客户经理		男，1.75米以上；女，1.65米以上。形象气质佳，有较强的沟通、营销及应变能力	
厨房学员	烹饪与营养	灵活机敏，能吃苦耐劳，热爱烹饪行业	
行政文员	文秘、中文、汉语言文学、行政管理、办公自动化	文字功底强，熟悉公文格式，熟练使用办公设备及软件，热爱饭店行业	职业培训：饭店提供入职培训、专业技能培训、转岗培训、晋升培训、管理能力培训等系统培训项目。
人资专员	人力资源管理、劳动与社会保障	热爱本专业和饭店行业，熟练使用办公设备及软件，责任心和服务意识强	
收银、出纳	会计、金融	男，1.72米以上；女，1.62米以上。语言表达能力强，工作严谨，责任心强	
礼警(礼仪保安)	安全保卫、治安管理	男，1.75米以上，形象好，责任心强，有部队经历者优先	
美术设计员	广告设计与制作、艺术设计	男，1.72米以上；女，1.62米以上。热爱本专业，熟练使用电脑设计软件	晋升发展：饭店建立了完善的员工晋升机制，并以健康、平稳、快速的发展为员工提供广阔的晋升空间
网络管理员	计算机应用	男，1.75米以上，热爱本专业，上进心和学习能力强	
综合维修员	机电一体化、暖通、给排水、空调与制冷	男，1.72米以上，上进心和学习能力强，有电工证者优先	

联系方式： 招聘邮箱：
招聘专线： 饭店网址：

(2) 通过人才招聘网站招聘。网络招聘发展历史较短，但普及速度十分迅速。现在很多饭店把网络招聘作为主要招聘渠道。网络招聘以其招聘范围广、信息量大、可挑选余地大、应聘人员素质高、招聘效果好、费用低等优势获得越来越多饭店的认可。随着网络技术的发展，饭店还可以引入网络面试和在线人才测评，以节省招聘费用。网络招聘方式主要有两种，第一种方式是注册成为人才网站的会员，在人才网站上发布招聘信息，收集求职者信息资料，查询合适人才信息。人才网站的资料库大，日访问量高，饭店往往能较快招聘到合适的人才。同时，人才网站收费较低，饭店可以同时在多家网站注册会员，这样可以收到众多求职者的资料，可挑选的余地更大。这是目前大多数饭店所采用的网络招聘方式。第二种方式是在饭店官方网站上发布招聘信息，以吸引来访问的人员。下面介绍目前热门及主流的招聘网站及平台。

① BOSS直聘。BOSS直聘是一款BOSS与面试者直聊的招聘工具，通过去除中间环节、简历与行为数据匹配等方式提高求职招聘效率，可以让面试者更快获得更多优质机会。平台覆盖主流互联网、酒店、金融、文化传媒、汽车等行业。

BOSS直聘的核心是"直聊+精准匹配"，通过将在线聊天功能引入招聘场景，让应聘者和用人方直接沟通，从而跳过冗长的传统应聘环节，提升沟通效率。同时，BOSS直聘应用人工智能、大数据等前沿技术，提高雇主与人才的匹配精准度，可以缩短求职招聘时间，从而提升求职招聘效率。

② 前程无忧。前程无忧是中国先进的综合人力资源服务提供商，借助全面的人力资源解决方案套件，可以在整个人才管理周期中满足企业和求职者的需求。前程无忧的在线招聘平台以及移动应用程序每天都会为数百万求职者提供就业机会。前程无忧还提供许多其他增值服务，如业务流程外包、培训、专业评估、校园招聘、高级人才搜寻和薪酬分析等。

③ 智联招聘。智联招聘是中国领先的职业发展平台，致力于为求职者和企业提供全面的人力资源服务。智联招聘以覆盖求职者整个职业生涯为目标，打造"3的三次方"产品模型，分别为学生、白领和高端人士(如专业人士或管理人士)匹配三类产品，分别为测评(我是谁)、网络招聘(我能干什么)、教育培训(我如何进步)。通过线上、线下、无线三个渠道，智联招聘为职场人的全面发展提供支持。近年来，智联招聘从"简历仓库"向"人才加工厂"转型，致力于为中国人才市场打造闭环生态链，其服务涵盖网络招聘、校园招聘、海外招聘、猎头服务、测评及培训等六大产品体系，为企业提供从招聘到培训的一站式解决方案。截至2025年，智联招聘拥有超过3.49亿职场人用户，累计合作企业达1341万家，平台日均活跃求职者用户达468万，年度发布职位数超过4111万个。

④ 拉勾网。拉勾网是基于人才精准匹配的互联网人才垂直招聘服务平台，隶属于北京拉勾网络技术有限公司，是专注于互联网职业机会的招聘网站。拉勾网以众多优质互联网资源为依托，发布圈内招聘信息，为求职者提供人性化、个性化、专业化的信息服务，以让优质人才和优秀企业及时相遇为己任。在招聘服务上，拉勾网通过提供全职招聘服务和兼职外包服务连接B端和C端。同时，通过搭建底层HR SaaS应用拉勾云人事，将业务延伸到企业内部，提供深入的服务。

⑤ 脉脉。脉脉创立于2013年10月，是许多职场人都在用的职场社区和求职平台。脉脉采用"唯一昵称+实名身份认证"的ID机制，通过真实员工产生的职场信息，发展出两大核心业务：内容社区和人脉服务。

内容社区是现实职场空间的网络映射。脉脉通过同事圈、行业圈、工种圈、推荐、热榜、门道、公司点评等丰富的内容板块，帮助职场人做好职业选择，助力其职业成长。脉脉为企业提供丰富的人脉连接服务，如人才银行、雇主品牌服务、专家网络服务、拓客通、会员服务，满足不同场景下的客户需求。脉脉通过内容社区与人脉服务为职场人创造新鲜事、新成长、新点评、新机遇四重价值。脉脉平台上汇聚了海量的"中高端人才"，用户来自诸多世界500强、中国500强公司，以拥有高学历、高收入的城市职场精英为主。

目前脉脉已经覆盖IT互联网、人工智能、新能源汽车、芯片、生物医药、审计、金融、文化传媒、房地产、制造业、教育培训等各行各业。

⑥ 猎聘。猎聘属于中高层次人才招聘平台，作为企业、猎头、职业经理人的沟通桥梁，猎聘将求职和招聘活动线上化，开启以用户体验为核心的交易模式。平台在企业端和个人端均提供基础服务和付费增值服务，助力职场人取得成功。

猎聘集团也是以科技和大数据驱动的人才服务智能平台。通过科技赋能，猎聘沿着人力资源价值链持续升级产品和布局新业务，向企业和个人提供更加完善的人力资源服务。

⑦ 鱼泡。鱼泡科技(鱼泡网)是国内先进的蓝领招聘平台，公司总部坐落于成都高新区天府软件园G5，服务网络覆盖31个省(市、自治区)，涵盖建筑、装修、物流及生活服务等基础劳务行业。公司主要开展大数据、AI算法等数字科技在基础劳务领域的创新应用研究，依托业内先进的智能推荐算法系统，为施工企业、班组和蓝领工人提供高效智能的招聘求职和工作协同服务。公司曾获人社部全国优秀创业创新项目、四川省专精特新中小企业、新经济百强企业、成都独角兽(潜在)企业等荣誉资质。

⑧ 店长直聘。店长直聘是Boss直聘集团旗下的一款招聘类手机软件，专注于城市服务业招聘。平台设计了直聊、投递简历等多个渠道，并开设了GPS定位功能，应聘者能够看到自己与招聘店面之间的距离。结合GPS定位，店长直聘还设置了附近功能，应聘者可以看到其附近店面的招聘信息。店长直聘使用大数据算法，通过多个维度的数据观察用户行为，使招聘者和应聘者人岗匹配，让合适的人看到合适的信息。

⑨ 赶集直招。赶集直招原名为赶集网，成立于2005年，是专业的分类信息网，为用户提供房屋租售、二手物品买卖、招聘求职、车辆买卖、宠物票务、教育培训、同城活动及交友、团购等众多本地生活及商务服务类信息。2015年，赶集网被58同城收购合并。2022年1月，58同城宣布将旗下"赶集网"更名为"赶集直招"，自此专注于招聘市场。

⑩ 应届生求职网。应届生求职网是中国知名的专门面向大学生及在校生的求职招聘网站。应届生求职网向大学生及在校生提供新、全、准确的校园全职招聘、实习招聘、兼职招聘、企业宣讲会、招聘会、企业招聘截止日期等招聘信息，同时提供职业测评、应聘指导等求职就业资讯及辅导。应届生求职网始终以大学生需求为导向，注重提升大学生的网上求职体验，用高效、专业的服务助力大学生与社会顺利对接。

(3) 利用猎头公司等中介机构招聘。猎头公司提供的服务一般适用于饭店高级人才招聘，而职业介绍机构多适用于一般人才推介。猎头公司的服务程序为：接受委托，职位分析及了解饭店背景，签约委托，寻猎行动，初试及综合测评，推荐与复试，录用，结算余款及后续跟踪服务。目前，我国的猎头市场还存在许多不规范的地方，因此一定要注意一些问题。例如，饭店选择猎头公司时要对其资质进行考察，在与猎头公司合作时，一定要在开始时约定双方的责任和义务，并就一些容易发生争议的问题事先达成共识，如费用、时限、候选人的标准、保证期的承诺、后续责任等问题。利用职业介绍机构进行招聘的优点是可以省略筛选求职者的部分前期工作，而其缺点也在于此，职业介绍机构可能会使不符合条件的求职者通过饭店的初选阶段，最终导致饭店雇佣到不符合要求的求职者。

(4) 他荐和自荐招聘。他人推荐是饭店外部招聘的一条可行之道。通过推荐途径获取人力资源，可以节约招聘广告费用和职业介绍费用，饭店还能获得较高水平的应聘者。此外，在服务行业竞争激烈和员工流动频繁的情况下，饭店采取他人推荐的方法，能够约束新老员工，使他们都能努力工作。自荐的应聘者，一般目的明确，但因为时机问题，未必能遇到恰好存在的职位空缺。这类应聘者可能会在一定程度上打扰饭店工作人员正常的工作，但人力资源部的员工还是应该礼貌接待，进行简单面试，留下其个人简历和联系方式，并诚恳地予以反馈，倘若有适合的职位空缺，人力资源部应第一时间与应聘者取得联系，让应聘者感到被重视、被尊重，这有助于饭店树立良好的企业形象。

(5) 通过专业院校招聘。专业院校是饭店组织人力资源的主要来源渠道。每年学校都有大批毕业生走出校门，包括正规的饭店管理专业的毕业生和相关专业的学生，这些年轻的学生是构成饭店组织人力资源的重要生力军，将成为饭店服务人员和后备管理干部中的骨干力量。应届毕业生一般没有工作经验，所以招聘这些人员时不能在经验上提要求，但考虑到高校青年学生具备很强的发展潜力，如发展顺利可以成为未来饭店组织中强有力的中坚力量，饭店组织在招聘应届毕业生及实习生时要有长远的眼光，不能一概以"缺少工作经验"为由把学生挡在门外。另外，饭店组织也可以与学校建立人才联合培养的合作关系，如通过校企合作办学和"订单式培养"等途径，为高校学生提供实习机会，并将这部分学生列为"管理培训生"重点培养，使学生在毕业前就能得到实践机会，更好地将所学理论知识和组织实践相结合，为未来使用这批人员做好前期的"培训"工作。

(6) 利用人才租赁招聘。人才租赁，也叫"人才派遣"，是饭店根据工作需要，通过人才服务机构租借人才的一种新型用人方式，也是一种全面的、高层次的人事代理服务。人才服务机构与用人饭店和派遣人员分别签订人才租赁协议、人才派遣合同，以规范三方在租赁期间的权利和义务。在租赁期间，用人饭店与租赁人员不发生人事隶属关系；用人饭店与人才租赁服务机构的关系是劳务关系；被租赁人员与人才租赁机构的关系是劳动关系，与用人饭店的关系是有偿使用关系。随着人力资源供需情况的变化，以及市场上的人力资源中介机构和饭店人力资源部的专业化，对于饭店内的部分职位，可以向专业的人才派遣公司租借人才，但必须谨慎地选择合作机构和签订清晰合法的租赁合同。

(三) 内部招聘与外部招聘的优缺点对比

内部招聘与外部招聘的优缺点对比如表4-5所示。

表4-5　饭店内部招聘与外部招聘的优缺点对比

对比项目	内部招聘	外部招聘
优点	对员工了解全面，准确性高；可鼓舞员工士气，激励员工进取；应聘者可更快适应工作，使组织培训投资得到回报；成本费用低	应聘者来源广泛，选择余地大，有利于招到一流人才；新员工能带来新技术、新思想、新方法；当内部有多人竞争而难以做出决策时，向外部招聘可在一定程度上平息或缓和内部竞争者之间的矛盾
缺点	应聘者来源局限于饭店内部，业务水平有限；容易造成"近亲繁殖"；容易出现思维定式和行为定式等不利于饭店管理的问题；可能会因操作不公或员工心理原因造成内部矛盾	新员工不了解饭店情况，进入角色慢，较难融入饭店文化；对应聘者了解少，可能招错人；内部员工得不到晋升机会，工作积极性可能受到影响；成本费用高

资料来源：张波.饭店人力资源管理[M].大连：大连理工大学出版社，2009.

学习任务二　饭店员工甄选

一、饭店员工甄选的内涵

饭店员工甄选，是指饭店组织通过一定的技术和手段，对已招募到的应聘者进行鉴别和考察，并根据其个性特点和知识技能水平，预测其工作绩效，确定是否录用，或通过协商，安排其他工作岗位。为了尽可能全面和深入地了解应聘者的知识、能力、个性及特长等个人情况，饭店组织应采取多种方式和手段，以选拔适合饭店组织的人选。甄选是招聘工作中最关键、最重要也是技术性最强的一个环节，因而其难度也最大。

二、饭店员工甄选的测评方法

(一) 笔试法

笔试法是饭店组织常用的一种人员测评方法。它的主要特点是针对性强、涉猎的知识面广、经济适用、结果可以量化，是目前各类测评技术中应用最普遍的方法，特别适用于对员工的知识水平进行测试。在笔试中，求职者先在试卷上完成事先拟好的试题，然后由考核者根据求职者解答的正确程度评定成绩。通过笔试，可以检验求职者的基本知识、专业知识、管理知识、综合分析能力及文字表达能力等素质能力的水平，并能测量众多求职者之间的差异。

(二) 能力测试法

能力测试是一种测量人的特质、需求及具备的知识的方法，通过该项测试，可以明确应聘者未来能担任什么工作及能给他何种机会。在管理实践中，有近百种能力测试方法可以使用，综合而言可以把它归结为两类，即普通能力测试和实际操作能力测试。

1. 普通能力测试

普通能力测试即一般能力测试，主要考核应聘者的思维能力、想象能力、记忆能力、语言能力、推理能力、判断能力、协调能力等，一般通过词汇、相似、相反、算数计算和推理等类型的问题进行评价。

2. 实际操作能力测试

饭店行业属于劳动密集型行业，员工动手能力的高低，会直接影响其工作业绩及饭店工作效率的高低。因此，对操作能力的测试尤为重要。实际操作能力测试主要用来测量员工的反应速度、灵活性、协调性及灵敏度等。这种测试可以帮助饭店管理者较为准确地判断求职者是否适合接受培训及需要培训的时间等。

(三) 情景模拟测试法

情景模拟测试法是根据员工可能担任的职位，编制一套测试项目，安排应聘者在模拟的工作环境中处理有关问题，用多种方法来测试其心理素质、实际工作能力和潜力的一种方法。这种方法能够帮助饭店了解书面测试无法准确测试的领导能力、工作能力、人际交往能力、沟通能力、合作能力、理解能力、创造能力、解决问题能力、语言表达能力等综合素质，适合在招聘服务人员、事务性工作人员、管理人员和销售人员时使用，是用来衡量个体心理因素水平差异的一种科学测量方法。其中，比较常见的是智商测试和个性测试。

1. 智商测试

智商测试用来测定智力的差异。在人力资源管理中，智力主要是指员工学习和适应环境的能力。智商测试可用于评价员工相较于多数人的智力发展程度，实质上是对员工解决问题能力的测试，即对被测试者如何在判断、创造以及逻辑思维方面充分利用自己智力的测试。各种类型的心理测试一般都包括相当数量的测试条目或作业，根据被测试者完成作业的情况，就可以确定测试分数。

2. 个性测试

个性是个体行为的综合体，包括体质、性情、兴趣、智慧、态度、价值观等。一个人的个性有与其他人相异的特性，故具有独特性。个性测试与智商测试的主要差别在于，智商测试可以一定的精度确定构成其智商的各种才智，可进行独立的阐述和评分；个性则是一种相对的概念，是与个体相联系，与正常状态相比较而存在的，因此个性测试具有系统性。

(四) 职业兴趣测试法

职业兴趣作为一种特殊的心理特点，由职业的多样性和复杂性反映出来。职业兴趣的个体差异是相当大的，也是十分明显的。一方面，因为现代社会职业划分越来越细，社会活动的要求和规范越来越复杂，各种职业间的差异也越来越明显，所以对个体的吸引力和要求也就迥然不同。另一方面，因为个体自身的生理情况、心理情况、受教育程度、社会经济地位、环境背景不同，所以不同个体乐于选择的职业类型、倾向于从事的活动类型和方式也十分不同。职业兴趣测试法即对应聘者的个人兴趣、爱好进行测试，将被测试者的兴趣与不同职业从业者的兴趣进行比较，从而确定其适合的职业领域。职业兴趣测验的目的是发现应聘者的兴趣所在，从而判定其是否适合应聘的工作，主要用于员工甄选和员工职业生涯规划两个领域。实践证明，越是热爱的工作，越有可能做得出色。如果一个人对某种职业根本不感兴趣，而是由于其他原因来应聘，那么其成功的希望就十分渺茫。常用的职业兴趣测试法是霍兰德的职业兴趣测验和爱德华的个人偏好测量表。

(五) 面试法

面试是指供需双方通过正式交谈，使饭店能够客观地了解应聘者的语言表达能力、反应能力、个人修养、逻辑思维能力、业务知识水平、工作经验等综合情况，使应聘者能够全面了解饭店的信息和自己在饭店的发展前景。面试是整个招聘工作中的核心环节，本部分将对面试法进行详细介绍。

1. 面试的分类

(1) 非结构型面试。非结构型面试无固定模式，事先无须做太多准备，主考官只要掌握组织、职位的基本情况即可。在面试中，主考官往往会提一些开放式的问题，如"谈谈你对某件事情的看法""你有何兴趣与爱好"等。这种面试的主要目的在于给应聘者充分发挥能力与潜力的机会。由于这种面试有很大的随意性，主考官所提问题的真实目的往往带有很强的隐蔽性，要求应聘者有很强的理解能力与应变能力。

(2) 结构化面试。结构化面试是指在面试之前，已有一个固定的框架，主考官会对每个应聘者分别进行相同的提问。在结构化面试中，所有应聘者适用统一标准，提供结构与形式相同的信息，以便于分析、比较，同时降低主观性的影响。研究表明，结构化面试的信度与效度较好，但形式过于僵化，难以随机应变，所收集的信息范围会受到限制。结构化面试样题如表4-6所示。

表4-6　结构化面试样题

一、工作经验

1. 请你谈谈毕业之后的工作经历。
2. 请你谈谈现在或最近所做的工作，你的职责是什么？你担任什么职务？
3. 请谈谈你在这家饭店的工作情况和受到的奖励与惩处。
4. 你认为你在工作中的成就是什么？
5. 在你主管的部门中，遇到过什么困难？你是如何处理的？
6. 你认为该工作的难点或挑战性在什么地方？
7. 请谈谈你在饭店中的职务升迁和收入变化情况 。
8. 你在工作中有什么收获和体会？

二、工作动机与期望

1. 请谈谈你现在的工作情况，包括待遇、工作性质、工作满意度等。
2. 你对现在的同事和主管怎么看？你认为他们有什么优缺点？
3. 你为什么决定调换工作？你认为原饭店有什么缺点，你认为什么样的工作比较适合你？
4. 你为何选择来我饭店工作？你对我饭店有哪些了解？你对我饭店提供的工作有什么希望和要求？你为什么要应聘这个职位？(追问)你认为自己有哪些有利条件？有哪些不利条件？如何克服不利条件？
5. 如果你被录取，你在工作上有何打算？
6. 你在生活中追求什么？近来个人有什么打算？如果你被录用，由于工作需要，领导(主管)把别人不愿做又会被人看不起的工作交给你，你会怎么办？请结合这次应聘，谈谈你在选择工作时都考虑了哪些因素。
7. 谈谈你要求的工作条件和待遇，如果与实际相差很大，你将怎样决定？
8. 你喜欢什么样的领导与同事？
9. 对你来说，赚钱和一份令人满意的工作，哪一个更重要？
10. 你认为在一个理想的饭店里工作，个人事业的成败是由什么决定的？

三、事业进取心与自信心

1. 你个人有什么抱负和理想？准备怎样实现自己的理想？
2. 你对现状满意吗？为什么？
3. 你认为现在的工作有什么需要改进的地方？
4. 你有向领导提合理化建议的经历吗？
5. 你怎样看待部门中应付工作、混日子的现象？
6. 你的职业发展计划是怎样的？如何去实现这个计划？
7. 你认为这次面试你能通过吗？
8. 在工作中你对自己有什么要求？
9. 领导交给你一个很重要但又很艰难的任务，你将如何处理？
10. 你渴求什么样的成功？决定因素有哪些？

四、工作态度

1. 你认为饭店管得松一些好还是严一些好？
2. 你们饭店管得严不严？迟到、早退、怠工现象是否经常发生？你在这方面的表现怎么样？
3. 在工作中若看到别人违反规定和制度，你会怎么办？
4. 你最喜欢工作中的哪个方面？最不喜欢哪个方面？
5. 你会经常对工作做出改进或向领导提建议吗？
6. 除本职工作外，你还在其他饭店做兼职吗？第二职业做什么？
7. 你在工作中常与主管沟通并向他汇报工作吗？

8. 你对自己现在的工作状况满意吗？为什么？

9. 你如何看待超时工作，能否接受周末和休息日加班？

10. 你认为你能对我饭店做出什么贡献？

五、分析判断力

1. 你认为大学时期的学习和生活对你的工作有什么影响？

2. 你认为应怎样适应从学校到社会的转变？

3. 你认为怎样才能跟上飞速发展的时代？

4. 你认为如何解决中国的下岗待业问题？

5. 你认为成功的关键是什么？

6. 你认为自己适合做什么样的工作？

六、自知与自控

1. 你认为自知之明是否最重要？你的长处和短处是什么？怎样做到扬长避短？

2. 你认为自己在工作方面有什么不足或欠缺？

3. 你认为在你选择的工作领域里，要想取得事业的成功，哪些个性和素质是必需的？

4. 你的上级主管和同事怎样评价你？你认为评价得准确吗？

5. 领导与同事批评你时，你如何对待？

6. 当你听见有人在背后议论你的缺点或说风凉话时，你如何处理？

7. 在部门大会上，领导当众错误地批评了你，你如何处理？

8. 最近一段时间，你发脾气或与人争吵的原因是什么？

9. 你工作很努力，也有许多成果，但你总是没有其他同事收入高，你会怎么办？

10. 在一次会议上，领导对你的发言非常不满意并当众批评了你，你会怎么办？

11. 假如这次应聘你未被录取，你今后会做哪些努力？

七、应变能力

1. 我们认为你的条件与其他人相比并没有太大的优势，你怎么证明你能做好这项工作？

2. 如果我们录用你，你认为关键原因是什么？

3. 你有个朋友生病，你带了礼物去看他，正好碰上你的领导，他认为你是来看他的，因此他接下礼物并连连致谢，这时你如何向你的领导说明你是来看朋友的而又不伤领导的面子？

4. 在实际生活中，假设你做了一件好事，不但没有人理解，反而还遭到周围人的讽刺挖苦，这时你应怎样处理？

5. 在一次重要的会议上，领导作报告时将一个重要的数字念错了，如不纠正会影响工作，遇到这种情况你应怎么办？

6. 在实际工作中，你的主张获得了同事们的赞同，但你的上司不满意，这时你会怎么办？

7. 王经理不苟言笑，平时神情很严肃，没有人不怕他。一天，你正和同事小张议论他，谈完一转身发现王经理就站在你们旁边，对此你该怎么办？

八、组织协调与人际关系

1. 你担任过什么社会工作？你喜欢做那种常与陌生人会谈的工作吗？

2. 你经常参加哪些社团活动？你喜欢哪种集体活动和聚会？

3. 在聚会或集体活动中，你一般扮演什么角色？

4. 你经常和同学、朋友聚会吗？你常常发起这样的聚会吗？

5. 你喜欢和哪些人交朋友？你和同事之间相处得好吗？

6. 你习惯与陌生人交谈吗？是否只习惯和关系亲密的人相处？

7. 从一个熟悉的环境转入陌生的环境，你是否感到不适应？你能很快适应吗？

8. 你是否愿意与不同地位、职业、年龄、经历、性格的人打交道？

9. 你在单独外出旅行时，是否感到孤单？是否常能结识一些朋友？

10. 你怎样与你不喜欢的同事安然相处、共同合作？

11. 近来你有没有同朋友或同事闹过别扭？如果有，原因是什么？

12. 你们处的副经理周某安排你撰写一份季度工作计划报告，当你完成后，送交总经理审阅时，他很不满意，但你计划中的许多想法是征得副经理认可的，遇到这种情况你该怎么办？

13. 你是否认为自己是一个比较受欢迎的人？

14. 你在饭店里的朋友多吗？

九、精力状况与兴趣爱好

1. 一般情况下，你什么时间休息？什么时间起床？

2. 你上班是坐车还是骑车？

3. 你喜欢做什么运动？经常参加锻炼吗？

4. 你在很疲惫的情况下，多长时间能恢复过来？

5. 请谈谈你休病假的情况。

6. 你的业余时间是怎么度过的？你喜欢看什么电视节目？喜欢读哪些书籍？

7. 你喜欢什么娱乐活动？有什么爱好？

8. 你常和朋友一起玩到很晚才休息吗？

十、专业能力与水平

1. 你在大学里学的什么专业？专业课程有哪些？该学校的本专业科研教学水平在全国处于什么位置？

2. 你在大学时的学习成绩怎样？哪些课程学得好？对哪些课程感兴趣？

3. 你接受过哪些特殊专业训练？在哪里进行的？多长时间？有什么收获？

4. 你有哪些专业特长？参与过哪些专业研究项目？

5. 你有什么级别的专业资格证书或能力证明？

6. 近年来你发表了哪些专业的文章或书籍？是否参加过专业的学习？

7. 饭店主管和同事对你的专业特长和能力做何评价？

8. 你对本专业的最新发展情况了解多少？

(3) 压力面试。压力面试是指在面试过程中向应聘者提问其意想不到的问题，营造令应聘者感到不安的环境，或有意地攻击应聘者甚至激怒对方，来观察应聘者在压力环境下的反应和对压力的承受能力。使用这种面试方法要注意把握分寸，应在法律允许的范围内进行。可对有抗压要求的岗位人员实行压力面试，如处理客人投诉的岗位人员和一些销售岗位人员。

(4) 群体面试。群体面试，即有多位面试者与应聘者面谈，具体包括"多对多"和"多对一"两种形式。其中，"多对多"指由多位面试者同时与多位应聘者面谈，每位面试者或者问自己关心的问题并按自己的观点对应聘者单独做出评估，或者都以标准化的评分表对应聘者进行提问和评分，并在最后做出聘用决定前相互比较。这种方式可以避免重复提问，使面试更加深入和有意义，但可能加重对应聘者的压力。"多对一"既指多位应聘者同时接受一位面试者的提问，又指由多位面试者同时对一位应聘者进行面谈。

2. 面试的程序

1) 面试前的准备阶段

(1) 确定面试考官。面试考官对面试效果负有重大责任，因此应寻找面试经验丰富、有专业背景的考官。面试考官一般由人力资源部门人员、用人部门人员及其他相关人员共同组成。有责任心、具有较强的沟通能力、熟悉饭店情况是对面试考官的基本要求。

(2) 准备面试材料。面试前要准备的材料主要是面试评价表和面试提纲。面试过程是对每位参加面试的应聘者进行评价。因此，应根据岗位要求和每位应聘者的实际情况，设计面试评价表和有针对性的面试提纲，并选择合适的面试方法。面试方法有很多种，实践证明，在面试中综合运用多种方法的效果较好。

(3) 选择合适的面试场所。面试场所的布置及周围环境会对面试结果造成一定的影响，色调柔和、空间明快的现场布置会使应聘者感到放松。面试场所的周边环境不应过分嘈杂，否则会影响面试双方的注意力，使应聘者思路分散，无法专心思考。

2) 面试的实际操作阶段

首先，在面试礼仪方面，面试人员要注意自己的着装和仪表，一般要求穿着职业装，女士化淡妆；要主动与应聘者握手表示欢迎；面试开始时可以先聊一些轻松的话题与应聘者寒暄；整个面试过程不要接听电话。这样做的目的，一方面是树立饭店的良好形象，另一方面是体现对应聘者的尊重，并且可以让应聘者放松下来，表现出自己的真实水平。其次，在面试提问方面，面试人员应根据事先确定的提纲向面试者提问，整个过程要注意把握话题，帮助应聘者缓解紧张情绪；在向应聘者提问之余，还应留给应聘者提问的机会和时间，这样做有利于应聘者进一步了解饭店和岗位的情况，还可以通过应聘者提出的问题了解其就业动机等信息，同时体现对应聘者的尊重。此外，不要对自己的记忆力过于自信，要随时记录对应聘者的评价，最好准备一份规范的面试评分表，如表4-7所示，以便日后整理和比较。

3) 面试的收尾阶段

主要问题提问完毕以后，面试就进入了收尾阶段，这时可以让应聘者提出一些自己感兴趣的问题由面试者解答。这一阶段是面试者检查是否遗漏一些关于关键胜任力的问题并加以追问的最后机会，而求职面试者也可以借这个机会来表现自己，展示饭店所要求的关键胜任力。

4) 面试的评估阶段

一个完整的招聘过程，在后期应该有一个评估阶段，这是被许多饭店忽视的一个环节。评估招聘工作可采用多种方式，但归根结底，都要落实到在既定的条件下为饭店的空缺岗位找到适合的人才。不管使用什么方法，都要考虑招聘成本，还要对通过各种招聘方式招聘到的新员工的数量和质量进行评估。饭店招聘面试评分表如表4-7所示。

表4-7 饭店招聘面试评分表

编号：

姓　　名		性　　别	
报考部门		报考工种	
志愿	1. 2. 3.		
评分等级	1.优 2.良 3.中 4.差		

(续表)

项目		第一次面试		第二次面试	
		评分	评语	评分	评语
外貌/仪表					
性格/个性					
礼貌/态度					
灵活性/反应					
自信心					
智慧/判断力					
工作技能					
健康状况					
外语	英语				
	其他				
面试意见		□录取/推荐部门　　□推荐第二次面试/笔试 □可以考虑　　　　□不接受			
主考签名/日期		人力资源部意见/日期			

填写人：

联数：一式一联，由人力资源部审核处理

用途：用于招聘人员时的面试记录

资料来源：中国酒店员工素质研究组. 星级酒店行政人事部经理案头手册[M]. 北京：中国经济出版社，2008.

3. 面试效果不佳的原因

(1) 面试官过早地做出录用决策，凭印象形成录用决策意向。

(2) 面试官过度关注面试表中的不利内容，不能全面了解应聘者。

(3) 首因效应、近因效应、晕轮效应、趋中效应等常见的心理偏差。

(4) 招聘时间紧迫，为完成招聘任务而急于求成。

(5) 采用非结构化面试方式，其结果不如结构化面试可信和有效。

(6) 面试官本人对职缺岗位的任用条件不了解，无法以正确的标准去衡量应聘者。

(7) 面试官易受前一位应聘者的影响，并以此作为标准去衡量后一位应聘者。

(8) 面试官本人缺乏面试经验。

(9) 面试官本人讲得太多，限制了应聘者的表达和发挥，失去了招聘面试的意义。

学习任务三　饭店员工录用

经过严格招聘和甄选后，饭店对符合条件的应聘者进行录用。录用程序包括通知应聘者、体检、员工试用、转正并签订劳动合同等步骤。

一、通知应聘者

(一) 通知录用者

在决定录用应聘者之后，个别饭店会等待一段时间后再发出录用通知，他们认为太快发出通知往往会让应聘者觉得工作来得太容易而不珍惜这份工作。事实上，应聘者是否珍惜这份工作受很多因素的影响，如工作是否适合自己、待遇、人际关系状况等，饭店没有必要故意拖延时间，应该提前告知员工饭店将在指定时间内，如一周或半个月内通知应聘者最后结果。此外，饭店还应通过电话、电子邮件等方式与应聘者对到职日期及有关细节及时达成协议，然后发放录用通知书。拟定人员录用通知时应注意以下方面：用语贴切得体，能够树立饭店的良好形象；明确员工报到须知的内容；明确员工报到的时间与部门。饭店员工录用通知书如表4-8所示。

表4-8　饭店员工录用通知书

录 用 通 知 书

_____先生/小姐：

本饭店拟录用阁下为____部门____职位员工，行政级别____，工资级别____。请于____年__月__日__时，带齐如下画"√"物品到本饭店人力资源部办理入职手续。如有疑问，请致电××××××××，逾期作自动放弃处理。

身份证复印件[ ]份

婚育证

健康证

失业证

人事担保书

原饭店出具的离职证明

学历及技能证明复印件

一寸彩色近照[ ]张

欢迎您的加入！

人力资源部

年　月　日

资料来源：徐文苑，贺湘辉. 饭店人力资源管理[M]. 2版. 北京：清华大学出版社，北京交通大学出版社，2010.

(二) 通知未被录用者

在现实工作中，很多饭店往往只通知被录用的候选人，而忽视对未被录用的应聘者的回复。拥有优秀文化的饭店，一般会注意用合适的方式通知未被录用者。答复未被录用的应聘者答复时应注意以下两点：尽量用书面方式通知，并采用统一的表达方式；注意拒绝信的内容和措辞。饭店员工未录用通知书如表4-9所示。

表4-9　饭店员工未录用通知书

尊敬的_____先生/女士：

　　十分感谢您对我们饭店_____职位的兴趣。您对我们饭店的支持，我们不胜感激。您在应聘该职位时的良好表现，让我们印象深刻。但由于我们名额有限，这次只能割爱。我们已经将您的有关资料备案，并会保留半年，如果有新的职位空缺，我们会优先考虑您。

　　感谢您能够理解我们的决定，祝您早日找到理想的工作。

　　对您积极地应聘我们饭店，再次表示感谢！

人力资源部

年　月　日

资料来源：罗旭华，顾群. 现代饭店业人力资源管理[M]. 北京：经济日报出版社，2007.

二、体检

　　饭店应组织被录用人员统一到当地指定的卫生检疫部门进行体检，其目的是最终确定新员工的身体素质是否符合饭店工作的基本要求。体检的重点是确保新员工无任何传染性疾病、无影响正常工作的生理缺陷、无影响正常工作的慢性疾病等。饭店通常会要求员工在当地卫生检疫部门办理员工健康证。

三、员工试用

　　员工试用期为1～3个月，试用期满若达不到饭店对其规定的标准，可延长试用期，试用期最长不得超过国家规定的期限6个月。若6个月仍不能转正，则不予录用；若试用期满，经部门考核、评估，符合岗位工作要求则可转正。员工进入饭店前要签订试用期合同，员工试用期合同是对员工与饭店双方的约束与保障。试用期合同应包括以下主要内容：试用的职位、期限，报酬与福利，在试用期应接受的培训，工作绩效目标与承担的义务，应享受的权利，员工转正的条件，试用期饭店解聘员工的条件与承担的义务和责任，员工辞职的条件与义务，延长员工试用期的条件等。

四、转正并签订劳动合同

　　转正是指试用期满且试用合格的员工正式成为该组织的成员的过程。员工能否被正式录用关键在于用人部门对其考核的结果如何，饭店录用员工应坚持公平、择优的原则。在正式录用过程中，用人部门与人力资源部应完成以下主要工作：员工试用期的考核鉴定；根据考核情况做出正式录用决策；给员工提供相应的待遇；制订员工下一步发展计划；为员工提供必要的帮助与咨询服务；与员工签订正式的劳动合同。

　　劳动合同又称"劳务合同"或"劳动协议"，是饭店与员工之间为确立相互间的劳务关系而订立的协议，是表现劳动关系的法律形式。《中华人民共和国劳动法》(以下简称《劳动法》)明确规定，我国劳动合同应当以书面形式订立。根据此规定，饭店与员工的劳动合同必须采用文字形式。一般来说，劳动合同应包括以下内容。

(1) 基本情况。合同双方称呼、员工所在部门、工种及职务等。

(2) 合同期限。规定合同的有效期。

(3) 员工守则条例。规定员工的工作时间、岗位职责及应遵守的有关准则等。

(4) 员工福利待遇。规定员工可享受的各项待遇，如薪酬、假期、医疗福利、劳动保险、工伤劳保。

(5) 纪律处分条例。规定员工违背合同要求将受到处罚的措施及程序，包括解约、辞退、开除等。

(6) 签署与公证。员工亲笔签署或盖章，饭店代表签署并加盖印章及注明签约日期，合同即生效。

从劳动合同生效日起，员工招聘工作才算结束。新员工试用期满转正程序和步骤如表4-10所示。

表4-10 新员工试用期满转正程序和步骤

执行部门：人力资源部及用人部门	编号：HR-003

工作程序和步骤

1. 部门评估
(1) 部门评估。部门经理对新员工进行综合评估，并签名确认。
(2) 员工自评。员工对部门经理的评估给出意见，并签名确认。
(3) 部门将"员工工作现评估表"送交人力资源部。
2. 人力资源部组织考核
(1) 人力资源部对符合转正条件的员工进行理论考核。
(2) 人力资源部对转正员工进行岗位实操考核。
3. 审批
(1) 人力资源部根据部门经理评估及转正考核成绩，做出评定。
(2) 上报总经理审批。
4. 填写"人事变动表"
用人部门根据评定结果，填写"人事变动表"。转正员工，解除试用期工资，开始享受初级员工工资及其他正式员工待遇

5. 建立档案
员工试用期和转正时填写的有关表格一并归入员工个人档案

资料来源：廖钦仁.酒店人力资源管理实务[M].广州：广东经济出版社，2006.

学习任务四　人工智能在饭店招聘中的应用

随着新一代信息技术的快速发展，人工智能(artificial intelligence，AI)已经渗透到各行各业，为传统业务模式带来了前所未有的变革。在饭店业中，人工智能为饭店人力资源管理带来了新的机遇，有望推动管理模式的创新和升级。饭店业人力资源管理具有其独特性，如季节性需求波动、员工服务态度重要性强以及跨文化管理需求明显等，这就使得饭店人力资源管理既充满挑战，又蕴含着巨大的发展潜力，而人工智能正是破解挑战、挖掘潜力的重要工具。

一、认识人工智能

人工智能是新一轮科技革命和产业变革的重要驱动力量，是研究、开发用于模拟、延伸和扩展人的智能的理论、方法、技术及应用系统的一门新技术科学。人工智能通过模拟人类智能思维，让计算机系统发挥感知、理解、学习、推理、规划、决策等功能，其核心是缔造一种能以类似人类智能的方式进行反应的智能技术。人工智能涉及领域多元，如机器学习、自然语言处理、计算机视觉、语音识别、机器人技术等，还涉及深度学习、专家系统等分支，相关技术共同构成了其广阔领域。伴随人工智能的不断进步，其在医疗、教育、交通、企业等各个领域得到广泛运用，方便了我们的生活与工作，但同时也带来了一定的隐患，如个人隐私可能遭到泄露、人身安全可能受到威胁。所以，在推动技术发展的同时，也需要建立健全法律法规。总之，人工智能是一种跨学科的综合技术体系，它模拟、延伸和扩展了人类的智能，为人类社会发展提供了强劲动力。

AI面试官是人工智能在招聘领域的重要应用之一。AI面试官是基于人工智能技术的机器人面试官，它可以完成简历筛选、面试预约、面试评估等任务，为企业节省大量时间和成本。例如，海纳为香格里拉集团管培生项目"香+计划"提供AI面试产品及服务。香格里拉作为全球知名酒店集团，运营100余家酒店，一直以来重视员工发展。本次合作，香格里拉将借助海纳AI面试进行管培生岗位面试评估，并通过挖掘员工潜力来为他们创造价值，帮助他们实现职业发展理想。

二、人工智能给饭店招聘带来的机遇

1. 提供科学可靠的数据支撑

基于饭店战略目标，人工智能通过整合行业、人力资源等多维度数据，全面、准确地对饭店人才供需进行预测，为饭店招聘决策提供数据支持和科学依据。同时，通过大数据集群和用户行为分析，充分了解求职者偏好，构建招聘场景知识图谱，建立面试标签体系，为求职者提供更加精准和个性化的职位推荐。

2. 实现无偏见招聘

在算法管理下，人工智能可以打破传统的用人群体局限，使饭店能够突破选择盲点。在干净的数据集上训练的机器学习算法，可以平衡竞争环境并减少招聘过程中的偏见。当饭店的求职群体更多样时，饭店在招聘过程中就可以及时地发现并降低各种偏见和歧视，从而实现更广泛、更公正的招聘。

3. 推动人岗精准匹配

人工智能通过收集不同品牌、职业和专家的信息，能够建立准确的岗位需求模型，并结合饭店需求分析求职者的简历，然后确定面试问题的内容和数量，逐步提出更有深度的问题，甚至尝试完善细节的深度和广度，从而实现精准的人岗匹配。人工智能还能与心理学等学科相结合，利用互动游戏对求职者进行评估，有助于饭店筛选出更符合岗位能力要求和饭店企业文化的求职者，同时改善求职者的体验。

4. 提高招聘效率、降低招聘成本

人工智能可以一体化解决简历采集、筛选、分析三个环节的问题，使招聘更加高效、精准，实现智能化招聘。人工智能面试运用语音识别、图像识别等对求职者展开面试，并对他们的回答展开分析，提供评估报告，筛选出得分较高的求职者，而后由饭店人力资源部门对简历进行整理，决定是否进行后续面试。这种招聘方式能够避免大量人力、财力和物力的浪费，提高招聘效率，降低招聘成本。

三、人工智能给饭店招聘带来的挑战

1. 人工智能招聘给企业和员工带来创造和使用技术的难度

刚开始接触人工智能时，饭店员工普遍难以适应，学习起来也有一定的难度。同时，找到合适的人选来开发和使用人工智能工具是饭店业共同面临的挑战。此外，升级人工智能招聘系统需要一定的经费支持，因此对于中小型饭店或部门来说具有较高的成本门槛。

2. 人工智能招聘给应聘者带来对隐私和数据安全的担忧

在利用人工智能招聘的过程中，应聘者的个人信息、人脸信息、声纹信息等敏感数据可能会被收集，这些信息一旦泄露，可能会对个人隐私安全造成严重威胁。尽管饭店会采取一些保密措施，但这些措施可能不足以完全防止数据泄露和滥用，从而使应聘者产生隐私侵犯感知。

3. 人工智能招聘过程中存在算法歧视与公平性缺失

随着网络技术的发展，信息传递效率得到极大提升，但同时也出现了"信息超载"现象。猎头公司通常采用"关键字"搜索方式筛选简历，即所谓的"算法偏好"，但这会造成大量错误数据的产生，若单纯依赖关键字，可能会造成一定程度上的数据浪费，造成新的"算法歧视"。

4. 人工智能招聘给员工带来心理及工作压力

人工智能虽然在提升工作效率和简化流程方面有着显著的优势，但会给员工带来巨大的心理压力。随着人工智能逐渐取代人工完成重复性任务，员工可能会担心自己被技术淘汰，失去工作。这种对未来的不确定性导致许多员工产生焦虑感，特别是在那些对技术变革较为敏感的行业中，员工可能会降低自我价值感。

四、人工智能在饭店招聘中的应用

1. 高效制订招聘计划

利用人工智能能够精准匹配人才职位，有效缩短招聘流程，提高招聘效率。人工智能还能根据招聘计划模块与分析模型展开相应的结果分析。其中，数据库管理是整个招聘环节的关键所在。人工智能能够优化数据库，重新整合招聘结果，对应聘者的心理素质、健康情况、技能水平、性格特征等进行数据化对比，精准分析相应数据，从而可将最合适的人员筛选出来，将其安排到适合的工作岗位。这种做法可有效避免误判，使招聘更加公平、公正。此外，人工智能还能对招聘中的相关因素进行深度剖析，构建不同的结构化指标，可全面分析员工离职率，防止人员不足情况发生。

在信息化时代，饭店需要智能型人才，留住人才是重中之重。通过人工智能精准分析人才关键数据，探索相关影响因素，如家庭状况、薪资待遇、饭店内表现、自我能力、年龄与性别等，并采取措施，可有效降低员工离职率，提升工作效能。

2. 打造智能化招聘环境

在人工智能时代，5G技术是重要的技术应用。通过普及与发展 5G 技术，饭店可进行招聘办公环境的优化与改造，提升办公环境的稳定性，实现对求职者的快速精准响应。

此外，饭店可借助 5G 技术构建 AR、VR等视觉运用程序，丰富招聘环节与内容，实施无人化面试，为面试者提供更好的应聘体验。

随着信息技术的不断发展，移动办公已经成为重要趋势，饭店也应充分适应这种发展趋势，打造全新的招聘环境，优化工作流程与提高效率。

3. 扩展智能化招聘途径

饭店可以借助人工智能，自动化筛选简历、完成初步面试，提高招聘效率；可以通过自然语言处理和机器学习算法，系统分析简历中的关键信息，匹配岗位需求，实现人岗精准匹配。饭店可以建立一个集中的人才数据库，将应聘者的简历、面试记录、评估结果等信息进行整合和管理。这样不仅可以方便快速地查找合适的候选人，还能通过数据分析优化招聘流程。

此外，社交媒体和在线招聘平台如BOSS直聘、智联招聘、前程无忧等，也能够帮助饭店高效筛选合适的员工。这些平台不仅覆盖面广，还能通过关键词搜索等方式迅速筛选出符合岗位需求的候选人。通过大数据分析，饭店可以锁定目标求职者最可能活动的平台，定向发布招聘广告，从而提高招聘信息曝光率，进而吸引人才前来应聘。

4. 制定智能招聘指标

饭店在招聘环节通常面临一定的挑战，随着人工智能的广泛应用，构建科学的招聘指标模型成为解决这一问题的关键。饭店人力资源部门通过应用人工智能，可以对应聘者的年龄、学历、技术构成、专业基础等核心指标进行数据统计与挖掘，从而为招聘工作提供精准的数据支持，并制定合理的招聘标准；可以结合应聘者的兴趣爱好、职业方向和知识储备等软性素质，制定相应的素质指标，并将其纳入招聘评估体系；可以实时高效共享人工智能数据库，有效提升用人部门与人力资源部门的协同能力，确保招聘流程更加科学、透明；可以自动生成岗位说明书，并根据用人部门的具体需求发布招聘公告，进一步优化招聘流程；可以动态调整招聘计划和方向，高效匹配岗位需求，为饭店的高效运营奠定基础；可以通过大数据网络与第三方招聘平台(如学信网)的数据化匹配，以及与人社局的联合验证，精准判断学历和应聘者基本信息的真实性，确保招聘的可靠性；还可以结合传统的笔试、面试等考查方式，记录交流内容并将其录入智能系统，借助人工智能的精准分析，进一步完善招聘流程，全面提升人力资源招聘环节的效率与质量，为饭店的高效运营提供有力支持。

5. 设定智能化流程，提高工作效能

在过去的饭店招聘工作中，通常存在流程模糊、效率低下等问题。引入人工智能后，饭店可以结合自身发展需求，对招聘流程进行全面优化，使其更加标准化、合理化；可以对广大应聘者的实际情况进行深度分析，结合岗位要求，制定精准的人才录用方案。

在简历筛选环节，人力资源部门通过运用人工智能，可以高效实现对简历的初步筛选，并依据预设标准进行审核；可以根据实际岗位需求和工作性质，构建求职者画像，并通过模型匹配岗位需求，提升筛选精准度；可以实现多层智能化筛选，降低简历筛选的出错率；可以制定标准化的错误模板，便于后续招聘中对比分析，从而减少类似错误的重复发生。

筛选出符合标准的简历后，由招聘官负责邀约面试，进入人才甄选环节。对于成功录用的员工，将其简历纳入人工智能系统，并生成标准化模板，供后续学习和借鉴；而对于未通过面试的候选人，其简历也将被存档，以便在出现岗位空缺时进行二次匹配。通过这一系列智能化流程，饭店不仅能提高招聘效率，还能为未来的人才管理奠定坚实的基础。

📖 项目小结

饭店员工招聘是指为一定的工作岗位选拔合格人才而进行的一系列活动，是把优秀、合适的人员招聘进饭店，并安排在合适的岗位上工作的过程。人员招聘是满足饭店组织对

人员数量和质量需求的必然手段，饭店行业的员工高流失率现状决定了人员招聘在饭店组织中是一项经常进行的活动，所以对人员招聘进行研究对饭店组织人力资源的发展具有一定的参考价值。饭店员工招聘的基本原则包括能级原则、公开竞争原则、择优录用原则和经济效益原则。

饭店员工的招聘流程主要由招募、选拔、录用和评估4个阶段组成。根据招募对象的来源，可以将饭店组织人员招募途径分为内部招聘和外部招聘两个渠道。内部招聘方法分为内部晋升、岗位轮换、工作告示和内部重新聘用。外部招聘方法分为多种媒体广告招聘、网络招聘、猎头饭店等中介机构招聘、他荐和自荐、专业院校招聘和人才租赁等。饭店员工甄选，是饭店组织通过一定的技术和手段，对已招募到的应聘者进行鉴别和考察，并根据其个性特点和知识技能水平，预测其工作绩效，确定是否录用，或通过协商，安排其他工作岗位的过程。饭店员工甄选的测评方法包括笔试法、能力测试法、情景模拟测试法、职业兴趣测试法和面试法。饭店在经过严格的招聘和甄选阶段后，对符合条件的应聘者要进行录用。录用程序包括通知录用者、体检、员工试用、转正并签订劳动合同等步骤。

随着新一代信息技术的快速发展，人工智能已经渗透到各行各业，为传统业务模式带来了前所未有的变革，饭店业也不例外。人工智能能为饭店招聘提供科学可靠的数据支撑，能够实现无偏见招聘，能够推动人岗精确匹配，提高招聘效率、降低招聘成本，但同时也带来了使用门槛高、存在隐私和数据安全隐患、存在算法歧视与公平性缺失、容易导致员工产生心理压力等问题，因此在实际应用中，饭店人力资源部门应结合自身具体情况，充分发挥人工智能的优势，避免其劣势。

知识链接1

饭店面试常见的12种高级错误

在饭店求职面试中，没有人能保证不犯错误。聪明的求职者会不断地修正错误走向成熟，但有些错误，即便是聪明的求职者也难免一犯再犯，我们称之为"高级"错误。

1. 不善于打破沉默

面试开始时，应试者不善"破冰"(英文直译，即打破沉默)，而等待面试官打开话匣子。在面试过程中，应试者又出于种种顾虑，不愿主动说话，结果使面试出现冷场现象。即便应试者能勉强打破沉默，语音语调亦极其生硬，使场面更为尴尬。实际上，无论面试前还是面试中，应试者主动致意、交谈，都会给面试官留下热情和善于沟通的良好印象。

2. 与面试官"套近乎"

具备一定专业素养的面试官通常忌讳应试者与其套近乎，以免影响评判结果。此外，过度"套近乎"会浪费很多时间，妨碍应试者做好专业经验与技能的陈述。因此，应试者列举一至两件有根有据的事情来赞扬招聘单位，以此表现出对这家饭店的向往即可。

3. 为偏见或成见所左右

应试者在面试前所了解的有关面试官的情况或招聘单位的负面评价往往会左右自己在面试中的思维。例如，应试者误认为态度冷淡的面试官比较严厉或对自己不满意，因此十分紧张。又如，面试官是一位看上去比应试者年轻许多的女性，应试者便会怀疑面试官的资历。其实，在饭店招聘面试这种特殊的"采购"行为中，应试者作为供方，应积极面对不同风格的面试官，即客户，一个真正的销售员在面对客户的时候，是没有选择余地的，只能主动适应。

4. 缺少实例佐证

应试者在面试过程中大谈个人成就、特长、技能，聪明的面试官一旦反问"能举一两个例子吗"，应试者便无言以对，而面试官恰恰认为事实胜于雄辩。在饭店面试中，应试者要想以其所谓的沟通能力、解决问题的能力、团队合作能力、领导能力等取信于人，应以实例佐证。

5. 缺乏积极态度

面试官有时会提出一些让应试者难以回答的问题。很多人对此面红耳赤，或躲躲闪闪，或撒谎敷衍，而不是诚实地回答、正面地解释。例如，面试官问："5年内为什么换了3次工作？"有人可能就会大谈工作如何困难、上级不支持等，而不是告诉面试官："虽然工作很艰难，自己却因此学到了很多，也成熟了很多。"积极面对自身的问题，给出合理、真诚的解释，能给面试官留下更好的印象，有利于成功应聘。

6. 丧失专业风采

有些应试者在面试时各方面都表现良好，可一旦被问及过往的工作经历，就会愤怒地抨击工作过的饭店，甚至大肆谩骂上级领导。在具备专业素养的面试官面前，这种行为是非常不妥的。

7. 不善于提问

有些人在不该提问的时候提问，如在面试中打断面试官的谈话而提问。也有些人在面试前对提问没有做好充足的准备，轮到有提问机会时却不知说什么好。事实上，一个好的提问，胜过简历中的无数笔墨，会让面试官刮目相看。

8. 对个人职业发展规划模糊

谈及个人职业发展规划，很多人只有目标，没有思路。比如，当面试官问"您未来5年事业发展规划如何"时，有些应试者会回答"我希望在5年之内成为全国销售总监"。如果面试官接着问"为什么"，应试者常常会觉得莫名其妙。事实上，确立职业发展目标应以个人技能为依据，同时应结合实际情况制定职业发展规划。只谈目标没有规划，会让面试官觉得很空泛、不可信，同时也不利于应试者自身的发展。

9. 假扮完美

面试官常常会问："你在性格方面有什么弱点？你在事业上受过挫折吗？"有的应试者会毫不犹豫地回答："没有。"这种回答是对自己不负责任的。每个人都有相应的弱点，都受过或大或小的挫折。只有充分认识自己的弱点，正确认识自己所受的挫折，才能造就真正成熟的人格。

10. 被"引君入瓮"

面试官有时会考核应试者的商业判断能力及商业道德素养。比如，面试官在介绍诚实守信的饭店文化之后，可能会直接提问："作为财务经理，如果我(总经理)要求你一年之内逃税1 000万元，你会怎么做？"如果你当场思考逃税计谋，甚至列举具体方案，你便中了他们的圈套。实际上，在饭店行业，遵纪守法是员工应遵守的基本要求。

11. 主动打探薪酬福利

有些应试者会在面试快要结束时主动向面试官打听薪酬福利等情况。这种做法可能会产生负面影响，具备专业素养的面试者往往忌讳这种行为。其实，如果招聘单位对应试者感兴趣，自然会问及其对薪酬的期望。

12. 不知如何收场

很多应试者在面试结束时，或因成功的兴奋，或因对失败的恐惧，表现得语无伦次、手足无措。面试结束时，作为应试者，不妨这样做：表达你对应聘职位的理解；充满热情地告诉面试者你对此职位很感兴趣，并询问下一步应该怎么做；面带微笑和面试官握手，感谢面试官的接待及对你的考虑。

知识链接2

求职个人简历模板

简历模板如图4-2～图4-5所示。

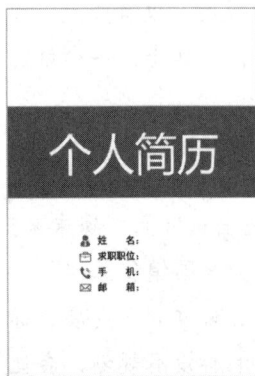

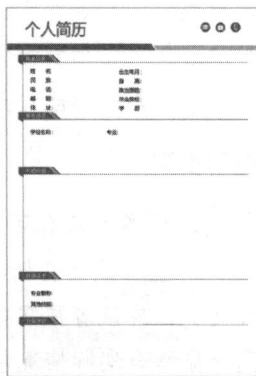

图4-2　简历封面　　　图4-3　自荐信　　　图4-4　简历正文　　　图4-5　简历封底

案例分析 | 酒店招聘如何创新

　　酒店如果招聘到不适合的员工，不仅无法发挥员工的价值，还会影响员工整体绩效，甚至影响酒店形象。因此，如何精准挑选人才，已成为酒店管理者需要解决的重要问题。

　　为了避免录取不适合的应聘者，酒店一般会在聘用前进行测评。常用的测评方法有心理测试、气质和性格测评、案例分析、情景模拟、团队讨论等。测评结果不能决定是否录用员工，但可作为做出录用决策的参考依据。

　　杭州开元名都大酒店在数场招聘会中有所创新，酒店通过运用创新的评量式、游戏式招聘，吸引了大量优秀人才前来应聘，让应聘者感受到了酒店浓郁的企业文化和深厚的文化底蕴。

1. 让招聘成为互动性的活动

　　在招聘中增强互动性，有助于增加应聘者和招聘者直接沟通的机会。例如，酒店在招聘销售人员时，让数十名应聘者站成一排，让每人拿出1~20元的零钱，在接下来的3分钟 (时间长短视人数多少决定，一般为50人)，应聘者可随意交换，同时播放节奏强劲的背景音乐(如《命运》等)，当音乐停止时，请应聘者坐下来。这时，招聘人员提问："请问有多少人赚钱了？赚了多少？有多少人赔钱了？赔了多少？"

　　在这个活动中，一定会有人赚钱，也一定会有人亏钱。由于应聘者在参与活动之前一般不会多想，完全是凭潜意识玩游戏，可以在一定程度上看出应聘者的性格与交际能力学。通过这场活动，应聘者不仅能产生赚钱的体验，还能对人际关系建立、组织协调、团队激励等方面产生一定的感悟。

2. 模拟管理与创新策划

　　应聘者均有机会以公关部经理的身份来策划一家豪华五星级酒店的开业活动，他们被要求设计一套营销策略，来吸引众人眼球。许多精彩的创新思路因此脱颖而出，有多名优秀的应聘者通过该活动加入酒店，走向公关部管理人员的岗位。这就是开元名都的策略竞赛。这一活动主要考查应聘者的酒店运作、策略制定与实施、市场开拓与培育、服务创新、市场变化综合分析和随机应变等方面的能力。这些虚拟的策划活动不但为应聘者提供了全方位运作酒店营销的经历，也为招聘部门提供了一个发现和招募优秀人才的渠道。

3. 环境和氛围的营造

　　应聘者面试时，招聘人员会面带微笑地与应聘者握手，这可以帮助应聘者放松心情，让其在面试中充分发挥自己的能力。毕竟，酒店大多数岗位的工作内容都与"现场表现"无关，也不要求所有员工都能在陌生人面前表现自如。接下来，应聘人员会介绍应聘职位并重申招聘目的，以帮助应聘者判断酒店是否适合自己的发展。

　　酒店在布置面试场所时，会尽可能地营造一种平等、融洽的氛围。例如，用圆桌代替方桌；在位置安排上，会让招聘人员与应聘者保持一定的角度，而不是面对面，这些细节都可以减轻应聘者的压力。

酒店的招聘方针是让应聘者也参与到面试工作中来，招聘方的工作方式和态度对应聘者做出是否加入酒店的决定会产生重大影响。

4. 建立必要的人才储备库

在招聘中，常会发现一些条件不错且适合酒店发展需要的人才，但因为岗位编制、酒店阶段发展计划等因素而无法录用。人力资源部门应及时将这类人才的信息(包括个人资料、面试小组意见、评价等)纳入酒店人才储备库，与之保持联系，一旦出现岗位空缺即可将其招入麾下。这样做既能提高招聘效率也能降低招聘成本。

众所周知，"选人"是人力资源管理五大职能(选人、育人、用人、待人、留人)之首，是人力资源管理的第一步，如果选人不当，不仅会影响后续的人力资源管理工作，还会影响酒店发展决策的执行。作为承担"选人"职能的招聘部门，在埋头于招聘的同时，也要抬头看看别人是怎么做的，应积极借鉴国内外酒店的成功经验，吸收精华为我所用，探索出适合本酒店的有效招聘方法，从而提高招聘效率。

资料来源：赵西萍，刘长英.旅游企业人力资源管理[M].北京：高等教育出版社，2021.

试分析：

1. 杭州开元名都大酒店是如何实现招聘创新的？
2. 结合杭州开元名都大酒店的招聘方法，谈谈如何通过招聘展现酒店形象。

案例分析 | e成科技×美豪酒店：AI视频面试助力酒店行业复工复产

近日，e成科技与上海美豪酒店管理股份有限公司(以下简称"美豪酒店集团")达成合作，为后者提供数字化人力资源管理系统，同时上线AI视频面试工具，以保证人事工作的高效进行，实现降本增效。

美豪酒店集团是中国领先的专注于中高端酒店领域的民族酒店品牌。历经20余年潜心经营，美豪酒店集团已发展成为拥有五星级酒店品牌"美嘉豪"，连锁酒店品牌"雅致""丽致""美豪""美丽豪"，轻奢酒店品牌"东方新丽"，精选酒店品牌"怡致""R Hotel"等，集高端酒店管理、特许加盟管理、连锁品牌酒店发展、新零售跨界经营、私人养生会所等于一体的多元化经营模式的酒店管理平台，旗下门店超200家，遍布全国42个城市。2019年，美豪酒店集团开始布局柬埔寨、泰国等国家，正式开启全球化发展战略之路。

突如其来的新冠肺炎疫情影响各行业发展，酒店行业也陷入低谷，在这样的背景下，美豪酒店集团积极调整策略，谋求创新，同时发力基础能力和人才队伍建设，为行业复苏蓄势。优质的服务离不开专业的服务人员，美豪酒店集团重视人才培养和引进，在响应防疫政策的同时，通过远程面试实现校招、社招计划的正常实施。e成科技为美豪酒店集团提供了轻量级的AI视频面试解决方案，助力美豪酒店实现招聘全流程线上化，为校招、社招场景提供强力支持。

同时，美豪酒店集团积极应用线上面试方式，通过社交软件对候选人进行视频面试。但社交软件很难满足HR应用场景需要，缺乏协同和管理功能支持，无形中增加了HR的工作量。e成科技AI视频面试工具以小程序为载体，可独立搭建，快速上线；系统界面简洁，操作方便，无须额外培训，HR即可上手应用，在短时间内帮助企业实现无接触面试。

资料来源：e成科技. e成科技 × 美豪酒店：AI视频面试助力酒店行业复工复产[EB/OL]. (2020-03-05)[2025-03-23]. https://www.sohu.com/a/377784455_100218511.

试分析：

1. AI招聘有哪些优势？

2. 酒店在应用AI招聘时，需要做好哪些配套工作？

实训练习

本地某四星级饭店欲招聘前厅部经理一名，假设你是该饭店人力资源部负责招聘工作的员工，请你拟定一份针对该职位的招聘广告。

复习思考题

1. 简述饭店员工招聘的含义。

2. 饭店员工招聘有哪些重要意义？

3. 饭店员工甄选有哪些测评方法？

4. 简述饭店员工招聘的基本原则。

5. 饭店员工的招聘渠道分为哪些？

6. 简述饭店员工招聘的流程。

7. 简述人工智能在饭店招聘中的应用。

学习项目五
饭店员工培训

知识目标

- 了解饭店员工培训的分类
- 掌握饭店员工培训的内涵
- 了解饭店员工培训的特点
- 掌握饭店员工培训的重要作用
- 熟悉饭店员工培训的内容

技能目标

- 掌握饭店员工培训计划的制订方法
- 掌握饭店员工培训的实施流程
- 了解饭店员工培训的评估方法
- 熟悉饭店员工培训需求分析
- 熟悉饭店员工培训的基本方法

课前导读

饭店员工培训旨在提高员工的知识与技能水平，改善员工的工作方法和工作态度，引导员工形成正确的工作价值观，从而激发员工潜力，提高员工和饭店的业绩，实现员工和饭店的双重发展。培训实质上是一种系统化的智力投资，其流程为"饭店投入人力、物力对员工进行培训—员工素质提高—人力资本升值—饭店业绩改善—获得投资收益"。在本学习项目中，首先，介绍了饭店员工培训的内涵和作用，并从针对性、计划性、灵活性和广泛性4个方面介绍了饭店员工培训的特点。其次，介绍了饭店员工培训的内容、分类及方法。最后，从培训需求分析、培训计划制订、培训实施和培训评估4个方面介绍了饭店员工培训的系统管理。

案例导入 | 锦江的原动力——人力资源的培训开发与使用 ⊙

锦江集团针对员工制订了独特的"三年培训计划"，具体内容如下所述。

1. 管理培训

锦江集团通过不同形式对不同层次的管理人员进行培训。对高层管理人员，集团专门聘请国外著名饭店管理公司总裁以及饭店管理培训方面的专家做讲座，高层管理人员完成学习后，再分层级往下传达管理知识并指导员工学习。集团还计划与康奈尔大学合作创办网络大学，通过网络形式对高层管理人员进行培训，这样既能避免外地店长长途跋涉到总部参加培训之劳，又能提高学习效率。对中层管理人员，集团采取派遣学习的方式，即将中高层管理人员派遣至国外知名饭店学习和考察。

2. 人才发展

锦江集团不仅积极吸纳国际化人才，还自办学院培养内部专业人才。由于北京奥运会和上海世博会带来的商机，集团大规模扩张，对管理人才的需求也十分迫切。2004年2月，锦江国际集团与瑞士理诺士饭店管理学院联合创办了国内首家中外合作饭店管理学院——锦江国际理诺士饭店管理学院。该学院采用国际化的实践教育模式，倡导创造性和理论知识相结合的办学理念，致力于为锦江国际集团各成员饭店管理层提供优质的培训，旨在培养以实践操作型为主的复合型高级饭店管理人才，因此该学院被称为"一所面向21世纪饭店管理业的新型黄埔军校"。

此外，锦江集团还开展了"管理培训生"招聘计划，以完善的职业发展方案吸引了大批应届大学生报名，集团从中择优录用近百名"管理培训生"，建立了包括饭店总经理管理实务培训、导师培训、服务方式培训等项目在内的国际化培训体系，为集团的国际化发展提供了人才保证。

资料来源：谷慧敏，田桂成. 饭店集团案例库(中国卷)[M]. 北京：旅游教育出版社，2008. 有删改

🐾 案例评析

为了满足对人才的需求，近几年，锦江积极推进人才发展战略，塑造"领军人才"，打造专业管理队伍，推行实施新的薪酬福利体系和绩效管理系统。这些举措有效地解决了饭店快速扩张导致的人力资源储备不足的问题。更重要的是，通过对人才进行国际化、专业化培养，进一步提高了锦江饭店的管理水平，缩小了锦江饭店与外资饭店的差距。

学习任务一 认识饭店员工培训

一、饭店员工培训的内涵

饭店员工培训是指按照一定的目的，有计划、有组织、有步骤地向员工灌输正确的思想观念，传授服务、营销和管理工作所需的知识和技能的过程。饭店员工培训的内涵主要包括三个方面：第一，它说明了饭店员工培训的主要目的和要求；第二，它说明了培训的主要内容和范围；第三，它说明了培训是饭店组织有计划、有组织的行为。基于饭店行业自身的特点，培训的时间、内容、范围、方法等方面与其他行业有所不同，但培训的最终目的都是改变员工的工作行为，提高其工作效率，从而促进组织发展。对饭店员工培训进行有效管理是人力资源管理部门的重要职责，也是饭店塑造企业文化、实现饭店战略目标的有效手段之一，关系饭店人力资源管理活动的最终成效，具有十分重要的意义。

二、饭店员工培训的作用

(一) 培训为员工规划职业路径奠定基础

培训不仅对饭店有利，对员工也有好处。员工在"接受培训—工作—再培训—再工作"的过程中，可以熟悉相关业务流程，增强胜任本职工作的信心，从而提升职业安全感；可以拓宽视野，学到新知识、更先进的工作方法和操作技能，提高工作能力和服务效率，从而增加个人收入；还可以扩大知识面和工作领域，学到先进的管理理论，从而为将来的晋升发展创造必要的条件。

(二) 培训是饭店经营管理的基本要求

通过员工培训，可以提高饭店的管理水平及工作效率，增加经营利润；可以提高饭店员工的工作能力、服务质量，增强其对饭店的责任感，减少客人投诉；可以减少浪费、破损与责任事故，降低物料成本；可以增强员工对工作的安全感与满足感，增强团队的凝聚力，减少员工流失；还可以帮助饭店解决经营管理业务中的实际问题，促进饭店的业务发展和服务升级。

(三) 培训是饭店进行文化建设的重要途径

饭店文化是指饭店内部全体员工的共同价值观念、信念和行为准则。对饭店而言，饭店文化即为外部顾客和内部员工提供优质服务，这是饭店全体员工最重要的信念、行为准则和价值观念。饭店文化建设是一个系统工程，包括饭店精神的培养、饭店凝聚力的加强、饭店经营目标的宣传、服务意识的灌输等，都需要教育和引导。可以说，培训是形成饭店文化的有效途径之一。

(四) 培训是饭店适应市场竞争的必然选择

现代饭店组织面临竞争激烈的市场环境，世界经济的一体化发展、市场信息的瞬息万变，使饭店组织面临巨大的生存压力。竞争的焦点就是人力资源，处于现代市场环境中的饭店组织只有不断地培训员工，不断地更新员工的知识，才能适应顾客需求的变化，才能在激烈的市场竞争中立于不败之地。

■ 三、饭店员工培训的特点

(一) 员工培训的针对性

饭店提供综合性服务，前厅、客房、餐饮、康乐、工程、财务等各部门员工需要掌握的专业知识和业务技能不完全相同，为了增强各部门员工对不同工种的适应能力，饭店应从实际需要出发，在培训计划安排、课程设置、训练方式方法等方面，坚持理论与实践相结合，以实用为出发点，注重针对性。

(二) 员工培训的计划性

饭店培训工作不是盲目的，它是一项有计划、有组织的工作。饭店应根据经营目标制定培训工作目标、方法和措施，科学合理地组织和协调饭店的人、财、物，这样才能达到提高饭店员工素质的目的。

(三) 员工培训的广泛性

基于饭店的经营特点，员工培训应侧重实用性。饭店部门多、工种多，不同工种的员工所需要掌握的知识和技能不同，涉及基本常识、专业知识、操作技能等方面，培训内容比较广泛和复杂。饭店应结合实际需求和员工情况，开展不同内容的培训，做好计划安排，坚持长期培训与短期培训相结合。

(四) 员工培训的复杂性

饭店培训的主要形式是对员工进行在职训练，培训对象既有管理人员、工程技术人员，又有广大服务人员。由于人员结构层次复杂，员工的文化基础和知识水平参差不齐，饭店内部工种繁多且技术要求不同，饭店员工培训必然是多学科、多层次、多形式的，这些特点要求培训工作必须长期分阶段进行，并采用灵活多样的方式与方法。对不同工种或从事同一项工作的员工，培训必须针对业务需求，结合实际需要，遵循多学科、多层次、多形式的原则。

(五) 员工培训的灵活性

饭店在培训活动的时间安排与控制方面往往会受到一些因素的影响，比如为了开展经营业务而不能按计划进行培训。因此，饭店人力资源部在安排培训计划时，要准备各种应急与应变措施，以适应饭店培训灵活多变的特点，使培训工作取得令人满意的效果。

四、饭店员工培训的原则

(一) 目的性和持续性原则

员工培训要有目的性，要有效地进行人员能力现状分析，根据不同的员工群体进行分类培训。也就是说，要衡量员工行为或工作绩效的差异是否存在。饭店可以通过业务、成本、能力测验、个人态度等指标，了解饭店员工的现有水平与饭店目标之间的差异。根据差异的大小，安排培训内容和培训方式。此外，员工培训需要饭店投入大量的人力、物力，可能会对饭店的当前工作造成一定的影响。有的员工培训项目有立竿见影的效果，但有的培训项目则要在一段时间以后才能反映到员工工作效率或饭店经济效益上，尤其是对管理人员和员工观念的培训。因此，要正确认识智力投资和人才开发的长期性和持久性，要用"以人为本"的经营管理理念来做好员工培训。

(二) 遵循学习规律原则

作为培训者，一定要关注、了解受训者的学习极限，并因势利导地调整培训方案。任何人获取技能和知识后都会有遗忘的情况发生，而且绝大部分的遗忘发生在学习后的48小时之内。影响遗忘的因素包括：学完某类知识之后，又接着学习其他知识，因而产生干扰，最开始学的东西往往不能很好地记忆；所学理论内容或操作内容对于员工的意义大小，会左右记忆效果；学习者的主观记忆动机，会左右记忆效果；个人记忆的能力差异，会导致不同的学习效果；最初的学习方法对其后的记忆效果的影响很大，比如"强化学习效果"有助于抑制遗忘，而未采取相应措施，可能会影响记忆效果；知识面是否宽广会影响学习效果，也会影响记忆效果。

德国心理学家艾宾浩斯通过实验绘制了人的遗忘曲线图，如图5-1所示。通过实验得出，遗忘多数是在学习后即刻发生的，一小时后知识被遗忘60%，一个月后则被遗忘80%。根据人的遗忘曲线的特点，利用学习后的及时、多次复习，如练习、答题、作业等，可以大大提升记忆效果，使记忆始终保持在一个较高的水平上。饭店培训者应针对学习与遗忘的规律性，设计培训计划，并灵活调整培训方法，以达到预期的培训效果。

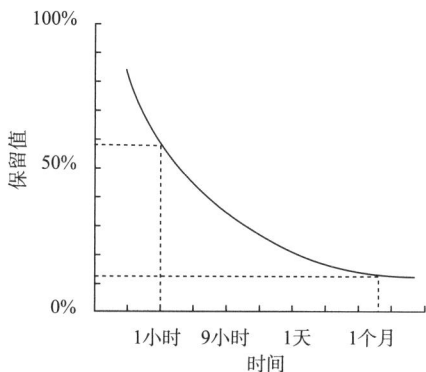

图5-1　人的遗忘曲线图

(三) 激发学习兴趣原则

衡量培训教师是否优秀的标准之一就在于其能否调动受训员工的学习兴趣。有的培训教师甚至会花一半时间来激发受训员工的兴趣，然后才讲正题。因为只有让受训员工知道培训对自己有很大好处，他才会对学习感兴趣。受训员工的学习动力是由一系列因素激发出来的，如受训员工过去的经历、人生观、价值观以及健康状况等都会影响受训员工的学习态度。在某种程度上，学习兴趣还取决于培训教师能否启发受训员工的学习自觉性。要使人愉快与高效地工作，就要调动其内在动力，培训也是如此，只有当员工具备某种学习动力，学习才会成为一种自觉行为。

(四) 覆盖全面原则

培训内容要兼顾职业知识技能与饭店文化两个方面。前者包括文化知识、专业知识与技能培训，后者包括理想、信念、价值观和道德观等与饭店文化密切相关的方面。通过培训，可使饭店员工在提升业务素养的同时，增强自身服务的自觉性和主动性，提升服务意识，并逐步提升对饭店的忠诚度，增强组织承诺，从而真正在思想深处热爱自身岗位，热爱饭店行业。

(五) 及时反馈原则

反馈是指员工获得有关自己完成培训任务的情况的信息。如果饭店只开展培训而不了解培训结果，缺少反馈机制，培训将难以达到预期效果。反馈分为定量反馈和定性反馈。心理学研究证明，把反馈与有效的培训目标结合在一起，比反馈本身的作用大得多。这就是说，在进行信息反馈时，应该随时对照原目标，并及时针对现实情况制定新目标。

学习任务二 饭店员工培训的内容、方法及分类

一、饭店员工培训的内容

(一) 职业道德意识培训

职业道德是指饭店业的道德准则和行为规范，它是饭店从业人员身上体现的精神面貌和社会行为的总和。饭店职业道德培训的首要任务是加强员工对职业道德的认识，从而使员工在服务工作中形成正确的道德观念，逐步确立自己对客观事物的主观态度和行为准则。通过职业道德培训教育可促使员工在本职工作中讲求高尚的道德行为，并且能形成长期的职业道德习惯，将饭店职业道德规范自觉地运用到本职工作中去。职业道德意识培训包括以下几项内容。

1. 职业意识培训

饭店从业人员应具备以下意识：客人意识——客人永远是对的；服务意识——要时时刻刻为客人着想；服从意识——自觉遵守饭店管理规则，自觉服从工作安排与调度；公关意识——每个员工都要明确自己是饭店的代表，自己的一举一动、一言一行都代表着饭店的形象。

2. 奉献精神培训

饭店对员工进行爱岗敬业教育，使员工热爱自己的工作岗位和服务对象，乐于为本岗位奉献自己的青春，强化员工的奉献精神。

3. 价值观培训

价值观培训的内容包括团队精神、尊重和信任他人、饭店质量观、诚信经营等。饭店应对员工进行价值观教育，使正确的价值观融入员工的现实工作中。

(二) 饭店企业文化培训

饭店企业文化是饭店组织成员共有的行为模式、信仰和价值观。饭店企业文化包括饭店的经营理念、饭店精神、价值观念、行为准则、道德规范、饭店形象以及全体员工对饭店的责任感、荣誉感等。饭店企业文化现象都是以员工为载体的现象，而不是以物质为中心的现象。饭店企业文化是由饭店的全体成员共同接受、共同遵守的，而不是饭店某些人特有的，并且是在饭店的发展过程中逐渐积累形成的。

饭店企业文化培训的内容主要包括三个层次：精神文化层，包括饭店核心价值观、饭店精神、饭店经营哲学、饭店经营理念等；制度文化层，即饭店的各种规章制度以及这些规章制度所遵循的理念，包括人力资源理念、营销理念、生产理念等；物质文化层，包括

饭店建筑物、饭店标识、饭店传播网络等。

(三) 饭店服务知识培训

饭店服务知识是指饭店员工为了更好地提供服务而应当了解的各种与服务有关的信息。掌握饭店服务知识是饭店各项工作得以顺利开展的基础保障，饭店员工只有掌握了丰富且扎实的服务知识，才能为客人提供优质服务。

1. 饭店的基本知识和信息

一般而言，当客人入住饭店后，如果能够体会到家一样的温暖，客人的心里就会产生稳定感，而这种稳定感来自饭店员工对相关环境背景知识的掌握。饭店员工必须掌握所在饭店的基本知识和信息，包括以下几个方面。

(1) 饭店公共设施、营业场所的分布及功能。

(2) 饭店能提供的主要服务项目、特色服务项目及各服务项目的分布。

(3) 饭店各服务项目的具体服务内容、服务时限、服务部门及联系方式。

(4) 饭店所处的地理位置，饭店所在城市的交通、旅游、文化、娱乐、购物等场所的分布及到达这些场所的方式、途径。

(5) 饭店的组织结构、各部门的相关职能、下属机构及相关高层管理人员的情况。

(6) 饭店的管理目标、服务宗旨及文化理念。

2. 员工应具备的文化知识

为了服务好客人，使客人产生宾至如归的感觉，饭店员工必须掌握丰富的文化知识，包括历史知识、地理知识、国际知识、语言知识等方面，如此才能保证饭店员工能与不同的客人进行良好的沟通，真正做到优质服务。饭店员工除了可利用业余时间从书本上学习知识外，还可以在平时接待客人时不断积累，同时饭店也应当对员工进行有针对性的文化知识培训。

3. 员工岗位职责的培训内容

(1) 所在岗位的职能、重要性及其在饭店中所处的位置。

(2) 所在岗位的工作对象、具体任务、工作标准、效率要求、质量要求、服务态度及其应当承担的责任、职责范围。

(3) 所在岗位的工作流程、工作规定、奖惩措施、安全性要求及国家行政机关对相应行业的管理规定。

(4) 所在岗位工作涉及的相关硬件设施、设备的操作与管理，机电等设备、工具的使用，应当知原理、知性能、知用途，即通常所说的"三知"。另外，还应当会使用、会简单维修、会日常保养，即"三会"。

(5) 掌握饭店软管理措施，如相关票据、账单及表格的填写方法、填写要求和填写规定。

(四) 员工心理培训

心理培训是一个新兴的培训概念。饭店心理培训属于心理学的应用范畴，是指将心理学的理论、理念、方法和技术应用到饭店服务与管理活动之中，以更好地解决员工的动机、心态、心智模式、情商、意志、潜能及心理素质等一系列心理问题，使员工的心情得到调适，心态模式得到改善，意志品质得到提升，潜能得到开发等。

随着饭店行业的发展，员工的心理培训越来越受到饭店的重视，特别是随着人才和市场竞争的日益激烈，人们的生活和工作节奏越来越快，压力越来越大。饭店员工更是如此，面对工作压力，容易出现心理紧张、挫折感、痛苦、自责、丧失信心等不良心理状态，因此，心理教育及疏导十分必要。试验证明，良好的心理教育、疏导和训练，能够增强员工的意志力、自信心、抗挫折能力和自控能力，还能提高员工的创新意识、贡献意识、集体意识和团队精神。

(五) 员工操作技能培训

饭店服务工作是技能性和技巧性很强的工作。因此，操作技能的培训是员工培训的一项主要内容。例如，餐厅服务员领位、看台、摆台、上菜、撤盘的培训；前台服务员办理客人入住、结账、收银、预订等的培训；客房服务员清扫客房、做夜床等的培训。操作技能的培训既是基础性培训，又是长久性培训，要常抓不懈。操作技能的培训既要采取集中培训的方式，也有在实践中不断深化的必要，以求让员工掌握最新的工作方法，提高工作能力和工作效率。

员工操作技能的提高，不仅需要口头或书面的教导，还要通过长期的模仿、重复和实践才能实现，这就是技能培训的过程。技能培训的主要任务是提升受训者的能力，使其掌握操作技能，并在此基础上熟练地运用到工作中去。

(六) 员工管理知识培训

饭店的管理人员分为基层、中层和高层三个部分。饭店基层管理人员是指饭店主管、领班等，是饭店第一线管理者。他们的工作重点是在第一线从事具体的管理工作，执行中、高层管理人员的指示和决策，对其要求主要是精通本职工作并完成相关任务。饭店基层管理人员培训的内容和要求为：学习饭店管理的基本原理，明确督导的基本职责，学习培训下属的方法；学习人力资源管理和劳动管理的基本理论；掌握沟通的基本方法；掌握人际关系技能；培养善于发现问题的意识，掌握开好小型会议的方法；掌握制订工作计划的一般方法，提高指挥、推动工作的能力。

饭店中层管理人员是指饭店各部门的经理或同级别的人员。他们的主要职责是根据饭店的方针、计划编制本部门的工作计划并具体负责组织实施。除了要精通本部门的经营管理工作外，还需了解与本部门业务有关的其他部门的工作情况和基本业务知识，需要掌握一定的财务、会计知识等。中层管理人员的培训内容包括基层管理人员的培训内容，此外还应包括：本职位所需的职业理论知识和相关知识；运营、计划、组织、指挥、协调和控制能力，尤其是沟通技巧和督导技巧；饭店其他部门的一般工作常识；本部门员工的培训安排与职业生涯规划。

饭店高级管理人员是指总经理、副总经理和部门总监等饭店的决策者和经营管理者。他们的培训重点在于计划与决策能力、创新精神、识人用人的能力、协调控制能力、一定的财务运作能力等。对这类人员可以采取请专家进店培训或外派进修等方式。培训的内容有：饭店的业务管理，包括市场营销管理、人力资源管理、财务管理、饭店管理会计等；管理学基础、组织行为学、领导科学等；经济学以及国内外饭店业最新管理趋势、方法等。

二、饭店员工培训的方法

(一) 讲授法

讲授法是传统模式的培训方法，也称课堂演讲法。在饭店培训中，经常开设的专题讲座就是采用讲授法实施培训，适用于向数量较多的员工介绍或传授某个课题的内容。培训场地可选用教室、餐厅或会场。饭店培训若采用这种方法，应重点考虑如何使受训员工自始至终保持学习兴趣，一心一意听讲。这就要求讲授教师对课题有深入的研究，并对员工具备的知识、兴趣及经历有所了解。实施这种培训方法需掌握如下技巧：首先，应保留适当的时间用于培训讲师与受训员工之间的沟通，用问答形式获取员工对讲授内容的反馈；其次，授课者应注意表达能力的发挥，可辅助使用视听设备。

一般情况下，饭店培训采用讲授法较为普遍，优点是可同时对多数员工进行培训，不必耗费太多时间与经费；缺点是表达受到限制，受训员工不能主动参与培训，只能跟随讲授者的演讲做被动、有限的思考，效果一般。

(二) 研讨法

研讨法是对某一专题进行深入探讨的培训方法。研讨法又分为问题讨论法和案例研讨法。问题讨论法是指由培训者提出问题，组织和引导参与者开展讨论并给予提示，最终得出正确的结论。案例研讨法是指受训人员对实践中生动具体的案例进行分析、研究，并提出自己的见解。案例研讨法提供的情景是具体的、全方位的，而员工的行为可以从多方面进行解释，因此很难有一个最优答案。研讨法比较适用于饭店中、高层管理人员的培训。研讨法的优点是员工可以积极参与，并进行多向式信息交流，针对性强，从而可以加深对知识的理解；缺点是研讨内容的准备工作较难，对培训者的要求较高。

(三) 角色扮演法

角色扮演是一种情景模拟活动。总体来说，角色扮演法包括两个方面：要求被试者扮演一个特定的管理角色，观察受训者的多种表现，了解其心理素质和潜在能力；要求被试者扮演指定行为角色，并对其行为表现进行评定和反馈，以此来帮助其发展和提高行为技能。

(四) 模拟训练法

模拟训练法是利用现代科学技术手段创设出的虚拟情景或某些特殊条件进行训练的方法。模拟训练法与角色扮演法类似，但侧重对饭店员工操作技能和对突发事件反应能力的培训，它把受训员工置于模拟的现实工作环境中，让受训者反复操作训练，解决饭店实际工作中可能出现的各种问题，为进入实际工作岗位打下基础。模拟训练法在很早以前就被应用。第二次世界大战时，美国就曾运用高科技手段对作战人员进行模拟训练。模拟训练法作为一种实验操作方法，已经在世界范围内得到广泛运用。模拟训练法的具体做法：首先，让受训者了解工作的特征和基本方法；其次，创设虚拟的情景，让受训者置身于情景之中，进行模拟训练和反复练习。

(五) 游戏培训法

游戏培训法是当前一种比较先进的高级培训方法，是近年来应用较多的一个培训项目。它不同于传统的培训方式，没有黑板、粉笔、讲义和培训讲师，而是运用先进的科学手段，综合心理学、行为科学、管理学等多方面知识，积极调动学员的参与性，使原本枯燥的概念变得生动有趣。它把受训者组织起来，依据饭店组织者提出的规则、程序、目标和输赢标准，在一个模拟情境中进行竞争游戏。游戏培训法的实施要点：首先，选择游戏内容与方式；其次，对受训者进行合理且公正的分组；再次，设计游戏规则，注意不要过于复杂；最后，在游戏开始前，饭店组织者要确保每个游戏参与者对胜负的评判和赏罚条件都有明确的了解。

(六) 操作示范法

操作示范法是比较常用、有效的基层培训方法，除由培训教师亲自示范外，员工还可通过教学电影、幻灯片和参观等方式来学习。这种方法适用于工作内容较为机械的工种，如餐饮服务人员的传菜、上菜、摆台；客房服务人员的铺床、清扫等实务操作训练；前台服务人员办理客人入住和结账手续等。操作示范法的程序：首先，由培训教师讲解操作理论与技术规范，并按照岗位规定的标准、程序进行示范表演，对操作过程中的重点和难点，可以反复强调示范；其次，由员工模仿演练，同时由培训教师进行指导，纠正错误动作，直到员工操作符合标准。

(七) 互动学习法

互动学习法亦称敏感训练法，是一种通过在培训教师指导的改善人际关系小组"实验室"中公开表达情感，提高参加者对自身行为及他人行为的洞察力的方法。受训者通过培训活动中的亲身体验，可提高处理人际关系的能力。该方法的优点是可明显提高受训员工经营人际关系与沟通的能力；缺点是培训效果在很大程度上依赖培训教师的水平。互动学习法适用于管理人员的人际关系和沟通能力方面的训练。

(八) 头脑风暴法

头脑风暴法是现代创造学的创始人、美国学者阿历克斯·奥斯本于1938年首次提出的。它原指精神病患者头脑中短时间内出现的思维紊乱现象，此时，病人会胡思乱想。奥斯本借用这个概念来比喻思维高度活跃，打破常规的思维方式而产生大量创造性设想的状况。采用头脑风暴法时，要让与会者敞开心扉，使各种设想在相互碰撞中激起脑海中的创造性风暴。这是一种集体开发创造性思维的方法。头脑风暴法适用于每一个管理层面，它能最大限度地集思广益，激发每名员工参与饭店管理的积极性，强化每名员工的责任心和荣誉感。事实证明，它是一种非常有效的、针对特定主题集中注意力与思想进行创造性沟通的方式。

三、饭店员工培训的分类

(一) 按培训时限分类

按培训时限划分，培训计划可分为长期、中期和短期培训计划。长期培训计划一般指时间跨度为3～5年的培训计划。长期培训计划的重要性在于明确培训的方向、目标与现实之间的差距和资源配置，这三项是影响培训结果的关键性因素，应引起关注。中期培训计划是指时间跨度为1～2年的培训计划。它起到了承上启下的作用，是长期培训计划的进一步细化，同时又为短期培训计划提供了参照物，因此它并不是可有可无的。短期培训计划是指时间跨度在1年以内的培训计划。制订短期培训计划需要着重考虑的两个要素是可操作性和效果。如果没有短期培训计划的点滴落实，饭店组织的中、长期培训目标就会成为"空中楼阁"。

除非特别指明，一般所指的培训计划是短期培训计划，并且从目前国内饭店组织的培训时间来看，多为某次或某项目的培训计划。饭店年度培训计划汇总如表5-1所示。

表5-1 饭店年度培训计划汇总

部门	班次	人数	时间	培训费用/元	备注
人力资源部			主管		经办

注：一式一联，呈核后，人力资源部留存

资料来源：耿煜.新编现代酒店人力资源开发与管理实务全书[M].北京：企业管理出版社，2007.

(二) 按培训地点分类

1. 饭店内培训

在饭店的培训部或部门的统一安排下，利用饭店内设的培训教室，在工作时间外利用饭店的设施设备所进行的培训活动称为饭店内培训。培训者可由专职人员担任或外请。

2. 饭店外培训

饭店外培训是指培训的地点不在自己饭店内，而是委托社会培训机构代理，或选送员工至饭店外接受培训。各饭店可以充分利用有关院校的教育资源开展饭店外培训，也可利用社会上的专题讲座和报告会、参观考察等活动开展饭店外培训。培训时间可根据需要采用全日式、间日式或兼时式。

(三) 按培训对象的层次分类

1. 决策管理层

决策管理层是指饭店管理决策层的重要人物，包括总监、总经理、副总经理等。作为饭店管理中枢，对决策管理层的培训重点是如何树立宏观经济观念和市场与竞争观念、销售因素分析、营销策略制定、预算管理、成本控制和组织行为等一系列课题。

2. 督导管理层

督导管理层是指饭店的中坚力量，包括部门经理以下的各级管理人员，如领班和主管。这一层次的人员在饭店管理中起着举足轻重的作用。对督导管理人员的培训重点是管理概念与能力、专业知识的深化以及处理人际关系技巧等实务。

3. 专业技术人员及操作人员层

专业技术人员及操作人员层是指饭店各类专业技术人员和各技术工种实际操作人员。他们的素质水平、技术熟练程度与工作态度会直接影响整个饭店的产品水准与产品质量。对这部分人员的培训目标应着眼于提高他们的整体素质，即从专业知识、业务技能与工作态度三方面进行培训。

(四) 按培训阶段分类

1. 职前培训

职前培训也称岗前培训，即饭店新员工上岗前的培训。通过职前培训，可为饭店提供一支专业知识、业务技能与工作态度均符合经营要求的员工队伍，这对饭店的发展至关重要。饭店新员工培训内容如表5-2所示。职前培训依据性质与目的的不同可分为以下两类。

表5-2 饭店新员工培训内容

第1步 饭店概要		
月 日	地点:	讲师:
饭店的经营目标 饭店的经营理念与历史 饭店的组织结构 各部门的工作内容 饭店的基本知识 底薪、津贴的说明		

第2步 基础服务		
月 日	地点:	讲师:
仪容仪表 上班、下班的规则 基本礼节 工作的流程 工作的态度 访客的应对方式 电话沟通方法 与领导或同事的交往方式		

第3步 工作实操		
月 日	地点:	讲师:
指示、命令的接收方式 工作的步骤、准备 报告、联络、协商的重要性 工具、机器的使用方法 团队精神的重要性 洽商的方式方法 整理、整顿、决算的重要性		

资料来源：耿煜.新编现代酒店人力资源开发与管理实务全书[M].北京：企业管理出版社，2007.

(1) 一般性职前培训。一般性职前培训的主要目的是向新录用的员工介绍饭店的一般情况，如组织结构、各部门职能、饭店历史、主要的政策法规、今后的发展方向及员工的权利义务与责任等，以增进新员工对本饭店的了解与信心。

(2) 专业性职前培训。专业性职前培训的主要目的在于使新员工切实了解处理业务的原则、技术、程序与方法，使员工在培训结束后，能适应并胜任所分配的工作。

2. 在职培训

在职培训是饭店员工在工作场所以及在完成生产任务过程中所接受的培训。员工在职培训是职前培训的继续和发展，是从低水平或培训的初级阶段迈向中级阶段的重要方法与步骤。职前培训可帮助饭店员工做好就业的准备，是每个员工加入饭店的必经之路；而在职培训则是职前培训的深化过程，持续的时间比职前培训长。对一个注重培训的饭店来讲，在职培训将贯穿每一个员工从业的全过程。在职培训按性质与目的的不同，可分为下列4类。

(1) 补充学习培训。它是指各饭店针对员工做现任工作所需要的学识与技能中的欠缺部分，经由训练予以补足，使其胜任现任工作和提高效率。参加此种培训的人都是现职员工，按其主要训练课程的不同，又可分为技术培训、学识与技能培训、行政管理培训等。

(2) 储备学习培训。它是指各饭店对工作成绩优异以及具有发展潜能的员工，针对其将来担当更繁重的工作所需的学识与技能，先进行培训储备，以便出现职位空缺时这些员工可随时调升并能立即胜任新职。

(3) 人际关系培训。它是指各饭店为增进员工对人际关系的了解，通过训练，以加强员工相互间的合作、增进团结以及协调的意识与能力。这种培训根据主要课程的不同，又可分为公共关系训练、信息沟通训练、领导系统训练等。

(4) 激发技能训练。它是指各饭店为解决有关问题，召集部分员工，激励他们高度运用智慧思考，提出处理问题的策略、程序与方法，以协助饭店领导层解决问题。这种训练根据运用智慧与思考方式的不同，又可分为解决问题训练、创造力训练、启发智力训练、模拟训练、激发意愿和发挥潜能训练。

3. 职外培训

职外培训是指因饭店业务发展或员工工种变更、职位提升等而需要进行的某种专业训练。这种培训要求受训员工暂时脱离岗位或部分时间脱离岗位参加学习或进修。根据受训时间安排、受训员工脱产时间的长短，职外培训可分为全日式、间日式与兼时式培训。

学习任务三 饭店员工培训系统管理

饭店员工培训系统是一整套有效运用各种培训方法和人力资源开发技术，帮助饭店组织实现战略目标的运行机制和管理程序，建立规范、完善的培训系统是取得良好培训效果的基本保障。在培训系统建立过程中，需要遵循一定的原则，并应遵照一定的流程。建立饭店员工培训系统的流程如图5-2所示。

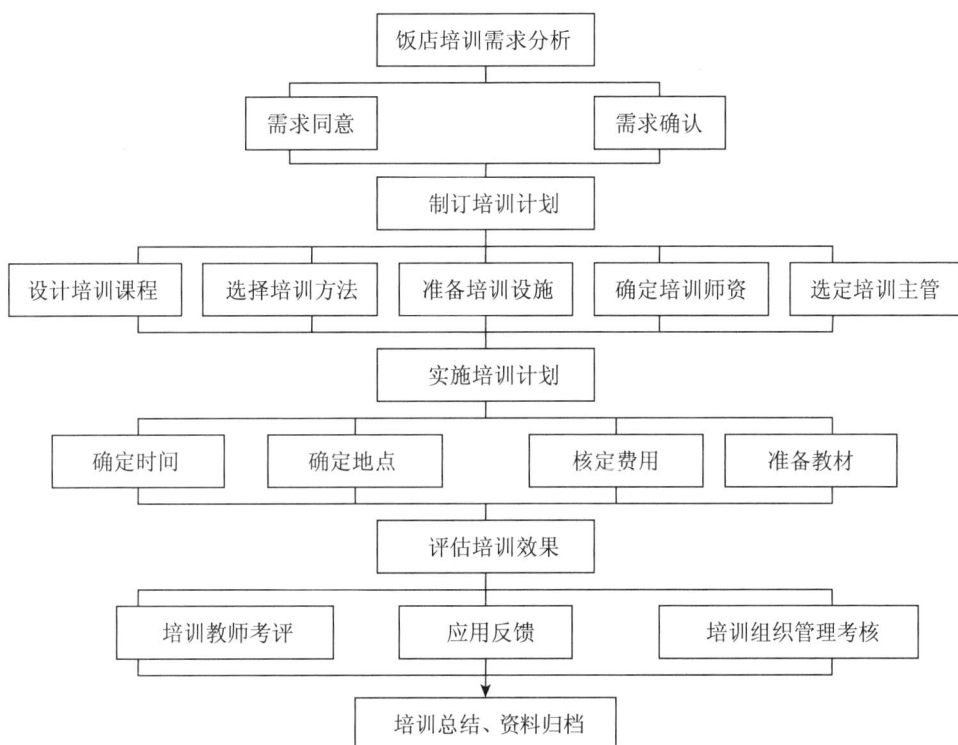

图5-2　建立饭店员工培训系统的流程

资料来源：贺湘辉，徐明. 酒店人力资源管理实务[M]. 沈阳：辽宁科学技术出版社，2005.

一、饭店员工培训需求分析

(一) 饭店员工培训需求分析的含义

饭店员工培训需求分析是指由培训主管部门、主管人员、工作人员等采取各种方法，对饭店组织内各成员在职业知识、职业技能、职业态度等方面进行系统分析，以确定是否需要培训、谁需要培训、何时需要培训、需要何种培训。它是确定培训目标、设计培训方案、制订培训计划的前提，也是实施培训评估的基础。

培训需求分析不局限于饭店中的员工，也应该包括饭店组织结构及每个具体岗位。当一个饭店及其组织系统中的员工的职业知识、职业技能、职业态度等方面达不到饭店发展目标的要求时，饭店及其组织就存在培训需求。

(二) 饭店员工培训需求分析的层面

1. 培训需求分析的战略层面

饭店组织通常习惯于把培训需求分析集中在个体与组织方面，并以此作为设计培训规划的依据。一般说来，集中于个体与组织的需求分析，对组织的过去和现在的需求比较敏感。但是如果饭店发生了巨大变化，就要求在注重过去与现在需求分析的同时，重视组织及其成员未来的需求分析，即战略分析。在战略分析中，有三个方面必须考虑到，即饭店优先权的改革、人力资源预测、饭店态度，它们是战略分析的主要工具。饭店优先权是指饭店当前的工作重心，或饭店当前必须优先考虑的问题。人力资源预测是对饭店未来人力资源状况的一种预先分析，主要包括需求预测和供给预测两部分内容。饭店态度分析则要求收集全体人员对其工作、工资、晋升、同事等的态度和满意程度的信息。

2. 培训需求分析的组织层面

饭店培训需求的组织分析主要是指通过对饭店的经营目标、资源、特质、环境等因素的分析，旨在准确地找出饭店存在的问题与问题产生的根源，以确定培训是不是解决这类问题的有效方法。饭店培训需求的组织分析涉及能够影响饭店培训规划的各个组成部分，包括对饭店组织目标的检查、饭店资源评估、饭店特质分析以及环境影响等方面。饭店组织分析的目的是在收集与分析饭店绩效和饭店特质信息的基础上，确认绩效问题及其产生原因，寻找可行的解决办法，为培训部门提供依据。

3. 培训需求分析的人员层面

饭店培训部门、岗位主管和岗位任职人员共同对任职人员进行需求分析，分析该任职人员是否了解工作内容及绩效标准、能否胜任工作、是否愿意从事这项工作，受训人员对培训的看法、期望及态度是什么，有什么特殊的学习需求等，以及饭店理想的工作绩效与该任职人员的工作绩效之间有无差距或差距多大，从而确定受训人员和培训内容。

4. 培训需求分析的任务层面

饭店培训需求的任务分析是对具体工作的分析，着重分析员工完成工作任务所需的知识、能力水平及其现在的工作状况与目标之间的差距，从而明确要完成工作任务员工尚且欠缺的知识、技能、态度等。例如，对于不同的岗位来说，由于岗位特点不同，对员工外语水平的要求应有不同。再如，对于大部分二线员工来说，由于其与顾客接触的机会较少，对客服务的标准可能会低于前厅、客房和餐饮岗位上的工作人员。可以说，对工作任务的分析可以使培训目标更明确、更具针对性。

(三) 饭店员工培训需求分析的方法

1. 任务分析法

任务分析法是指对工作内容进行详细研究，以确定需要哪些特殊技能，并根据一定的工作任务所需要的技能，制订培训计划的方法。任务分析法主要适用于饭店新员工培训。

职务说明书中记载着各岗位的职责和工作所需的资格条件，因此可以成为实施任务分析法的主要依据。此外，任务分析还可以采用填写"任务分析记录表"和工作盘点法等方法。任务分析记录表列出工作中的主要任务和子任务，及其所对应的技能或知识，然后据此确定培训需求。工作盘点法是指列出岗位任职者所应从事的各项工作活动，以及各项工作活动的重要程度和执行时所需花费的时间，然后据此排出培训活动的优先次序。

2. 问卷调查法

问卷调查法是指通过制定详细周密的问卷，要求培训人员据此进行回答以收集资料的方法。这种方法成本较低，培训部门也较容易对收集到的数据进行统计和汇总。但是，如果问卷设计得不科学，则容易出现调查内容较肤浅、形式死板、员工积极性不高等问题。因此，在设计问卷时要遵循以下步骤。

(1) 列出员工希望了解的事项的清单。

(2) 编辑问题，选择适当的问题形式。

(3) 提供两种以上的问卷方案以供选择。

(4) 在小范围内进行测试，收集员工对不同问卷方案的意见。

(5) 组织相关人员对问卷方案进行评价，并做出适当修改。

(6) 选定问卷方案，实施调查。饭店技能培训需求调查表如表5-3所示。

表5-3　饭店技能培训需求调查表

姓名：　　　　　　　　　　　　　　　　　　　　　　　　　　职务：

以往的培训情况	(1) 过去一年参加内部技能培训的次数 □1次　□2次　□3次　□4次　□5次 (1) 过去一年参加外部技能培训的次数 □1次　□2次　□3次　□4次
近期最需要的技能知识	
对培训方式的要求	(1) 培训周期跨度 □1周以内　□2～4周 (2) 培训时间安排 □上班时间　□晚上时间 (3) 单元培训时间 □50分钟　□90分钟　□120分钟　□150分钟 (4) 培训形式 □课堂讲授　□研讨会　□现场模拟　□其他
其他要求和建议	

资料来源：张波. 饭店人力资源管理[M]. 大连：大连理工大学出版社，2009.

3. 会议调查法

会议调查法是指由培训部组织各部门经理和培训人员定期召开培训工作会议，通过议题讨论，集中与员工培训相关的要求和反映，借以分析判断饭店培训需求的方法。这种方法具有反映全面、资料客观、内容深入的特点。培训部还可以列席参加有关部门的业务会议和班组会议，在非培训专题的会议过程中筛选有关内容供调查分析之用。

4. 错误分析法

对于错误发生率很高的工作职位，可以使用错误分析法。它是分析工作职位上可能发生的错误以及发生这种错误的原因和后果的一种方法。具体步骤为：首先罗列发生或可能发生的错误；其次分析发生错误的原因；再次评估错误导致的后果；最后依据以上分析，设定培训的项目、内容、目标等。

5. 观察法

观察法是指通过培训部员工深入实际岗位第一线，对日常经营管理和服务操作情况进行一段时间的实地考察后，发现问题、寻找不足，从而确认培训需求的方法。这种方法要求培训部与有关部门主管密切配合，对被调查部门工作的薄弱环节预先有所了解。观察项目的确定可以参照有关部门制定的岗位说明书。

二、饭店员工培训计划制订

(一) 饭店员工培训计划的含义

饭店员工培训计划是指按照一定的逻辑顺序，从饭店的战略出发，在全面、客观的培训需求分析基础上，预先做出的对培训时间(when)、培训地点(where)、培训者(who)、培训对象(whom)、培训方式(how)和培训内容(what)等的系统设定。

(二) 制订饭店员工培训计划的程序

1. 确定培训目标

在制订员工培训计划时，应根据培训需求分析确立培训目标，培训目标必须能体现培训过程所期望的结果。确立目标时应注意以下几点：首先，要与饭店组织的长远目标一致；其次，一次培训的目标不要太多；再次，培训目标应合理、合适，即员工在培训后可以达到；最后，目标应定得具体，尽可能具有可度量性。

2. 确定培训对象及内容

培训计划中的培训项目应针对具体岗位的任职人员，应根据他们的学历、经验和技能状况，来确定哪些人是主要培训对象，哪些人是次要培训对象。准确选择培训对象，有助于控制培训成本，强化培训的目的性，提升培训效果。此外不同类型的培训，课程安排也应有所区别。例如，语言训练课程主要包括英语及其他外语的培训；专门业务训练课程包括处理客人投诉、推销技巧、专业前台服务、专业客房服务、饭店服务知识等。还应注意，管理人员的培训课程和操作人员的培训课程也应有所区别。

3. 确定培训教师

应根据培训内容和培训方式考评培训教师，因为培训效果的好坏与教师的教学水平高低有很大的关系。提前确定培训教师，有利于培训教师提前准备培训内容，从而保证培训效果。

4. 确定培训形式和方式

确定培训形式和方式是指确定培训计划中的每个培训项目采用何种培训形式和方式，具体包括：是外派培训还是内部组织培训；是外聘教师还是由饭店内部人员担任教师；是半脱产培训、脱产培训还是业余培训等。培训的形式和方式直接影响受训人员对培训内容的接受程度，提前确定培训形式和方式也便于受训人员做好受训准备。

5. 选择培训时间及地点

培训时间是培训计划中的关键项目，选择合理的时间非常重要。培训时间过于超前，员工就可能会在工作需要时忘记培训内容；培训时间过于滞后，就会影响饭店正常的经营活动，使培训失去作用。另外，要考虑在不影响饭店正常业务活动和员工正常排班的情况下，选择合适的时间。有时候相同内容的培训要分几批进行，为了提高效率，更要考虑如何选择培训时间才能既减少培训次数，又能保证培训的覆盖率。除了时间，地点的选择也很重要。事先确定培训地点，可使培训组织者、教师和受训员工做好培训准备。如果采用服务现场培训的方式，则不仅要选择合适的地点，还要考虑合适的时间，以免影响饭店正常业务活动的进行。

6. 确定考评方式

为了验证培训效果，督促受训人员学习，每次培训后必须进行考评。选择考评方法时，切不可走形式主义，否则就失去了考评的意义。按考评时间分类，考评可分为即时考评和应用考评。即时考评是指培训后马上考核；应用考评是指在培训结束后的日常工作中，对受训人员应用培训内容的情况进行考核。考评的形式有3种，即笔试、面试和操作。笔试分为开卷和闭卷，笔试和面试的试题分为开放式试题和封闭式试题。

7. 明确培训组织人

培训组织人包括培训计划的执行人或实施人，以及培训计划中每一个培训项目的执行人或责任人。明确培训组织人有利于培训工作的顺利开展，使培训教师和受训人员明确培训的负责人，以便及时解决问题，保证培训工作的高质、高效。

8. 明确后勤保障工作

明确后勤保障工作，有利于协调培训部门与后勤部门的工作，便于后勤部门及时做好准备工作。

9. 明确培训计划的签发人

明确培训计划的签发人，即明确本培训计划需经谁或哪一级管理人员签批后才可实施。培训计划可以制订得较为详细，也可以先确定原则和给出大致的培训方向及内容，在每个培训项目实施前再制订详细的实施计划。

10. 培训费用预算

培训费用预算是饭店培训部在编制年度培训计划时，对每项业务培训方案和管理培训方案的总费用的预算。预算是通过方案中每项培训活动所需器材和设备的成本以及教材、教具、外出活动等费用估算出来的。

三、饭店员工培训实施

(一) 饭店员工培训的标准

1. 培训内容应清晰，易于理解

培训内容应易于理解和记忆，培训资料应内容清晰、目的明确。在培训开始时，应向受训者提供有关资料的概览，使之了解学习资料的整体状况；介绍资料时可引用相关事例，尽量使用受训者熟悉的术语和概念；尽可能多地运用直观教具。

2. 培训应有利于将理论知识转化为实践

在培训过程中，应提供将所学知识应用于实践的机会，尽量使学习环境与工作环境相似，帮助受训者将知识从培训场所转移到工作场所。

3. 培训应能激发受训者的学习热情

在培训过程中，应尽量提供真实的实践机会，帮助受训者体验培训成果，形成成就感；对受训者正确的回答应及时给予肯定，从而激发受训者的学习热情。

(二) 饭店员工培训实施过程管理

培训计划的实施，是把培训计划付诸实践的过程，它是达到培训目标的基本途径。课程设计得再好，如在实践中无法实施，也就没有意义。因此可以说，计划的实施是整个培训过程中的一个实质性阶段。

1. 培训实施计划控制

培训实施计划的控制步骤：收集培训相关资料，比较目标与现状之间的差距；分析实现目标的培训计划，设计培训计划检验工具；对培训计划进行检查，发现偏差以及修改培训计划；公布培训计划，跟进培训计划的落实。

2. 培训实施阶段

在培训实施阶段，应做好培训课前的准备工作，做好培训器材的维护、保管工作。

(三) 饭店员工培训的基本禁忌

员工培训如同读书一样，需要持续学习才能提高自己。然而对饭店而言，如果达不到预期的培训效果，就失去了培训的真正意义。因此，为了保证培训效果，必须加强培训管理，这就要求人力资源管理者在员工培训中注意以下几点基本禁忌。

1. 枯燥讲解

这主要是针对提高员工基本素质的培训而言的。提高员工基本素质的培训内容多数是理论性的，讲解时容易使受训者打不起精神。培训人员应在讲解的过程中穿插一些生动的实例或相关的幽默、笑话等，以此来提高培训质量，切忌讲解枯燥乏味。

2. 口无遮拦

这是针对提高员工工作效率的培训而言的。提高员工工作效率的培训应多传授提高工作效率的方法，而不能把培训变成批评员工的大会，要用员工的工作事实说话，有的放矢。但这样做时，切忌列举受训人员所在饭店的反面案例，可以同行业其他饭店为例，以资借鉴，从而避免受训者产生抵触情绪。

3. 空洞无边

这是针对员工礼仪常识的培训而言的。对员工礼仪方面的培训，要有鲜活的例子，既要列举成功人士在礼仪方面的出色表现，又要展现生活中普通人在礼仪方面的常规表现。要有讲解、有示范，重要的礼仪知识要让受训者亲自体验、亲自感受。

4. 无实战操作

这是针对提高员工销售技巧的培训而言的。由于员工的销售技巧要在实际中具体应用，用实际案例来讲解更容易产生说服力。这就要求培训教师具有一定的实践经验，能做到理论与实践相结合，传授员工需要的知识与技巧。

5. 外行培训内行

这是针对提高员工专业技能的培训而言的。此类培训内容的专业性非常强，所以最好请这方面的资深专家来进行培训。同样，培训内容也要与实际操作相结合，应做到受训者可以随时与专家探讨专业技能方面的问题。

四、饭店员工培训评估

(一) 饭店员工培训评估的含义

饭店员工培训评估是指依据饭店组织目标和需求，运用科学的理论、方法和程序从培训项目中收集数据，以确定培训的价值和质量。

(二) 饭店员工培训评估的层次

1. 对受训员工进行评估

对受训者知识方面的测试，大多可通过笔试即答试卷的形式进行。对技能方面的测试，则既可采用笔试，也可采用技能考核。实际操练特别适用于技能类的培训评估，操练越接近实际工作情景，评估效果就越好。在有条件的情况下，要将操练项目设计得如同员工的日常工作一样。还可对受训者进行态度评估，主要考量员工培训后在工作态度、劳动纪律、合作精神及人际关系方面的进步。此外，可通过培训调查问卷来了解受训员工对培训的印象。通常做法是培训结束后请受训员工填写一份简短的问卷。在问卷中，要求受训员工对培训科目、授课教师的表达与授课技巧、自己的收获、培训时间的适合程度、后勤服务等方面做出评价。培训效果评估表如表5-4所示。

表5-4　培训效果评估表

课程内容			培训日期		
培训讲师					
请对下列各项进行评价，并在相应栏打"√"					
课程内容	差	一般	好	个人建议	
课程适合我的工作和发展需要					
课程内容深度适中、易于理解					
课程时间安排合理					
课程内容设计合理，满足课程目标要求					
课程内容可以很好地应用于工作中					
培训讲师	差	一般	好	个人建议	
培训讲师有充分的准备					
授课思路清晰，语言表达能力强					
培训讲师对培训有独特见解					
授课方式生动多样，鼓励员工参与					
参加此次培训的收获(可多选)					
A. 获得了适用的新知识			B. 理解了过去不清楚的概念		
C. 获得了可在工作中应用的有效技巧和技术					
D. 促使自己客观地评价自己以及自己的工作，帮助自己对过去的工作进行总结和思考					
其他(请填写)					
整体上您对这次培训的满意度是			您给这次培训的总评分(以10分计)		

（续表）

您认为哪些内容对您有帮助？您将会把哪些知识应用于工作中？(请列举)

此次培训的不足是什么？您有哪些改善建议和意见？(请列举)

2. 对培训过程进行评估

对培训过程进行评估，实际上需要对培训工作的各个方面，包括教学过程、教学行为、教师水平、教学效果等进行评估，一般在培训课程结束后进行。首先，可以针对培训课程内容是否合适进行评定。可以组织受训者进行讨论，了解受训者对课程内容的反馈；也可以采用书面方式对授课质量、方法、教具、培训效果等进行评估。其次，对培训过程进行评估，可以由培训者进行评估，一个有经验的培训教师往往可以准确地估计培训成果。再次，观看培训过程记录中的图像资料。没有任何方法能像亲自听到和看到自己的讲课情况那样，让培训者发现自己从未意识到的细节问题。最后，检查培训结果。这是最终检查，如果员工达到预期的学习目标，就说明培训工作做得比较理想。

3. 对培训成本与收益进行评估

(1) 培训成本。培训成本可以分为直接成本和间接成本两个方面。直接成本包括饭店支付的讲课费，外请教师的食宿费、交通费、图书文具，受训者的津贴等费用；间接成本包括受训者在培训期间损失的工作量、返回工作岗位后的适应成本等。

(2) 培训收益。培训收益可分为直接效果和间接效果两个方面。培训收益的直接效果，是指受训员工劳动生产率的提高，培训能提高受训员工的工作能力，改善工作态度；培训收益的间接效果，是指受训员工因培训获得了提高工作能力和晋升的机会，从而增强了竞争和进取的意识，提高了士气，进而产生了绩效。

项目小结

饭店员工培训是指按照一定的目的，有计划、有组织、有步骤地向员工灌输正确的思想观念，传授服务、营销和管理工作所需的知识和技能的过程。饭店员工培训的重要作用包括：培训为员工规划职业路径奠定基础；培训是饭店经营管理的基本要求；培训是饭店进行文化建设的重要途径；培训是饭店适应市场竞争的必然选择。饭店员工培训的特点可概括为针对性、计划性、广泛性、复杂性和灵活性。饭店员工培训的原则包括目的性和持续性原则、遵循学习规律原则、激发学习兴趣原则、覆盖全面原则和及时反馈原则。饭店员工培训的内容可分为职业道德意识培训、饭店企业文化培训、饭店服务知识培训、员工心理培训、员工操作技能培训和员工管理知识培训。培训的基本方法有讲授法、研讨法、角色扮演法、模拟训练法、游戏培训法、操作示范法、互动学习法、头脑风暴法。按培训时限分类，饭店员工培训计划分为长期、中期和短期培训计划三种类型；按培训地点分类，饭店员工培训可分为饭店内培训和饭店外培训；按培训对象的层次分类，饭店员工培训可分为决策管理层、督导管理层和专业技术人员及操作人员层培训；按培训时间的阶段分类，饭店员工可分为职前培训、在职培训和职外培训。饭店培训系统是一整套有效运用各种培训方法和人力资源开发技术，帮助组织实现战略目标的运行机制和管理程序。在建立培训系统的过程中应遵循一定的原则，并应按照一定的流程进行，包括：饭店员工培训需求分析；饭店员工培训计划的制订；饭店员工培训的实施和饭店员工培训的评估。

📖 知识链接●

饭店员工培训管理制度

第一条　饭店管理人员应充分了解政府的有关方针、政策和法规，学习和掌握现代管理理论和技术，提高市场预测能力、控制能力、决策能力。

第二条　员工培训应根据其所从事的工作，以专业培训和岗位培训为主，确定培训内容。

(1) 专业技术人员如财务人员、工程技术人员、厨师等，应接受专业的技术培训，了解政府有关政策，掌握本专业的理论知识和业务操作方法，从而提高专业技能。

(2) 基层管理人员应通过培训提高自身素质和实际工作能力；基层工作人员需学习饭店及本部门的各项规章制度，掌握各自的岗位职责和要求，提高业务水平和操作技能。

(3) 饭店的其他人员应根据工作的实际需要参加相应的业务培训。

第三条　由专业教师讲课，系统地讲授专业基础知识、业务知识和操作技能，提高专业人员的理论水平和实践能力。

第四条　培训方法。

(1) 由饭店内部业务骨干介绍经验。

(2) 组织员工到优秀饭店参观学习。

第五条　培训形式。

(1) 长期脱产培训，主要培养有发展前途的业务骨干，使之成为合格的管理人员。

(2) 短期脱产培训，主要适用于上岗培训或某些专业性强的技术培训。

(3) 半脱产培训，主要是专业培训，系统学习饭店经营管理的基础知识。

(4) 业务培训，鼓励员工积极参加各种与本职工作有关的培训，并承认相应的学历。

第六条　饭店人力资源部应建立员工培训档案，将员工的培训内容、培训方式、考核成绩及时记录下来。

第七条　取得培训证书人员的考核成绩应与工资晋级、提拔任用相结合，对于取得优异成绩者饭店可给予相应的奖励。

第八条 员工培训要按计划，分批、分阶段、按不同的工种和岗位需要进行，要结合实际，注重实用性，逐步提高员工队伍的素质。

第九条 本饭店的工作人员都要参加岗位职务培训，培训结束成绩合格者颁发培训合格证书。

资料来源：李津. 世界5星级酒店管人管事制度大全[M]. 长春：吉林大学出版社，2009.

案例分析 | 洲际酒店集团英才学院

洲际酒店集团成立于1777年，是全球最大及网络分布最广的专业酒店管理集团，拥有洲际、皇冠假日、假日酒店等多个国际知名酒店品牌和超过60年国际酒店管理经验。同时，洲际酒店集团也是世界上客房拥有量最大、跨国经营范围最广并且在中国接管酒店最多的超级酒店集团。

作为服务业的一员，洲际酒店集团在快速发展的同时，同样面临人才短缺的问题。针对这一问题，这家曾获得"最适宜工作的25家公司""英国最受欢迎公司""亚洲最佳雇主品牌"等荣誉的企业有自己的解决之道。

一方面，洲际酒店集团在官网上开辟了招聘通道，既为广大求职者提供了便利，又提升了招聘效率；另一方面，洲际酒店集团从"坐等招人"升级为"协助育人"，从人才的接收方、购买者转变为人才的生产者——主动参与人才生产过程，从培育优秀人才发展为打造"未来英才"。

为了满足中国日益发展的酒店业对人力资源的大量需求，洲际酒店集团采取业内领先的校企合作办学模式，与优秀的专业院校共同成立洲际酒店集团英才培养学院(以下简称英才学院)。英才学院的使命是"培养可持续发展的酒店人才，不仅为了洲际酒店集团，还为了整个行业"。英才学院可为合作学校提供不同等级的学历及学位课程，学生除了学习院校专业教师讲授的理论知识外，还可以学习洲际酒店集团高级管理人员定期传授的行业实践知识，并能获得到洲际酒店集团旗下酒店实习的机会。首家英才学院于2006年6月在上海成立，之后，该合作模式在全国各地迅速推广，吸引了大量有志于进入酒店业的青年学生。近年来，洲际酒店集团与南京、杭州等多地旅游院校签署合作协议，将英才学院从原来的12所扩展到24所，每年可培养近5000名毕业生，能更好地满足华东地区对酒店业专门人才的需求，同时旅游及酒店专业学生也获得了在洲际酒店集团旗下酒店以及整个行业就业的机会。

资料来源：徐锦屏，高谦. 酒店人力资源管理[M]. 武汉：华中科技大学出版社，2017. 有删改

试分析：

1. 洲际酒店集团为何要开辟网络招聘通道？

2. 洲际酒店集团成立英才学院对学校、酒店业有何益处？

3. 本案例体现了饭店人力资源管理的何种职能？

4. 你能否结合该案例，就当前我国饭店人力资源管理现状提出一些建议？

实训练习

本地某五星级饭店欲招聘一批管理培训生到店内实习，假设你是该饭店人力资源部培训经理，请拟订一份针对这批实习生的新员工入职培训计划。

复习思考题

1. 简述饭店员工培训的重要作用。

2. 简述饭店员工培训的原则。

3. 简述饭店员工培训的特点。

4. 简述饭店员工培训的基本方法。

5. 简述饭店员工培训的内容。

学习项目六
饭店员工激励

知识目标

- 掌握饭店员工激励的内涵
- 掌握饭店员工激励理论
- 了解饭店员工激励的过程

技能目标

- 掌握饭店员工激励的主要方法
- 了解饭店员工激励的主要功能

课前导读

激励有激发和鼓励的意思，是管理过程中不可或缺的环节和活动。有效的激励可以成为组织发展的动力保证，有助于实现组织目标。随着社会分工越来越细化，个人单打独斗的时代已经结束，团队合作提到了管理的前台。团队作为一种先进的组织形态，越来越引起饭店的重视，许多饭店已经从理念、方法等管理层面开展团队建设。在本学习项目中，首先介绍了饭店员工激励的内涵、过程以及主要功能。其次，介绍了需要层次论、双因素理论、强化理论、弗洛姆期望理论和公平理论。最后，讲解了领导行为激励法、饭店战略法、危机激励法、物质激励法和精神激励法，以及这些激励方法在现实工作中的应用。

案例导入 | 只重数量的激励方案

某饭店前厅部经理设计了一套前厅部管理方案。方案内容主要是将业绩与奖金挂钩，旨在激发员工的内在动力，挖掘员工的内在潜能，引导员工为顾客提供贴心、快捷的服务，从而提高饭店的知名度与美誉度。

根据最新的激励方案，在每8小时一次的轮班中，登记客人人数最多和办理客人结账手续最多的两名员工在月底将得到额外奖金。这套方案运作得十分顺利，员工的工作速度比以前快多了，但员工之间的关系似乎不像过去那样和谐。还有越来越多的客人开始抱怨前台人员缺乏友善的态度。一位客人评价说，自己就像被赶着过河的鸭子一样，这不是他期待的服务。随后，财务处审计员在查账时发现，前台的记账失误比以前更多。员工为了加快速度，很多费用没有登记在账单上，给饭店造成了不小的损失。此外，员工在为客人办理登记入住的时候，遗漏了很多重要的客人信息，导致客人档案信息不全……

资料来源：何丽芳.酒店服务与管理案例分析(修订版)[M].广州：广东经济出版社，2005.有删改

案例评析

饭店激励机制应满足以下要求。

1. 应能调动员工积极性

员工如果缺乏工作积极性，就很难保证对客服务质量，不仅会影响饭店形象，还会使饭店蒙受损失；而具有工作积极性的员工，会尽全力满足客人需求，时刻做好服务客人的准备，从而提高服务质量。

2. 应符合员工需求

激励方式应与员工的需求层次相吻合。例如，对于追求自我价值实现的员工，应用更大的责任和自主权来激励；对于生活困难的员工，应用丰厚的物质回报来激励。

3. 应确保相对公平

公平的报酬能够提高员工的工作满意度和工作绩效；而不公平的报酬会降低员工的工作效率，甚至导致人才流失。所以，饭店管理者应尽可能给员工丰厚的报酬。但需注意，单独给某个员工高薪时要慎重，避免给其他团队成员带来不公平的感觉。

4. 任务分配应恰当

优厚的待遇及优越的工作条件固然重要，但这两个因素并不能激励员工发挥最大潜能。要使员工达到更高的业绩水平，应向员工分配他们喜欢的任务，赋予他们更大的责任和权力，使他们的内心受到激励。

本案例中的激励方案存在3个方面的失误：一是奖励不合理，过于理论化。方案没有分析员工的需求心理，没有把奖励制度与工作实效完美地结合起来。二是只重视加快工作速度，忽略了服务质量的提升，导致方案实施后，员工忽视了客人真正需要的服务。三是人际关系处理得不够妥当。按照方案，只有工作量最多的两位员工能够得到奖金，这会激化员工矛盾，导致员工之间缺乏友善帮助和良好沟通，而饭店服务质量的保持和提升离不开团队成员之间的协作，如果员工之间缺乏协作，必然会降低服务质量。

学习任务一　认识饭店员工激励

一、饭店员工激励的内涵

激励，即激发、鼓励，是指人们朝某一特定目标行动的倾向。在饭店人力资源管理中，激励就是激发、调动饭店员工工作积极性的过程，饭店管理工作的实质就是将员工的动机引向饭店的发展目标。一家饭店要想有所作为并发展壮大，必须采取有效的激励措施和激励手段。

二、饭店员工激励的过程

激励方式应符合饭店员工的心理和行为活动的客观规律，否则无法满足员工的需求，也就达不到调动员工积极性的目的。激励员工的心理过程模式为：需要引起动机，动机支配行为，行为又指向一定的目标，如图6-1所示。

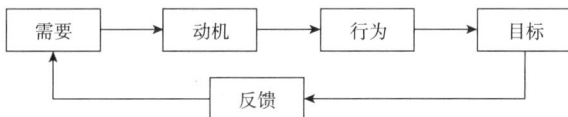

图6-1　激励的心理过程模式

资料来源：严伟，戴欣佚. 旅游饭店人力资源管理[M]. 上海：上海交通大学出版社，2009.

三、饭店员工激励的作用

(一) 激励能够充分开发员工的内在潜能

员工的潜能一经挖掘，便会释放巨大的能量。我们平常所说的"超越自我"和"挑战极限"，就是指挖掘人的潜能。美国哈佛大学教授威廉·詹姆斯研究发现，在缺乏激励的环境中，人的潜力只能发挥20%～30%；如果受到充分的激励，则可以发挥80%～90%。这就是说，一个人平常的工作能力水平与激发后可达到的工作能力水平之间存在约60%的差距。可见，员工的潜力是一个储量巨大的"人力资源库"。挖掘员工的潜力，在饭店生产、服务和管理过程中具有极为重要的意义，而激励正是挖掘饭店员工潜力的重要途径。

(二) 激励能够充分提高员工工作效率

对于饭店运转中存在的问题，员工是能够感知到的，因而员工中存在巨大的创造性和潜力。通过实施激励手段有利于员工发挥创造性，以饭店主人翁的姿态去工作，再配合饭店的管理措施和鼓励员工提出合理化建议、建设性意见的措施，不仅能够改进工作状况，而且能使员工感到自己受重视，从而进一步激发员工的创造性和革新精神。

(三) 激励是饭店员工优胜劣汰的原动力

优胜劣汰机制通过公正的评估和奖惩来实现。饭店需要建立客观、科学的评估体系，对员工的绩效和能力进行全面评价，确保每个员工都有平等的机会展示自己的才华。对于表现优秀的员工，饭店应给予晋升和奖励；对于表现不佳的员工，饭店则通过培训或调整岗位来提升其能力，必要时进行淘汰。这样有助于饭店不断提升服务质量，从而全面提升管理水平。

学习任务二　饭店员工激励理论及其应用

为了高效地激发员工潜力，饭店管理者应了解常用的激励理论。目前，常用的激励理论主要有以下几个。

一、需要层次论

(一) 需要层次论的内涵

该理论是由美国社会心理学家亚伯拉罕·马斯洛提出来的，因而也被称为马斯洛的需要层次理论。马斯洛的需要层次理论有两个基本出发点：第一，只有尚未满足的需要才能影响人的行为，即已得到满足的需要不能起到激励作用；第二，人的需要有高低层次之分，只有低层次的需要得到满足，才能产生更高一级的需要。在这两个论点的基础上，马斯洛认为，在特定的时刻，人的一切需要如果都未能得到满足，那么满足主要的需要就比满足其他需要更迫切，只有低层次的需要得到充分的满足，高层次的需要才能产生激励作用。马斯洛认为，每个人都有5个层次的需要，即生理的需要、安全的需要、社交的需要、尊重的需要和自我实现的需要。

(1) 生理的需要是任何人都有的需要，只是对不同的人来说，其生理需要的表现形式不同而已。对人类来说，这是最基本的需要，如衣、食、住、行等。

(2) 安全的需要是保护自己免受身体和情感伤害的需要。它可以分为两类：一类是对现在的安全的需要，另一类是对未来的安全的需要，即一方面要求自己现在的社会生活的各个方面均能有所保证，另一方面希望未来的生活能有所保障。

(3) 社交的需要包括友谊、爱情、归属及接纳方面的需要，主要产生于人的社会性。马斯洛认为，人是一种社会动物，人们的生活和工作都不是孤立的，这已由20世纪30年代的行为科学研究所证明。这说明，人们希望在一种被环境接受的情况下工作，从属于某一群体，而不希望在社会中成为离群的孤岛。

(4) 尊重的需要分为内部尊重和外部尊重。内部尊重因素包括自尊、自主和成就感；外部尊重因素包括地位、认可和受人尊重。

(5) 自我实现的需要包括成长与发展、发挥自身潜能、实现理想的需要。这是一种追求个人能力极限的内驱力。这种需要一般表现在两个方面：一是胜任感方面，有这种需要的人力图控制事物或环境，而不是等事物被动地发生与发展；二是成就感方面，对有这种需要的人来说，工作的乐趣在于获得成果和成功，他们需要明确自己的工作结果，成功后的喜悦远比其他薪酬都重要。

(二) 需要层次论的应用

马斯洛的需要层次论启示饭店管理者应在工作中找出相应的激励因素，采取相应的组织措施，来满足员工不同层次的需要，从而引导员工行为，进行人力资源开发，实现组织目标。

1. 满足员工基本的生理需要

饭店应建立合理的薪酬、福利待遇体系，使员工寝食无忧，只有这样员工才能全身心地投入工作。上海波特曼丽嘉饭店曾多次获得"亚洲最佳雇主"的殊荣，其薪资福利待遇一直高于同行业水平，员工流动率相对较低，主要原因就在于饭店满足了员工的基本生理需要。

2. 满足员工的安全需要

安全需要是指员工追求安全和稳定，尽量避免身体和心理受到威胁的需要。这类需要可分为两个方面：一是身体上的安全需要，二是心理上的安全需要。对于前者，饭店可通过加强服务技能培训、加强安全操作教育、加强后勤管理来实现；对于后者，饭店可通过赏罚分明的规章制度、完备的职业生涯发展规划、多种形式的沟通，来消除员工对工作方面的困惑、与同事相处时的戒备心理，营造和谐的气氛，给员工以安全感。

3. 满足员工的归属感需要

饭店要想激发员工的工作热情，应通过各种方式让员工在饭店中找到归属感。例如，饭店常举办的联欢会、节日派对等活动就能加强这种归属感。尤其是为帮助重病员工举行的募捐活动，更能加强团队一体化的心理，激发员工团结协作的精神，其传达的"饭店是员工之家"的信号会加强员工安全感、提升归属感，把个人与饭店紧密联系在一起。

4. 满足员工受尊重的需要

自我尊重来自地位、声望、荣誉或一种良好的、相互尊重的人际氛围。饭店应努力营造这种氛围，提高员工对工作的自豪感。当员工做出成绩时，应公开对他们进行奖励和表扬，如发给荣誉奖章、设立光荣榜，以示激励。饭店还应通过各种方式提高员工的自尊感，如为员工提供系统的培训和独立自主地从事工作的机会，以提高员工的工作效率和工作满足感。

5. 满足员工自我实现的需要

自我实现的需要包括挖掘自我潜能并实现自我目标的需要。不同的个体满足这一需要所采取的途径、方式大不相同，在这一层次上，个人的独特性表现得淋漓尽致。从这一方面来说，饭店需要切实了解和关心员工，做好两方面工作：一是帮助员工挖掘自己的潜能，确立发展方向；二是为员工制定科学的职业发展规划，帮助其挖掘自己的潜能，实现自我价值的最大化。

二、双因素理论

(一) 双因素理论的内涵

弗雷德里克·赫兹伯格对激励理论提出了新的见解。他指出，许多与动机有关的因素其实不是真正的激励因素。赫兹伯格把影响员工工作的因素分成两类：一类是在没有得到满足时会影响其工作或劳动积极性的因素，称之为保健因素；另一类是激励员工工作热情和活力的因素，称之为激励因素，具体如图6-2所示。

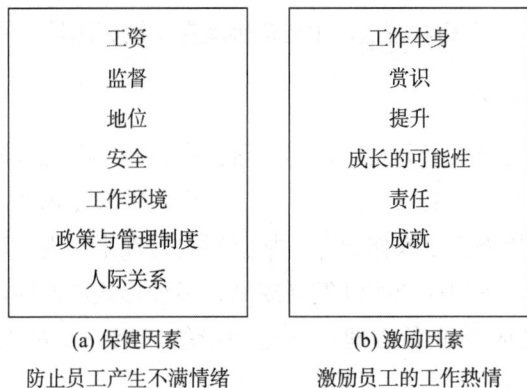

工资		工作本身
监督		赏识
地位		提升
安全		成长的可能性
工作环境		责任
政策与管理制度		成就
人际关系		

(a) 保健因素　　　　　　(b) 激励因素
防止员工产生不满情绪　　激励员工的工作热情

图6-2　双因素理论的内容

资料来源：王珑，徐文苑. 酒店人力资源管理[M]. 广州：广东经济出版社，2007.

1. 保健因素

保健因素包括饭店政策、管理措施、监督机制、人际关系、物质工作条件、工资、福利等。如果保健因素未能得到满足，员工就会抱怨、怠工，丧失工作热情，产生消极情绪。保健因素的满足对员工产生的效果类似卫生保健对身体健康所起的作用，它从员工生活和工作环境中消除有害健康的事物，并不能直接提高健康水平，但有预防疾病的效果；它不是治疗性的，而是预防性的。当这些因素恶化到员工认为可以接受的最低水平以下时，员工就会产生对工作的不满意；当员工认为这些因素很好时，它只是消除了不满意，并不会导致积极的态度，这就形成某种不好不坏的中性状态。

2. 激励因素

激励因素包括成就、赏识、工作的挑战性、增加的工作责任以及成长和发展的机会。从提高劳动生产率的角度来说，激励因素比保健因素更重要。如果具备了这些因素，就能对人们产生更大的激励作用。从这个意义出发，赫兹伯格认为传统的激励假设，如工资刺激、人际关系的改善、提供良好的工作条件等，都不会产生更大的激励作用。它们能消除不满意，防止产生问题，但这些传统的"激励因素"即使达到最佳程度，也不会产生积极的激励作用。按照赫兹伯格的意见，管理方应该认识到保健因素是必需的，不过它只能中和员工的不满情绪，并不能产生更积极的效果，只有"激励因素"才能促使员工取得更好的工作成绩。

总体而言，激励因素基本上都是属于工作本身或工作内容的，保健因素基本上都是属于工作环境和工作关系的。但是，赫兹伯格注意到，激励因素和保健因素都有若干重叠的现象。例如，赏识属于激励因素，基本上起积极作用；但当员工没有受到赏识时，又可能起消极作用，这时又表现为保健因素。又如，工资是保健因素，但有时也能产生使员工满意的效果。

(二) 双因素理论的应用

双因素理论实际上表明了对员工的激励分为内在激励和外在激励。内在激励是指从工作本身得到某种满足，如对工作的爱好、兴趣、责任感、成就感等。这种满足能促使员工努力工作、积极进取。外在激励是指外部的奖酬或在工作以外获得的间接满足，如劳保、工资等。这种满足具有一定的局限性，它只能产生较小的激励作用，这是因为外在激励或保健因素难以满足人的精神需要。饭店要想持久而高效地激励员工，必须注重工作本身对员工的激励，同时也要做好外在激励，预防员工产生不满情绪，具体措施如下所述。

1. 内在激励的措施

运用目标管理，注重尊重人格、意见沟通、贡献与满足的平衡、自我实现的需求等；强调工作设计，注重工作扩大化、工作丰富化和工作轮换，提高员工对工作的满意度；强调参与激励，通过参与组织管理，增强员工对组织目标的关注；激发员工创造性和积极性，促进组织目标与个人目标的实现；完善晋升制度，确保机会均等；向员工展示工作前景。

2. 外在激励的措施

在工作方面，不断改善工作条件，建立必要的保障机制；建立员工参与机制，形成良好的工作风气以及融洽的工作氛围；建立公平的分配制度；加强信息交流，进行思想沟通，消除员工不满情绪，建立归属感，形成凝聚力。在生活方面，开展生活关怀，如送生日卡、员工困难关怀等；组织多种沟通方式，如娱乐活动、各种游戏活动与竞赛、个人特长展示等；提供相互交流的机会，密切关系，消除误解。

三、强化理论

(一) 强化理论的内涵

根据美国心理学家斯金纳的激励强化理论，人们倾向于重复那些受到赞扬或者鼓励的行为，避免或者克服那些受到惩罚或者打击的行为，这是强化理论的基本出发点。该理论主张使用正强化、负强化、自然消退三种方式对人们的行为施加影响。

(1) 正强化，指的是奖励或者鼓励员工做出某种行为，促使员工不断地重复这种行为，提高个体的积极性。

(2) 自然消退，指的是对员工的某种行为进行冷处理，当员工感到被忽视、被无视的时候，这种行为也会逐渐消失。

(3) 负强化，指的是员工担心某种行为会导致不好的结果，而努力避免这种行为的一种状态。例如，饭店员工都担心遭到客人的投诉，如果遭到投诉就意味着自己将受到来自饭店和客人的双重批评，对个人发展产生不利的影响。因此，员工都会尽量做好自己的本职工作，争取不被客人投诉，这便是一种负强化的表现方式。

在饭店管理中，这三种方式都是必要且有效的，产生的激励效果不仅会直接作用于某个员工，而且会间接地影响周围的员工和群体。通过树立正面的榜样和反面的典型，会形成一种良好的工作风气，产生无形的正面行为规范，比枯燥的制度和规定更直观、更具体、更明确，能使整个群体的行为导向更积极，更富有生气。

(二) 强化理论的应用

我国大多数饭店都实行严格的规章制度和惩罚手段来保证服务质量。在饭店工作环境较为优越的情况下，这样做能够达到提高管理水平、保证饭店正常运转的目的。要想使饭店人力资源管理水平不断提升，管理者还应认真研究和运用强化理论。

1. 采用负强化手段，制约错误的思想和行为

采用负强化手段时，管理者要让员工认识到惩罚并不是因为管理者对其有偏见，而是实施规章制度的一种必然结果，管理人员仅仅是在履行相关职责。例如，饭店不允许员工使用客用电梯，如果员工使用了客用电梯就会受到惩罚，员工为了不再受到惩罚自然就会避免使用客用电梯。在通过惩罚促使员工转变行为的过程中，还要争取让员工在思想上能够接受，即实现"双重制约"。所谓"双重制约"是指在改变员工行为的同时，深入员工的思想根源，使员工意识到不良行为的后果，从而主动积极地改变不良的行为方式。

2. 采用正强化手段，调整和调动工作情绪

现代饭店管理者必须掌握正强化手段的使用方法，这是因为饭店服务工作的质量和数量并不像企业生产产品那样易于量化和把握，特别是服务质量，往往是由接受者即客人的

心理感受来确定的，而员工在工作中体现的服务质量又与其个人情绪和自信心有很大的关系。饭店员工情绪的维护和自信心的培养都需要管理者有效采用正强化的手段，管理者要学会将正强化，即表扬、奖励及其他手段运用于日常管理工作之中。正强化手段不仅能够取得较好的管理效果，而且能够树立管理者的威信。

在强化员工行为时，管理者要注意强化手段的一致性，对同一种行为不能既肯定又否定。例如，对某一员工的表现，若管理者先表扬，而后又批评，这种强化手段的自相矛盾往往会使员工产生困惑。

四、期望理论

(一) 期望理论的内涵

美国心理学家费洛姆认为，人们只有在预期行为有助于达到某种目标的情况下，才会被充分激励，产生内在的激发力量，从而产生真正的行为。这种激发力量的大小等于该目标对人的效价与人对能否达到该目标的主观估计(期望值)的乘积，用公式表示为

$$激发力量 = 效价 \times 期望值$$

$$M = VE$$

式中：M——动机激发力量，是指调动一个人的积极性，激发人的内在潜力的强度，它表明人们为实现目标而努力的程度；V——目标效价，是指实现目标对满足个人需要的价值，是个体对目标的有用性的主观估计；E——期望值，是指个人根据以往的经验进行的主观判断，实现目标并能导致某种结果的概率，即个人对自己所采取的行为将会导致某种预期成果的可能性的主观估计。

为了使激发力量达到最佳值，费洛姆提出了人的期望模式，如图6-3所示。费洛姆认为，根据人的期望模式，为了有效激发人的动机，需要正确处理努力与成绩的关系、成绩与奖励的关系、激励与个人需要的关系。具体来说，一方面，管理者应当使组织目标的重要性为员工所充分认识、自觉认同，并将员工的个人目标与组织目标紧密联系起来；另一方面，管理者应当积极地为员工实现组织目标创造条件，同时组织目标的高低应适当。

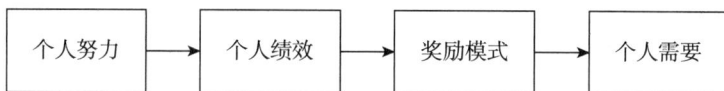

```
个人努力  →  个人绩效  →  奖励模式  →  个人需要
```

图6-3　弗洛姆的期望模式

资料来源：严伟，戴欣佚. 旅游饭店人力资源管理[M]. 上海：上海交通大学出版社，2009.

(二) 期望理论的应用

期望理论的意义在于不断给员工新的期望，不断唤起员工的期望值，从而不断满足员工的期望。期望即目标，员工有了目标后，要创造条件，使员工感到实现目标的可能性较大，这样才能起到激励作用，具体的实施方法有以下几种。

1. 理想激励和目标激励

员工总是希望通过一定的努力实现预期的目标。如果员工个人主观认为实现目标的概率很高，就会有信心，并激发很强的进取心；反之，如果员工认为目标太高，通过努力也不会有很好的绩效时，就会失去内在动力，导致工作消极。这就要求饭店管理者能正确运用理想激励和目标激励，适当控制期望概率和实际概率，引导员工设定一个既振奋人心又切实可行的奋斗目标。同时，应引导员工科学、客观地制订自己近期的计划，把实现理想的追求落实在踏实工作、努力拼搏的实际行动中，坚定信念，克服工作过程中可能出现的各种困难和挫折，不断强化推动自己前进的动力。

2. 知识激励和能力激励

当今世界，知识日趋信息化、数字化、网络化，知识更新速度不断加快，同时就业压力不断增加，这些因素促使员工渴望通过学习不断提高自己的职业竞争力。所以，饭店应当以帮助员工实现拓展知识和提升能力的愿望为己任，满足员工的目标效价，不断激发员工渴望提高竞争力的动机。同时，饭店应消除员工焦虑压抑、消极被动的不良思想和工作情绪，创造适合员工发挥积极性和自身潜能的环境与条件，不断增加员工实现目标效价的期望率。

3. 精神奖励和物质奖励

期望理论认为，如果员工认为取得绩效后能得到合理的奖励，就可能产生工作热情，否则可能会丧失积极性。这个奖励应当是综合的，既包括物质上的奖励也包括精神上的奖励。从内心潜在需求看，员工都具有自我肯定和赢得荣誉的需要，对于一些工作表现比较突出，具有代表性的先进员工，应当给予必要的精神奖励或者物质奖励，表彰先进、鼓励后进，实现整体共同进步。在激励中还要注重对团队的鼓励，以培养员工的集体荣誉感和团队精神。

4. 行为激励与榜样激励

现代饭店员工在诸多方面具有共性，通过先进典型人物言传身教发挥榜样的激励作用，使被激励者在同伴身上看到自己成功的希望，这是费洛姆的期望理论的升华。榜样激励能够提供生动具体的行为模式，被树立为榜样的，应当是受到表彰嘉奖的先进个体或群体，员工可以通过对榜样的效仿而提高工作效率。

五、公平理论

(一) 公平理论的内涵

公平理论是美国心理学家亚当斯在1965年首先提出来的，也称为社会比较理论。这种理论的基础在于，员工不是在真空中工作，他们总是在进行比较，比较的结果将对他们在工作中的努力程度产生影响。大量事实表明，员工经常将自己的付出和所得与他人进行比较，而由此产生的不公平感将影响他们以后付出努力的程度。该理论主要讨论薪酬的公平性对人们工作积极性的影响。亚当斯指出，人们将通过横向和纵向比较来判断其所获薪酬的公平性。

公平理论认为，组织中的员工不仅关心自己通过努力得到的绝对薪酬，而且关心自己的薪酬与他人的薪酬之间的关系。他们会比较自己的付出与所得和别人的付出与所得，据此做出判断。如果发现比较结果不平衡，员工就会感到紧张，这种心理是驱使员工追求公平和平等的动机基础。

公平理论对饭店管理的启示是非常重要的，它告诉管理人员，工作任务以及饭店的管理制度都有可能影响公平性，而这种影响对负责维持组织稳定的管理人员来说，是不容易察觉的。员工提出增加工资的要求，说明组织对他至少还有一定的吸引力。但当员工的离职率普遍上升时，说明饭店组织已经使员工产生了强烈的不公平感，就需要引起管理人员的高度重视，因为它意味着除了组织的激励措施不当以外，饭店的现行管理制度也存在缺陷。

公平理论的不足之处在于员工本身对公平的判断是极其主观的，这种行为向管理者施加了比较大的压力。员工总是倾向于过高估计自己的付出，而过低估计自己所得到的薪酬，对他人的估计则刚好相反。因此，管理者在应用该理论时，应当注意实际工作绩效与薪酬之间的关系的合理性，并注意对组织有特殊贡献的个别员工的心理状态。公平理论示意图如图6-4所示。

公平理论		
回报率比较	员工感受	
1. $\dfrac{A产出}{A投入}$ < $\dfrac{B产出}{B投入}$	不公平(奖励不足)	
2. $\dfrac{A产出}{A投入}$ = $\dfrac{B产出}{B投入}$	公平	
3. $\dfrac{A产出}{A投入}$ > $\dfrac{B产出}{B投入}$	公平(奖励过剩)	

注：A是员工，B是相关人，产出包括薪酬、工资、奖金、津贴、晋升、荣誉地位等，投入包括工作数量与质量、技术水平、努力程度等。

图6-4　公平理论示意图

资料来源：王珑，徐文苑.酒店人力资源管理[M].广州：广东经济出版社，2007.

(二) 公平理论的应用

在实践中，对公平理论的应用，主要是从分配公平、程序公平及互动公平等几个角度来提高员工的公平感，增强员工的工作动力，从而实现员工个人价值及组织目标，具体可采取以下几项措施。

1. 营造良好的饭店文化氛围

良好的饭店文化可以消除员工狭隘的个人主义，使其站在全局的高度看问题。由于公平感是一种主观感受，员工很容易把公平的分配结果和程序视为不公平，这就要求饭店以良好的文化氛围来引导员工积极看待问题，帮助员工形成正确的价值判断。有关研究表明，除了薪酬和职务晋升之外的其他因素，诸如个人能力的提高、他人和社会对自己的尊重、对饭店组织和群体的归属感、自我价值的实现等，同样能改善员工对公平的主观感受，从而提高其工作积极性。

2. 建立科学的绩效考评和薪酬体系

根据分配公平理论，影响员工分配公平感受的核心因素有两个：一是投入，二是报酬。对员工做出科学、准确的评估，是员工获得分配公平的基础，而与此相关的薪酬则是获得分配公平的关键，要把握分配公平就要把两者结合起来统一规划。其中，薪酬体系的建立应主要考虑两个方面，即内部公平和外部公平。内部公平是指要按照员工的岗位、业绩，对员工的薪酬进行分类和分级，形成一套内部薪酬系统，让员工在相互比较时，感受到分配公平。外部公平主要是指遵从市场经济法则，尽可能为行业上相近或有可比性的岗位匹配相近的薪酬。如果差距太大，就容易使员工产生不公平感，从而产生消极行为。

3. 保持分配政策的稳定性和可完善性

政策的稳定性和可完善性是程序公平的重要组成部分。如果饭店组织政策的变更过于剧烈和频繁，就会与程序公平中的一致性规则相矛盾，使员工无所适从并产生不公平感。因此，要保持分配政策的稳定性和必要的可修改性，以不断改进、完善政策和措施。

4. 完善员工参与制度

实践表明，不管最终的分配结果是否公平，只要员工有实际参与的权利，公平感就会显著提高。虽然饭店上级和下属之间权力距离比较大，但如果提供员工参与渠道，下级就会有表达意见的机会，这将有利于通过沟通增进相互理解，从而提高公平感。适合员工参与的管理工作很多，如饭店组织的发展战略、分配制度、奖励制度、晋升制度和考评制度等的制定和实施。另外，员工参与饭店制度的制定和实施，也有利于改善员工与管理人员的互动公平。

六、X理论和Y理论

(一) X理论和Y理论的内涵

1957年，美国心理学家道格拉斯·麦格雷戈(Douglas M·Mc Gregor)在《管理评论》杂志上发表了《企业的人性方面》(*The Human Sideof Enterprise*)一文，文中提出了有名的"X理论—Y理论"，该文于1960年以书的形式出版。X理论和Y理论是管理学中关于人们工作动力和行为动机的两种重要理论。

1. X理论的内涵

麦格雷戈把传统的管理观点称为X理论。管理者对人性作了一个假定——人性丑恶，人们基本上厌恶工作，对工作没有热诚，只喜欢享乐，凡事得过且过，尽量逃避责任。所以雇主必须通过控制、强迫、惩罚等手段来应对雇员，例如扣减工资、取消休假等，这样才能使雇员保证生产水平。X理论包括以下内容。

(1) 大多数人是懒惰的，他们尽可能地逃避工作。工作对他们而言是一种负担，工作毫无享受可言。只要有机会，他们就会尽可能地偷懒。

(2) 大多数人都没有雄心壮志，也不喜欢负责任，而宁可让别人领导。他们缺乏自信心，把个人的安全看得很重要。

(3) 大多数人的个人目标与组织目标都是矛盾的，因此，为了实现组织目标，必须用强迫、指挥、控制、处罚、威胁等手段，迫使他们做出适当的努力。

(4) 大多数人都是缺乏理智的，不能克制自己，很容易受别人影响，而且容易安于现状。

(5) 大多数人都想要满足基本的生理需要和安全需要，所以他们会选择那些经济利益更大的事去做，而且他们只能看到眼前利益，看不到长远利益。

(6) 人群大致分为两类，多数人符合上述假设，少数人能克制自己，因此这些"少数人"应当负起管理责任。

2. Y理论的内涵

实践证明，以X理论为前提的管理模式会降低人才的创造性和奉献精神，导致员工对工作绩效毫不关心等不良后果。这也使人怀疑X理论是建立在错误的因果概念的基础上的。因此，麦格雷戈又提出了Y理论。Y理论对人性的假设是正面的，假定人性本善，假设一般人在本质上并不厌恶工作，只要循循善诱，即便没有严密的监管，雇员也会努力完成生产任务。在适当的条件下，多数人不仅愿意承担责任，而且会主动寻求责任感。Y理论包括以下内容。

(1) 一般人并不是天生就不喜欢工作，在工作中消耗体力和脑力就像游戏和休息一样自然。工作可能会让人产生满足感，因此人们自愿去执行；工作也可能是一种处罚，因此只要有可能人们就想逃避。工作到底是怎样的，要看环境而定。

(2) 外来的控制和惩罚并不能促使人们为了实现组织目标而努力，反而会对人们产生威胁和阻碍，拖慢人们前行的脚步。人们愿意通过自我管理和自我控制来完成应当完成的任务。

(3) 人的自我实现的要求和组织的要求之间是没有矛盾的。如果给人提供适当的机会，就能将个人目标和组织目标统一起来。

(4) 一般人在适当的条件下，不仅能学会接受职责，还能学会谋求职责。逃避责任、缺乏抱负以及强调安全感，通常是负面经验的结果，而不是人的本性。

(5) 大多数人在解决组织困难时，都能高效发挥想象力、聪明才智和创造性。

(6) 在现代工业生活条件下，多数人的智慧潜能只是部分地得到了发挥。

X理论和Y理论代表了管理学中关于员工工作动力的两种截然不同的观点。X理论强调外部控制和激励的重要性，而Y理论则更注重员工的内在动机和自我管理能力。这两种理论各有其适用范围和优缺点，在实际应用中，管理者应根据具体情况灵活选择并综合运用这两种理论，以更好地理解和激励员工，提升组织的整体绩效。同时，随着管理理论和实践的不断发展，X理论和Y理论也在不断地丰富和完善，为现代管理提供了重要的理论支撑和实践指导。

(二) X理论和Y理论的应用

1. X理论的应用

(1) 严格的规章制度。管理者会制定严格的工作规章制度，明确员工的职责和行为规范，对违反规定的行为进行严厉惩罚。

(2) 密切的监督。管理者会对员工的工作进行密切监督，确保他们按照要求完成任务，防止偷懒行为和错误出现。

(3) 经济激励。管理者会通过物质奖励等经济手段来激励员工，促使员工提高工作效率。

2. Y理论的应用

(1) 赋予员工更多自主权。管理者会赋予员工一定的权限，让他们能够在工作中发挥自己的判断力和创造力。

(2) 提供发展机会。管理者会为员工提供培训、晋升和职业发展的机会，满足他们自我实现的需求。

(3) 建立良好的团队氛围。管理者会鼓励员工之间积极合作和交流，营造积极向上、相互支持的工作环境。

在管理实践中，管理者往往需要根据组织的特点、员工的类型和工作的性质，综合运用X理论和Y理论。对于一些基础性、重复性工作，可以适当运用X理论来保证工作的规范性和效率；而对于需要创新和创造力的工作，则更多地运用Y理论来激发员工的潜能。

学习任务三　饭店员工激励的方法

为了有效提高员工的工作积极性和主动性，最大限度地激发员工的工作热情，饭店可运用以下几种激励方法。

一、领导行为激励法

(一) 参与激励

饭店实行参与激励法，实际上就是实行民主化管理的过程。饭店管理要公开透明，重大决策应充分征求员工的意见，做到集思广益、群策群力，使饭店管理决策能够代表绝大多数员工的意愿和利益，使饭店真正成为员工的家园。

饭店要真正发挥员工的作用，就必须把员工摆在主人翁的位置上，尊重他们、信任他们，畅通员工参与饭店管理的渠道，让他们在不同层次和程度上参与饭店的管理和决策，听取他们提出的正确、合理的意见，从而使员工产生对饭店的归属感和认同感，充分挖掘每个员工的能力，满足员工自尊和自我实现的需要，实现其价值，这就是参与激励法。

参与激励法对饭店的发展具有重大的作用：一方面，它使饭店管理更加民主科学；另一方面，它能使员工感到饭店对他们的重视，从而调动员工的工作积极性，充分体现员工的价值。管理者应该通过各种途径促使员工参与饭店管理，对员工提出的意见，不论采纳与否，都应认真对待，对员工提出的建设性意见要给予重奖，只有这样才能取得激励实效。

(二) 情感激励

情感因素对员工的工作积极性有很大的影响。所谓情感激励，就是管理者加强与员工之间的感情沟通，尊重员工、关心员工，把员工真正当作饭店的主人，而不是简单意义上的被雇佣者。管理者与员工之间要建立平等亲切的感情联系，对员工怀有深厚的感情，把员工的安危冷暖放在心上，这样才能激发员工的工作积极性。

在现代饭店管理过程中，单靠物质激励实际上已经很难起到很好的效果。情感激励作为一种有效的零成本激励方法已在很多饭店广泛应用，取得了良好的激励效果。比如，饭店在员工过生日或家庭面临困难时送上祝福与温暖，让员工感到饭店真正关心他们，这样员工就能更加努力工作以回报饭店。

管理者在实施情感激励时必须与员工相互交心，不能做表面文章，要发自内心地关心和爱护员工，让饭店成为员工温馨的家庭，只有这样员工才能在饭店安心工作。事实证明，重视情感投资，实施情感激励，已成为很多饭店取得成功的法宝。

(三) 榜样激励

领导者的行为本身就具有榜样作用和模仿作用，我国自古就有"上行下效"之说，因而，领导者自身无时不产生一种影响力。榜样激励体现了目标的作用，榜样的力量是无穷的，通过树立先进典型，可以帮员工找到一面镜子、一把尺子和一根鞭子，增添克服困难、实现目标的决心和信心。具体实施时，饭店可以通过评选优秀员工、优秀团队的办法来激励其他员工。

■ 二、饭店战略激励法

战略激励理论的指导思想是以人为饭店的战略主体，为员工提供最佳发展机会，它是以人为导向、为适应新的管理环境而产生的激励理论。

(一) 饭店的使命、价值观

一般的激励方法都是通过对行为的结果进行奖励或处罚，来促使被激励者做出特定的行为。而采用饭店使命、价值观进行激励，目的是改变被激励者的观念，使被激励者从自身意愿出发做出管理者期望的行为。这是一种心理诱导方法，能帮助员工相信自己工作的重要性，使员工懂得工作的目的和意义。通过这种心理诱导所产生的自豪感对员工具有激励作用，且由此产生的工作动力强度较大，同时也比较稳定。例如，对新员工进行培训时，首先要学习的内容就是《员工手册》，这有助于新员工形成饭店使命感和价值观，为其在饭店中进行自我激励奠定坚实的基础。

(二) PCD计划

所谓"PCD"(professional carrier design)计划，也称"职业生涯设计"，是指饭店管理者帮助员工设计个人事业发展计划，并协助其定期评估，以此将个人在饭店的工作和个人的发展紧密联系在一起，从而达到员工自我激励的目的。在后面的学习项目中，我们将对员工职业生涯规划进行详细介绍。

(三) 管理团队

管理不只是管理人员的事，经过管理权力分解，管理将变成一个群体的事。管理团队将会出于对集体荣誉感的追求，把提高管理水平当成自己的事，从而促使传统意义上的管理者与被管理者共同为实现团队的有效管理而工作，而不是一部分人管理另外一部分人，进而化解管理中的异化现象。管理团队的战略可以起到两个作用：一是提高决策质量，激发饭店的创新动力；二是提高全体员工的工作积极性。

三、饭店物质激励法

物质激励的内容包括工资奖金和各种公共福利，它是一种基本的激励手段，因为获得更多的物质利益是普通员工的共同愿望，它决定着员工基本需要的满足情况。同时，员工收入及居住条件等的改善，也会影响其社会地位、社会交往甚至学习、文化娱乐等精神需要的满足情况。

(一) 薪酬激励

薪酬激励是激励员工的基础。科学地设计饭店员工的薪酬结构，把员工的薪酬与绩效挂钩，可以更好地激励员工的积极性。

(二) 福利激励

福利激励是指饭店根据自身的经济效益制定有关福利待遇的发放标准，确保员工生存与安全的需要得到满足，激励员工为饭店多做贡献。饭店最重要的经营目的是盈利，获得可持续发展。为了吸引和留住员工，除了合理的薪资，还需要建立与其能力相适应的福利制度。例如，有些饭店在为员工缴纳养老保险、失业保险、医疗保险、工伤保险和生育保险外，还增加了教育补贴、交通补贴等。这些完善的福利制度不仅能提高饭店的声誉，吸引更多的人才加盟，而且能增强内部的协作精神，激发饭店员工的创造性，营造出积极向上的竞争氛围。

(三) 股权激励

随着饭店产权结构的变化，产生了一种新的物质激励形式——股权激励。股权激励作为一种长期激励方式，是指通过让经营者或饭店员工获得饭店股权的形式，或给予其享有相应经济收益的权利，使他们能够以股东的身份参与饭店决策、分享利润、承担风险，从而尽职尽责地为饭店的长期发展服务。现代饭店理论和国外实践证明，股权激励对于改善饭店治理结构、提升管理效率、增强饭店凝聚力和市场竞争力具有非常重要的作用。

四、饭店精神激励法

精神激励是十分重要的激励手段，它通过满足员工的社交、自尊、自我发展和自我实现的需要，在较高层次上调动员工的工作积极性，其激励强度大、维持时间长，具体包括以下几种方法。

(一) 目标激励

目标激励是指利用一定目标对动机的刺激作用，去激励人的积极性、主动性、创造性。它把员工的个人目标与集体目标结合起来形成组织目标，让员工看到自己的切身利益，从而产生激励作用。实行目标激励的好处体现在三个方面：首先，可以使员工看到自己的价值和责任，一旦达到目标就会获得一种满足感；其次，有利于各渠道和各环节的意见沟通，减少达成目标的阻碍；最后，能使员工个人利益与饭店经营目标相统一。

(二) 示范激励

示范激励也称为典型示范，是指通过先进员工与典型优秀事件来影响和改变个体或群体的观念和行为。示范由示范原型、示范场、示范效应三部分构成。

(三) 参与激励

员工参与饭店管理有助于挖掘员工的潜能，能够鼓励员工为饭店做出更多贡献。它隐含的逻辑是通过员工参与影响决策并增强员工的自主性和对工作的控制，从而提高员工的积极性以及对饭店组织的忠诚度。如今，员工参与作为一种激励理论和研究成果，在饭店业得到广泛应用。

五、饭店危机激励法

现代社会是一个快速发展的社会，有发展就会有竞争，只有参与竞争才能取得进步。在实施物质激励和精神激励的同时，危机激励自然不应忽视。从心理学的角度来讲，每个人在一定的条件和环境下会产生恐惧心理、危机意识，同时这种心理、意识在一定的条件下可以向相反的方向转化，产生意想不到的效果。应用到激励理论中，可以通过来自社会环境的竞争和饭店内部的竞争增强饭店员工的危机感，使其努力工作，达到使饭店更快发展并获取更多利润的目的。

目前，外界环境的不断变化给中国饭店业带来了新的危机和挑战。经济全球化促使某些领域融为一体，实现资源共享、人才共享。针对这样的情况，哪个饭店能够争取到高、精、尖的人才，哪个饭店就会在强手如林的竞争中获得生存和发展，否则就会被挤垮。所以说，危机激励可以在很大程度上促使整个饭店行业的不断发展。当然，饭店运营离不开员工，在饭店内部实施激励机制可以对员工起到更好的引导作用。饭店内部有分工的差异、薪金标准的不同、职位的区分，加之整个社会大环境的影响，因此可以在饭店内部实行明确的升迁、降职等一系列奖惩制度。通过危机激励，可促使饭店快速向前发展。

📖 项目小结

激励，即激发、鼓励，是指员工向某一特定目标行动的倾向。在人力资源管理中，激励就是激发调动员工工作积极性的过程。激发员工的动机的心理过程可以表示为：需要引起动机，动机支配行为，行为又指向一定的目标。激励的主要作用包括：激励能够充分挖掘员工的内在潜能；激励能够充分提高工作效率；激励是饭店员工优胜劣汰的原动力。饭店管理者要想高效地激发员工潜力，应该了解各种激励理论。目前，激励理论主要有需要层次论、双因素理论、强化理论、期望理论、公平理论。为了有效提高饭店员工的工作积极性和主动性，最大限度地激发员工的工作热情，可运用领导行为激励法、饭店战略激励法、饭店物质激励法、饭店精神激励法和饭店危机激励法。

📖 知识链接 •

饭店常用激励十四法

1. 员工大会表扬法

榜样的力量是无穷的。饭店可每月或每季度召开一次员工大会。在员工大会上，高层管理者除了要帮助员工统一思想、了解饭店当前的经营情况、制订工作计划和鼓舞人心，还要请部门先进员工登台发言，以起到激励先进、带动后进、促进一般员工向先进方向发展的作用。

2. 合理化建议法

为了激发员工的主人翁精神，鼓励员工为饭店发展献计献策，可采取在员工中征求合理化建议的方法。对员工提出的建议，采纳的给予物质奖励，未采纳的给予精神鼓励。员工建议通常会在降低生产成本、提高服务质量、厉行勤俭节约和保障安全生产等方面具有明显成效。

3. 主题活动法

根据员工年轻、思想活跃、追求进步的特点，饭店应定期开展不同的主题活动。比如，岗位技能大赛、书画大赛、手工艺品制作大赛、英语口语比赛等。通过不同的主题活动，引导员工好学上进、展示自我，从而产生向心力、凝聚力。

4. 多设标兵法

拿破仑说过："每个士兵的背包里，都有元帅的手杖。"每个员工都有自己的特长，设立不同的标兵，有助于员工发挥自己的特长。比如，设立卫生标兵、对客服务标兵、爱岗敬业标兵等。

5. 感情投资法

感情因素对员工的工作积极性有很大的影响。饭店可采用的感情激励方式有：员工生日举办庆祝活动(领导祝贺，送生日蛋糕，举办生日酒宴，举办舞会等)，生病探视，对困难家庭进行扶助等。感情投资还可以扩展到员工家属。例如，可以举办家属开放日活动，让员工家属更多了解饭店，获得他们的认可，从而引导他们更加支持员工的工作。

6. 心理疏导法

饭店通常采用严格的制度化管理，管理层级较为分明，加之部分基层管理人员的管理方法简单、粗暴，难免会挫伤员工的工作积极性。饭店高层管理人员应定期开展员工日接待活动，倾听员工心声，消除员工心中的怨气，拉近管理者与员工的距离。

7. 轮岗激励法

员工在一个岗位工作久了，技能熟练了，难免会产生厌倦心理。饭店应不失时机地给员工调动工作岗位，带给员工新的挑战。此举既能帮助员工学习新的技能，又能实现对员工的激励。

8. 兴趣激励法

兴趣是推动员工努力工作的动力。饭店管理者应了解员工个人兴趣以及工作需要，通过双向选择帮助员工找到自己感兴趣的工作，从而产生持久的激励效果。

9. 文体活动法

举办文体活动可为员工提供展示兴趣和才能的舞台。饭店可组织丰富多彩的文体活动以及各种兴趣小组活动，帮助员工充实业余生活，使员工的业余爱好得到满足。这样不仅能增进员工之间的感情交流、增强员工对企业的归属感，从而增强饭店的凝聚力，而且能避免出现因员工年龄小，无鉴别能力，业余生活混乱而导致的意外事故。

10. 适当惩戒法

激励方法包括正向激励和负向激励两类。相对于表扬和奖励来说，批评和惩戒便是负向激励。正向激励起到引导、推动作用，负向激励起到鞭策作用。正向激励和负向激励都是常用的激励手段。使用负向激励时要做到及时、对事不对人。一般来讲，表扬员工(正向激励)要当众进行，批评员工(负向激励)除非有必要公开，否则最好在私下进行。

11. 危机激励法

人长期处于一成不变的环境中就会滋生惰性，这种惰性就是腐蚀企业发展的"慢性毒药"。饭店管理者应不断推进人力资源管理变革，促使员工不断努力、追求进步。例如，实行员工内部待岗制，实行未达经营目标减薪制等。这些危机激励措施有助于管理人员和员工在逆境中最大限度地发挥自己的潜力，因而具有较强的激励作用。

12. 物质激励法

除了奖罚激励法，饭店还可通过利润分享制度实施激励，即把饭店每年所赚的利润，按规定的比率分配给员工。饭店每年盈利越多，员工分得的利润也就越多。员工的分成要按时兑现，从而让员工明白"大河有水，小河不干"的道理。这种激励法不仅有助于员工保持积极的工作热情，而且能促使员工纠正或及时反映服务工作中存在的问题，从而帮助饭店提高整体服务质量。

13. 形象激励法

形象激励是指充分利用视觉形象的作用，激发饭店员工的荣誉感、成就感与自豪感。这是一种行之有效的激励方法，通常的做法是将先进员工的照片张贴在光荣榜、企业内部报刊等一些宣传媒介上。此举不但能使员工本人受到鼓舞，而且能使更多的员工受到激励。还有的饭店通过举办"店史展览""饭店内部人物摄影大赛"等实施形象激励，这些经验均可借鉴。

14. 参与激励法

参与激励是指把饭店员工放在主人翁的位置上，尊重他们，信任他们，让他们在不同的层次和深度上参与饭店的管理和决策，吸收他们提出的正确意见。通常的做法是饭店员工通过"职代会"参与饭店重大问题决策，员工列席不同层次的饭店工作会议，员工参与饭店质检工作等。

案例分析｜某饭店部门超额奖励的"1543工程"计划　⊙

某四星级饭店餐饮部计划采用以3个月为一个周期的滚动计划管理方式。财务部根据市场供求关系和饭店经营潜力，每3个月下达一次餐饮营业收入计划指标。第1个月的指标为必须完成的指令性计划指标，第2个月的指标为指导性计划指标，第3个月的指标为参考性计划指标。第1个月结束后，财务部会基于当月完成计划情况，经过预测分析，再下达3个月的计划指标。这时，第2个月的指标变为指令性计划指标，第3个月的指标变为指导性计划指标，第4个月的指标变为参考性计划指标，以此类推。

饭店为调动员工的工作积极性，同时制定了"1543工程"奖励方案。根据方案，员工完成当月计划指标，按完成额的1%提取奖金。如果员工超额完成营业收入计划指标，超额10万元时，按超额数的5%提取奖金；超额20万元时，按超额数的4%提取奖金；超额30万元时，按超额数的3%提取奖金。完成计划数的1%则始终不变，因而称为"1543工程"。饭店每月公布计划指标，月底核算一次，按"1543工程"的实际结果兑现奖励。

本次奖励计划简单明确，便于监督考核，不仅大大调动了饭店员工的工作积极性，挖掘了员工潜力，而且促使饭店营业收入和经营利润逐月稳步上升。员工每月都能超额20万～30万元完成计划指标，除了能获得正常的工资福利，还能获得400～500元的奖金，因此该奖励计划受到员工的普遍欢迎。

资料来源：蔡万坤，李爱军.餐饮企业人力资源管理[M].北京：北京大学出版社，2007.

试分析：

1. 该饭店实施的"1543工程"为何会受到员工的欢迎和认可？

2. 试用人力资源激励理论分析该饭店的"1543工程"取得成功的原因。

实训练习

假设你是某星级饭店前厅部经理，面对礼宾部员工经常出现的迟到、早退和消极怠工的情况，你将运用哪些激励方法对员工进行管理？

复习思考题

1. 简述激励的主要功能。

2. 饭店员工激励方法主要有哪些？

3. 简述重要的激励理论。

4. 饭店员工精神激励包括哪些内容？

饭店员工绩效考核

- 掌握绩效考核的内涵
- 熟悉绩效考核的内容
- 掌握绩效考核的分类
- 了解绩效考核的作用
- 了解绩效考核的原则

- 了解绩效考核的修正措施
- 掌握绩效考核的方法
- 熟悉绩效考核的程序
- 了解影响绩效考核的因素

绩效考核用于全面评价员工的工作表现。一方面可为薪酬调整、职务变更、人员培训等决策提供依据，另一方面可促使员工工作业绩达到预期目标，提高饭店的工作效率，从而保证饭店经营目标得以实现。在本学习项目中，首先，从绩效考核的内涵进行分析，对绩效考核的内容进行划分，并从几个方面讲解了绩效考核的作用。其次，分别从考核方式、考核时间、考核者、考核内容、员工职务等不同角度，对绩效考核进行分类，同时分析了绩效考核的原则和绩效考核的程序。再次，分别讲解了排序法、360度绩效考核法、目标管理法、关键事件法、评分法、强制分布法、行为锚定等级评价法、自我评定法、行为观察法的原理和应用。最后，分析了影响绩效考核的因素，包括晕轮效应、近因误导、考核指标理解误差、首因效应、暗示效应、宽严倾向、平均倾向、个人偏见、自我比较、从众心理等，并给出了相应的修正措施。

案例导入 | 东莞唐拉雅秀酒店绩效考核案例

海航集团总部下发绩效考核文件，要求东莞唐拉雅秀酒店在规定时间内完成对各部门人员的绩效考核。其中，酒店经营团队由酒店事业部考核，部门级管理干部由酒店经营团队考核，部门二级经理由部门第一负责人考核，部门主管及以下员工由部门二级经理考核，最后由部门第一负责人对考核结果进行复核。

在具体实施考核时，东莞唐拉雅秀酒店从企业文化认可度、工作效率、岗位专业知识、工作态度、团队精神五大指标出发，对财务部、人力资源部、保安部、市场销售部、工程部、房务部、餐饮部七个部门统一进行绩效考核。此外，对酒店经营团队、部门级管理干部，还将从文化传递、部门管控、员工关爱、决策力、大局意识、沟通影响力、作风整顿、执行力、团队建设、人才培养十个方面进行绩效考核。

在本次考核中，东莞唐拉雅秀酒店采用强制分布法，按部门对考核结果进行排名。对于部门排名前20%的模范员工，酒店将结合集团政策，通过优先提拔、调薪等方式实施激励；对于排名后10%或不合格员工，酒店将依据国家法律法规及公司规定进行处理，如劳动合同到期不续签、劳动合同未到期直接解聘等。

资料来源：李红英. 酒店绩效考核现状及策略分析——以东莞唐拉雅秀酒店为例[J]. 营销界 2020(52)：16-17.

案例评析

绩效考核是一项复杂的系统性工程，虽然现阶段很多酒店都在做绩效考核，但多数酒店仍未真正享受到绩效考核带来的积极影响，反而把绩效考核当作一项累赘工作，浪费时间成本、人力成本和物力成本。因此，酒店建立健全绩效考核制度之路还很长，需要从考核者、被考核者、考核制度三方面持续发力，不断创新绩效考核的方式与方法，最终促进酒店的发展。

学习任务一　认识饭店员工绩效考核

一、饭店员工绩效考核的内涵

饭店员工绩效考核是指饭店人力资源管理相关部门根据一定的考核程序，采用相应的考核方法，按照考核的内容和标准，对员工的德、能、勤、绩等方面实施定期或不定期的考察和评价。其中，考察是对员工的工作过程及工作质量状况进行了解；评价则是在考察的基础上，对员工的工作情况做出公正、合理的评判。

二、饭店员工绩效考核的内容

员工绩效考核的内容包括工作能力、工作业绩和工作态度三个方面。

(一) 工作能力

工作能力是员工创造工作业绩的基础和潜在条件，员工没有工作能力就不可能创造好的工作业绩。工作能力包括体能、知识、智能和技能等内容。

(二) 工作业绩

工作业绩是指员工的工作成果和工作效率。工作业绩考核就是对员工职务行为的直接结果进行评价的过程。通过工作业绩考核，能够推动员工有计划地改进工作，以达到饭店发展的要求。一般说来，可从数量、质量和效率等方面对员工的工作业绩进行考核。

(三) 工作态度

工作态度主要指纪律性、协作性、积极性、服从性、归属感、敬业精神和团队精神等，是影响员工工作能力发挥的个性因素。当然，影响工作能力发挥的还有外部条件的限制。在绩效评价中对员工工作态度进行评价，主要目的是鼓励员工充分发挥现有的工作能力，最大限度地创造优异的工作业绩。

三、饭店员工绩效考核的作用

(一) 绩效考核为饭店员工的任用提供依据

建立科学的员工考核制度，人力资源部可以积累可靠的管理资料，为公平合理地任用人才提供确切的事实依据。人员任用的标准是德才兼备，人员任用的原则是因事择人、用人所长、容人之短。要想判断员工的德才状况、长处短处，从而分析其适合何种职位，必须对其进行考核。人员考核是"知人"的主要手段，而"知人"是用人的主要前提和依据。

(二) 绩效考核是对饭店员工进行激励的手段

大多数员工希望知道自己在饭店的工作情况如何，自己的努力是否得到领导的认可。通过定期考核不仅能使饭店组织掌握每位员工的具体工作情况，而且能及时向员工反馈考核结果，让他们了解饭店对其工作的评价，知道自己在工作中存在的不足，从而采取饭店管理部门提倡的规范行为。这有助于员工自觉巩固好的行为，弥补自身存在的不足，调动工作积极性。考核本身就是对工作业绩的评定和认可，因此它能使员工体验成就感和自豪感，从而激发员工的工作自觉性、主动性。

(三) 绩效考核是确定饭店员工劳动报酬的依据

考核结果是薪金报酬管理的重要依据。按劳付酬、论功行赏能使员工产生公平感，有助于增强员工的责任感和自信心，减少因报酬不合理而挫伤员工工作热情的情况发生，使有限的人力资源能够充分发挥其应有的作用，还能防止人才流失。

(四) 绩效考核能为饭店相关部门的决策提供参考依据

工作业绩考核是饭店管理部门开展人力资源工作研究的重要途径。当人力资源部门需要确定新的人员测评指标时，可以用工作绩效考核结果作为工作成效的衡量标准。此外，工作绩效考核结果可以用于各种人力资源领域的研究，如设计有关人员招聘、预测、录用、调配方面的决策方案，检验决策的效用，制订人力资源开发计划等。

(五) 绩效考核有助于完善饭店的人力资源管理体系

绩效考核可以为员工的提升、换岗、培训等人力资源工作提供可靠的参考依据，饭店可以根据考核大纲，完成许多工作。这些工作包括：分析培训需要，制定个人和小组培训大纲；制订人员替补计划和管理发展计划，确定可提拔的员工，并清楚地了解他们的具体发展需求；提供工资评审的客观根据。所以，绩效考核是推动饭店人力资源开发，促进管理工作合理化、科学化的重要措施。

■ 四、饭店员工绩效考核的分类

(一) 按考核方式的不同划分

按考核方式的不同，可将绩效考核分为：非正式考核，即考核内容与方式是非结构性的；正式考核，即系统性考核，由主管或人力资源管理部门有计划、有步骤、规范地、标准化地实施考核。

(二) 按考核时间的不同划分

按考核时间的不同，可将绩效考核分为：随机考核，即不定期的，可以随时随地进行的，被考核人员无准备的考核；定期考核，即预先规定考核时间和相应的时间间隔，被考核人员有准备的考核。

(三) 按考核者的不同划分

按考核者的不同，可将绩效考核分为上级考核、部门考核、下级考核、同事考核、顾客或利益相关者考核、自我考核。

(四) 按考核内容的不同划分

按考核内容的不同，可将绩效考核分为员工总体素质考核、员工特殊项目考核、员工行为表现考核、员工工作绩效考核。

(五) 按员工职务的不同划分

按员工职务的不同，可将绩效考核分为高层管理者考核、中层管理者考核、市场营销人员考核、一线服务人员考核、其他员工考核等。

五、饭店员工绩效考核的原则

(一) 责任与权利相统一的原则

员工绩效考核既是对员工个人的评价过程，也是对其是否称职的考核过程。目前，许多饭店的职位划分一般都比较明确，各职位都有相应的职责和权利。因此，在考核中可结合职位权责对员工的工作绩效进行评价。同时，考核应当同奖惩结合起来，并做到赏罚分明。应当与人事任用、升迁、调动安排相结合，使员工的管理处于动态之中。

如果要让员工的学识和能力充分展现出来，就应为之创造必要的条件，明确其责任并赋予其权限，放手让其发挥才华，同时进行系统考核。

(二) 定性与定量相结合的原则

定性考核是指采用经验判断和观察法，侧重从行为的性质方面对员工进行考核。定量考核是指采用定量的方法，侧重从行为的数量特点对员工进行考核。在绩效考核的过程中，仅进行定性考核，只能反映饭店员工的性质特点；反之，仅进行定量考核，则可能会忽视员工的质量特征。另外，定性考核是一种不够深入的考核，是一种模糊的印象判断；而定量考核则往往存在一些指标难以量化的问题，其考核是不全面的，很可能流于形式。只有将两者相结合，实现有效的互补，才可能对员工的绩效做出全面、有效的考核。

(三) "三公" 原则

绩效考核应坚持"三公"原则，即公平、公正和公开，这也是所有考核工作都必须遵循的原则。考核标准应该以明确的方式公开，如果秘而不宣，或者含糊不清、模棱两可，既不能起到考核作用，也不能积极正确地引导员工，从而无法在实际工作中运用。公平与公正还包含两个含义：一是每个员工在考核过程中机会相等、条件相同、时间一致；二是判定考核结果和运用考核结果时应一视同仁，不搞特殊化，也不区别对待。这也是有效发挥考核激励作用的重要条件。

(四) 平时考核与定期考核并重的原则

绩效考核应该做到制度化和常规化，把考核工作作为一项经常性工作，按照执行制度的标准坚持下去，做到日记录、周小结、季检查、年终总结。如果只重视定期考核而忽视平时考核，难免产生个人偏见，导致在实施考核时草率仓促或敷衍了事，很难做到公平、正确、合理，给考核带来很大的负面影响。在具体操作时，应把平时考核以较大比例纳入定期考核之中综合考虑。只有将考核制度经常化、长期化，才能真正起到对员工的监督作用。

学习任务二 饭店员工绩效考核的程序

一、饭店员工绩效考核计划阶段

为了保证绩效考核的顺利进行，饭店人力资源部门必须制订考核计划，在明确考核目的和对象的前提下，选择适当的考核内容、时间和方法。不同的考核目的，有不同的考核对象。例如，为选拔饭店员工参加饭店服务技能大赛，其考核对象就是饭店内从事酒水服务工作的一线员工。不同的绩效考核目的和对象，重点考核的内容也不相同。对于试用期结束要转正的一线员工，考核的重点在于其态度和一般能力，以及业务水平是否熟练及能否随机应变；而对于要提升重要职务的员工的考核，则德、能、勤、绩各方面都要重视。

考核目的、对象和内容不同，考核的时间和方法也不一样。例如，对饭店总经理业绩是否达到要求的考核，一般一年一次；而对餐饮、销售等部门业绩的考核，一般一月一次。对一线员工的考核，应侧重技能，考核重点在于现场操作；对管理人员管理能力的考核，则可能采用试卷调查、面谈等方法。

二、饭店员工绩效考核实施阶段

根据既定的考核程序，由经过培训的考核人员对员工的工作绩效进行考核、测定和记录，并与既定的绩效标准相对照。在饭店绩效考核过程中，一般先对基层员工的工作绩效进行考核，然后考核中层管理者，最后对高层管理者进行考核，形成由下而上的考核过程。

对一线员工和基层管理者的绩效考核内容主要包括：员工在工作过程中表现出来的具体行为，如是否遵守劳动纪律，是否按照规定的操作规程工作，以及影响其工作行为的个性品质，如工作态度、团结合作精神等。在对基层部门考核的基础上，进一步对中层管理人员的绩效进行考核，考核内容主要包括：中层管理人员的工作行为特性，以及本部门的总体工作效果。最后，由饭店主管部门或董事会对饭店高层主管人员的工作绩效进行考核，考核内容主要包括：高层主管的工作行为与特性，以及饭店经营效果方面的硬性指标的达成情况，如利润率及市场占有率等。

■ 三、饭店员工绩效考核结果评估及反馈阶段

考核工作结束后，人力资源部门应对考核结果进行评估，从各方面收集信息，以获取员工对考核工作在组织准备、实施过程、效果反映等方面的意见或要求，为今后不断改进考核工作创造条件。有效的员工考核，是饭店人力资源部全面掌握饭店员工的基本情况、制订工作计划、进行人事决策、开发人力资源等的客观基础，是人力资源部正常运行和实施有效管理的保证。考核结果不仅用于人事决策，还可作为对员工进行激励和培训的标准。不将考核结果反馈给被考核的员工，考核就失去其功能。反馈的方式主要是面谈，内容一般包括考核成绩、优点和不足、今后的发展方向和期望，以及对考核本身的看法和意见。反馈的内容包含对员工个人素质、工作态度、业务水平、服务质量和工作绩效的肯定或批评，会牵涉员工个人在饭店中的地位、报酬、人际关系、能力、威信、群众印象等问题，因而会给员工带来较大的心理压力，所以谈话颇为敏感，应掌握谈话技巧和方法，以免挫伤员工的积极性。

■ 四、饭店员工绩效考核改进阶段

将绩效考核结果反馈给员工后，如果不进行绩效改进和提高的指导，反馈就失去了意义。绩效改进指导也需要贯穿绩效管理全程。绩效改进指导包括绩效诊断和辅导两个环节。绩效诊断是管理者帮助员工识别造成绩效不足的原因或改进提高的机会，帮助员工寻求解决方法的过程；绩效辅导则是帮助员工提高相关知识技能，克服工作中的障碍以提高绩效的过程。

以上几个环节基本上是按绩效考核工作的先后顺序进行的，所以又称为绩效考核的"横向程序"。此外，还有一种按饭店组织层级逐级进行考核的程序，即先对基层进行考核，再对中层进行考核，最后对高层进行考核，形成由下而上的考核过程，称为"纵向程序"。当然，纵向程序中基本包含"横向程序"的各个环节。

学习任务三 饭店员工绩效考核的方法

饭店员工绩效考核的方法是指饭店在员工绩效考核过程中使用的技术手段。绩效考核不是一项孤立的职能活动，它与绩效管理的其他环节相互作用，互相提供服务，绩效考核提供的数据往往是饭店管理者做出其他决策的依据。绩效考核的方法丰富多样，但各种方法都有其自身的局限性和适用范围。不同的考核目的对考核方法的要求有所不同，对考核数据的精确性要求也不同。

一、排序考核法

排序法，即根据被考核人员的绩效确定相对的优劣程度，通过比较确定每个人的相对等级或名次。排列方向由最佳排至最劣，或反之均可。排序比较可以遵循某个单一的特定绩效维度，如服务质量、服务态度等来进行，但更常见的是对每个员工的整体工作状况进行比较。按照排序程序的不同，排序法可分为以下几种。

(一) 简单排序法

考核者将员工按照工作的总体情况从最好到最差进行排序。这种方法简单、易操作、成本低，有利于识别绩效好的员工和绩效差的员工，适合考核人数较少的情况。考核人数多时，由于排序繁琐、分数差距不大，会出现分数近似而名次相差很大的情况，易给被考核者造成不公平的错觉，此时简单排序法就不再适用。

(二) 交替排序法

交替排序法是简单排序法的变形。首先根据绩效评定标准挑选最好和最差的员工，列为第一名和最后一名，再从剩下的员工中挑出次优和次差，最后得到完整序列。

(三) 对偶比较法

将全体员工逐一配对比较，工作表现好的员工得"1"分，差的得"0"分，按照逐对比较中被评为较优的总名次来确定等级名次。这是一种系统比较程序，科学合理，但此法通常只能考核总体状况，不能分解维度，也不能测评具体行为，其结果是仅有相对的等级顺序。当被考核者超过10人时，对偶比较次数太多，实际也不太可行。

二、360度绩效考核法

360度绩效考核法又称全方位绩效考核，是指通过上级、下级、同事、自我、客户全方位收集评价信息，从多个视角对员工进行综合绩效考核并提供反馈意见。每个考核者站在自己的角度对被考核者进行考核，这种多方位的考核，可以避免一方考核的主观武断，增强绩效考核的信度和效度。

(一) 上级考核

这里的上级是指被考核员工的直管领导，通常也是绩效考核中的主要考核者。好的直管领导比其他人更了解下属的工作和行为表现，因此最有发言权。上级考核的优点：有机会与下级沟通，了解下级的想法，更好地发现下级的潜能；考核可以与奖罚、加薪、升迁等结合。上级考核的缺点：上级考核常常难以控制方向，有可能沦为说教式的单向沟通；由于考核有可能与奖罚等内容结合，而上级又掌握着这种奖罚权，被考核的下级往往会感受到压力和威胁，心理负担较重；作为考核者的上级，如果缺乏必要的考核训练和技巧，考核结果就不能反映真实情况。

(二) 下级考核

下级对上级的考核一般不常用，但它对营造饭店民主氛围起着重要的作用。目前，国外一些有着先进管理经验的大型跨国饭店引入这种考核体系，并取得良好的效果。下级考核的优点：能够起到一定的权力制衡作用；下级能够帮助上级完善其领导方式，发挥其领导才能，使工作更有效。下级考核的缺点：为了避免报复，下级在考核中往往不敢实事求是地表达其真实想法，甚至会夸大上级的优点；有些上级并不会真正重视下级对他的考核，考核结果往往只是一纸空谈。

(三) 同事考核

同事是与被考核者朝夕相处的人，因此对被考核者的观察最深入、了解最透彻。同事考核的优点：全面且真实，可避免直属领导的偏见，当然这是建立在同事采取实事求是的态度参与考核的基础上的。同事考核的缺点：同事往往顾及个人交情而使考核结果脱离实际；同事之间如果出现利益纷争也会使结果脱离实际。

(四) 自我考核

自我考核是指由员工本人对自己的绩效做出评价。自我考核的优点：在设立目标时鼓励员工参与，会使员工更加明确目标，便于提高工作的积极性；考核氛围轻松，能增强员工的参与意识，考核双方都不会感到压力。自我考核的缺点：考核者常常会高估自己的绩效。

(五) 客户考核

客户考核是指由客户对员工进行绩效评价。客户考核的优点：客户是饭店外部人员，可以保证考核工作的真实公正；能够促使饭店强化以客户满意为导向的经营理念，使饭店更重视公众形象。客户考核的缺点：难以操作，只适用于考核那些与客户接触较为紧密的员工，如客房服务员、餐饮服务员等；客户评价标准不同，考核结果可能有偏差；客户不属于饭店工作人员，难以命令其完成考核，只能说服或邀请其配合，费时费力。

360度绩效考核模式如图7-1所示。

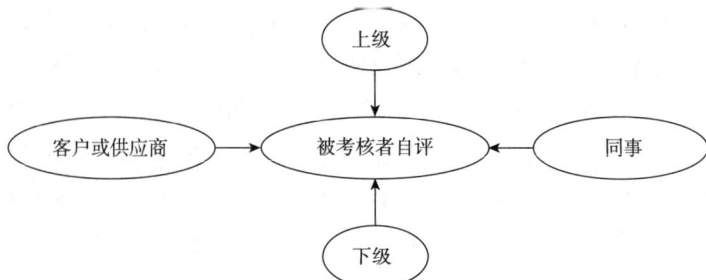

图7-1　360度绩效考核模式

资料来源：王珑，徐文苑.酒店人力资源管理[M].广州：广东经济出版社，2007.

三、目标管理考核法

目标管理是由管理大师彼得·德鲁克在1957年提出的，被称为"管理中的管理"，是一种被广泛接受的管理理念和应用成熟的绩效考核模式。简单而言，目标管理就是让管理人员和被管理者共同参与工作目标的制定，在工作中实行"自我控制"并努力完成工作目标的管理制度。它是根据注重结果绩效和任务管理的思想，先由饭店最高管理者提出组织在一定时期内的总目标，然后由饭店组织各部门和员工根据总目标确定各自的分目标，并在获得适当资源配置和授权的前提下积极主动为各自的分目标而奋斗，从而使饭店组织的总目标得以实现的一种管理模式。

目标管理的实质是"目标绩效导向的自我管理"，其构成要素包括目标体系、有效的授权、双向沟通、自我激励。单纯的目标管理强调目标的完成，而不以完成过程、完成原因为重点。饭店在实施目标管理时必须加强信息管理工作。信息是目标管理的基本要素之一，主要体现在：确定目标需要获取大量的信息作为依据；展开目标需要加工、处理信息；实施目标管理的过程就是信息的传递和转换过程。因此，信息管理工作是目标管理基础工作的重要内容，是使目标管理得以正常运转的保障。

四、关键事件考核法

关键事件法是由美国学者弗拉赖根和伯恩斯共同创立的，是指观察并记录有关工作成败的"关键性"事件，以此对员工进行考核评价。关键事件法要求保存最有利和最不利的工作行为的书面记录。当某种行为对部门效益产生重大影响时，无论是积极的还是消极的，管理者都应把它记录下来。在考核后期，考核者便可运用这些记录和其他资料对员工业绩进行考核。关键事件考核法可以贯穿整个考核阶段，而不是仅仅集中在最后几周或几个月里。

在运用关键事件法的时候，管理人员应将每一位下属员工在工作活动中表现出来的非同寻常的良好行为或非同寻常的不良行为记录下来。然后在每6个月左右的时间里，管理人员和其下属人员见一次面，根据记录的特殊事件来讨论后者的工作绩效。关键事件考核法通常可作为其他绩效考核方法的补充，因为它具有以下几个优点。

(1) 它为管理者向下属员工解释绩效考核结果提供了一些确切的事实证据。

(2) 它能确保管理者在对下属员工的绩效进行考核时，依据的是员工在整个年度的表现，而不是员工在最近一段时间内的表现。

(3) 保存动态的关键事件记录还可以帮助管理者获得一份关于下属员工是通过何种途径消除不良情绪的具体实例。

关键事件法给予员工与工作相联系的极其有用的反馈，可以降低近期效应。当然它也存在弱点，最大的问题是管理人员常漏记关键事件。很多时候，管理人员都是一开始详细地记下每一件事，到后来失去兴趣，到考核期限快结束时才去补充记录。这样，近期效应的偏差被夸大，员工会觉得管理人员编造事实来支持其主观意见。

五、评分考核法

评分法是指先把考核项目逐一罗列出来，由考核者根据员工表现，在分值栏给出相应的分数，然后把分数汇总，就得出一个员工绩效考核分数。需要注意的是，每个评估项目都不应是对员工个性的评估，而是对员工工作行为的评估。这种方法相对简单，所以应用广泛。它的缺点在于划分等级较宽，难以把握尺度，受考核者主观随意性因素影响较大。员工考核评分表如表7-1所示。

表7-1　员工考核评分表

部门：　　　　　　　　　　　　　　　　　　参评人：

考核项目	评分标准及分值									
	A		B		C		D		E	
智能经验	经验丰富，能触类旁通，且经常提供改进意见	20	经验较单一，人品良好，工作熟练	16	肯上进，能接受指导，可以胜任工作	12	不求上进，尚需继续加以训练	8	对工作要求茫然无知，工作疏忽大意	4
处理能力	理解能力非常强，对事判断极正确，处理突发事件能力极强	15	理解力强，对事判断正确，处理突发事件能力较强	12	理解判断力一般，处理事件较少犯错误	9	理解力较差，对复杂事件判断力不够	6	理解迟钝，判断能力差	3

(续表)

考核项目	评分标准及分值									
	A		B		C		D		E	
协调督导	协调能力强，经常督导下属，对工作能尽最大努力，并能顺利完成	25	爱护下属，常给予下属督导与训练	20	能应下属要求协调处理相关事件	10	仅在必要时与人协调，不常督导下属	9	工作散漫，不能与人合作，不能督导下属	5
责任感	任劳任怨，竭尽所能完成任务	20	工作努力，分内工作做得非常好	16	有责任心，能自动自发工作	12	常需督导，方能完成工作	8	无责任感，粗心大意	4
奖惩记录										
考核评分										
奖惩增减分										
考评成绩										

资料来源：任长江，薛显东.酒店管理职位工作手册[M].北京：人民邮电出版社，2006.

六、强制分布考核法

强制分布法，即按照饭店管理者想要达到的员工分布曲线效果进行评定，就是事先确定员工在每一个绩效等级所占的比例，如优秀占10%，良好占20%，合格占40%，较差占20%，不合格占10%，然后按这一比例把员工分配到各个等级中，员工绩效组别排序表式如表7-2所示。

表7-2　员工绩效组别排序表式

考核项目	工作综合表现				
等级	较好	高于标准	平均标准	低于标准	较差
百分比/%	10%	20%	40%	20%	10%
名单	1 2 3 4 5 6 7 8 9	1 2 3 4 5 6 7 8 9	1 2 3 4 5 6 7 8 9	1 2 3 4 5 6 7 8 9	1 2 3 4 5 6 7 8 9

资料来源：逄爱梅，王春林.饭店人力资源管理与开发[M].上海：华东理工大学出版社，2009.

强制分布考核法实际上是将员工绩效按照组别进行排序。这一方法的理论基础是数理统计中的正态分布概念，认为员工绩效应该遵从正态分布的情况。当然，具体到各个部门，比例可以有一定的浮动。强制分布考核法的优点是：能形成清晰的绩效等级差别，避免评价结果的"居中现象",能比较容易发现工作特别优秀的员工。强制分布考核法的缺点是:如果部门员工都比较优秀,这种考核方法就会挫伤员工的工作积极性。

七、行为锚定等级评价考核法

行为锚定等级评价法是传统的业绩评定法与关键事件法的结合。行为锚定等级评价法明确定义每一个评价项目,同时使用关键事件法对不同水平的工作要求进行描述。因此,可以为评价者提供明确而客观的评价标准。行为锚定等级评价法的目的在于通过一个等级评价表,将关于特别优秀或者特别恶劣的绩效的叙述定量化,从而将描述性关键事件评价法和量化等级评价法的优点结合起来。开发行为锚定等级评价量表的过程很复杂,主要包括以下几个步骤。

(1) 用工作分析的关键事件法获得一系列工作行为信息。

(2) 工作分析者将这些行为按照能表现特征的工作维度或工作者特征进行分类,然后将这些特征归类并加以定义。

(3) 在不知道分配维度的情况下,与主题相关的专家们开始评论行为清单。如果大多数专家分配给某个行为的维度与工作分析者分配给它的维度相同,该行为就被保留下来。

(4) 被保留下来的行为由第二组与主题有关的专家再次进行评审,并依照一项工作的绩效去评定每种行为的有效性。

(5) 分析者计算每个行为的有效性评分的标准偏差,如果该标准偏差反映评分有较大的可变性,那么该行为就被舍弃,再为剩下的每个行为重新计算评定的平均有效性。

(6) 建立最终的行为锚定绩效评价体系,分析者为每个行为特征构建一个评定量表,量表中列出该特征的名称和定义。对行为的描述被放置在量表上一个与它们的平均有效性评分相对应的位置上。

行为锚定等级评价法的优点是:可使有关工作绩效的计量更为精确,绩效评价标准更为明确,具有良好的反馈功能,各种评价要素之间有较强的独立性,而且连贯性较好。主要缺点是:行为锚定量表的设计和实施成本较高,需要多次测试和修改,需花费一定的时间和资金。

八、自我评定考核法

负责考核的人员将业绩考核的内容以问题的形式向员工提出来,让员工自己作报告,称为自我评定。这种方法为员工反思、总结自己过去所做的工作提供了机会。员工系统地思考过以后,可以比较容易地看到自己的成绩和存在的不足,甚至可以发现饭店管理中存在的问题。所以,这种方法在业绩考评工作中的应用比较广泛,并经常和为饭店提出合理化建议的工作一起进行。

自我评定法有许多优点，但它的局限性也是显而易见的。比如，个人对自己的评价有时不够客观、全面，有时故意回避某些情况。所以，自我评价的结果不能作为业绩考核的唯一标准。员工自我鉴定表如表7-3所示。

表7-3　员工自我鉴定表

姓名		部门		职务		入职时间	
工作总结、自我评价							
对饭店现有问题的建议							
个人今后的设想与规划							

资料来源：任长江，薛显东.酒店管理职位工作手册[M].北京：人民邮电出版社，2006.

九、行为观察考核法

行为观察考核法，是在行为锚定法和关键事件法的基础上发展而来的，但是它有自己的一些特征。首先，行为观察法并不排除对绩效无关行为的观察。绩效的产生受许多行为的影响，行为锚定法和关键事件法只关注关键行为，抓住了绩效的重要成分。其次，行为观察法评价的是行为发生的频次和频率，不是评价行为符合某种考核标准的程度。最后，对某一考核指标的考核，往往需要观察一组行为，而不是简单的几个关键行为。

行为观察考核法的优点是对员工的考核比较细致，有利于区分绩效的高低水平，使评估更加客观、公平，如果加上良好的绩效反馈，可以大大提高员工的绩效，因此非常适用于员工行为管理，如制订科学的员工培训计划等。但是这种方法也存在缺点，主要体现为考核内容过多、设计出来的考核表比较复杂、可操作性较差，因此不太受欢迎。

学习任务四　影响饭店员工绩效考核的因素及修正措施

一、影响绩效考核的因素

饭店员工绩效考核是一项复杂的工作，在实际操作过程中总会出现这样或那样的问题，影响绩效考核的公正性和客观性。影响绩效考核的常见因素主要有如下几个。

(一) 晕轮效应

晕轮效应，是指在观察某个员工时，对于其身上的某种品质或特征有清晰的知觉，由于这一特征或品质从观察者的角度来看非常突出，从而掩盖了对这个人其他特征和品质的知觉。这就是说，这一突出的特征或品质起着一种类似晕轮的作用，使观察者看不到他的其他品质，从而依据突出品质做出对这个人的整体判断。晕轮效应往往在判断一个人的道德品质或性格特征时表现得较为明显。

当评价者仅把一个因素当作最重要的因素，并且根据这一因素对员工做出全面评价时，就会发生晕轮效应的错误。例如，某位前厅部经理非常重视饭店服务质量，对下级进行考核时，他会因某员工平时说话不拘小节而给了他一个较低的评价；如果这个员工平时很注意自己的言行细节，则可能得到相反的评价结果。所以，在考核中，晕轮效应对有关员工和组织都会造成损害。晕轮效应的产生，往往是因为考核者对被考核者不熟悉、了解很少，在日常考核工作中，这种情况较为常见。

(二) 近因误导

一般来说，人们对最近发生的事情记忆深刻，而对以前发生的事情印象模糊。考核人对被考核人某一阶段的工作绩效进行考核时，往往会只注重近期的表现和成绩，以近期印象来代替被考核人在整个考核期的绩效表现情况，因而造成考核误差。比如，被考核人在工作初期表现较差，而等到临近考核时才开始表现良好，却照样能够得到好的评价。

绩效考核应贯穿管理者和员工的工作全程，而不能仅仅局限于考核期的最后一段时间。考核人平时必须注意做好考核记录，在进行正式考核时，需参考平时的考核记录，方能得出客观、全面、准确的考核结果。

(三) 考核指标理解误差

考核指标理解误差是由考核人对考核指标的理解差异而造成的误差。同样是"优、良、合格、不合格"等标准，不同的考核人对这些标准的理解会有偏差。对同一个员工的同一项工作进行考核时，第一位考核人可能会选"良"，第二位考核人可能会选"优"。为避免这种误差，可以采用以下三种措施调整考核活动。

(1) 修改考核内容，让考核内容更加明晰，能够量化的内容尽可能量化，这样可以让考核人更加准确地进行考核。

(2) 避免让不同的考核人对职务相同的员工进行考核，尽可能让同一名考核人进行考核，这样员工之间的考核结果就有了可比性。

(3) 避免对职务不同的员工的考核结果进行比较，因为不同职务之间的可比性较差。

(四) 首因效应

首因效应是指考核者凭"第一印象"做出判断，这与人的思维习惯有关。当被考核者的情况与考核者的"第一印象"有较大差距时，考核者就可能因存在首因效应而产生偏见，这会在一定程度上影响考核结果。

(五) 暗示效应

暗示是一种特殊的心理现象，是人们通过语言、行为或某种事物提示别人，使其接受或照办而引起的心理反应。考核人在领导者或权威人士的暗示下，很容易接受他们的看法，而改变自己原来的看法，这样就可能造成绩效考核的暗示效应。在考核中，暗示效应引起的误差是难免的。为了防止这种误差，在考核中应将领导者或权威人士的发言放在最后，这样他们的发言就难以起到暗示作用。

(六) 宽严倾向

宽严倾向包括"宽松"和"严格"两个方面。宽松倾向是指考核中所做的评价过高，严格倾向则是指考核中所做的评价过低。导致这两类考核误差的原因，主要是缺乏明确、严格、一致的判断标准。当评价标准主观性很强，并要求评价者与员工讨论评价结果时，很容易出现宽松倾向，因为评价者不愿意给下属过低的评价而招致其不满并在以后的工作中变得不合作；相反，当评价者采用的标准比饭店制定的标准更加苛刻时，则会出现严格倾向。

(七) 平均倾向

平均倾向也称调和倾向或居中趋势，是指大多数员工的考核得分都居于"平均水平"的同一档次，并往往是中等或良好水平。与过宽或过严倾向相反，考核者不愿意给员工"要么优秀、要么很差"的极端评价，无论员工的实际表现如何，统统给中间或平均水平的评价。但实际上，这种中庸的态度很少能在员工中赢得好感，反而会产生"奖懒罚勤"的副作用。

(八) 个人偏见

考核者是否熟悉或喜欢被考核人，都会对被考核人的考核结果产生影响。考核者往往会对自己熟悉或喜欢的人给予较高的评价，而对自己不熟悉或不喜欢的人给予较低的评价，这就是个人偏见误差。采取小组评价或员工互评的方法可以有效防止个人偏见误差的产生。

(九) 自我比较

考核人不自觉地将被考核人与自己进行比较，以自己作为衡量被考核人的标准，这样就会产生自我比较误差。若考核人是一位完美主义者，他可能会放大被考核人的缺点，给被考核人较低的评价；若考核人自己有某种缺点，则可能无法看出被考核人也有同样的缺点。

(十) 从众心理

从众心理是指个人受到外界人群行为的影响，而在自己的知觉、判断、认识方面表现出符合公众舆论或多数人的行为方式。通常情况下，多数人的意见往往是对的，服从多数一般是正确的，但缺乏认真分析或不做独立思考的方法是不可取的。不顾是非曲直地一概服从多数，是不值得提倡的，是消极的盲目从众心理。

二、绩效考核的修正措施

(一) 尽量使考核标准客观化

考核标准客观化，可以最大限度地减少考核人主观因素的影响。有些考核项目较容易制定客观标准，但有些考核内容及考核标准较难客观化，如员工的协作意识、敬业精神等。因此，需要从多个角度对员工进行考核，使考核结果尽量客观，同时也使这类考核内容的考核标准尽量客观化。例如，可将员工的协作意识划分为很强、较强、一般、较欠缺、很差等几个档次，由考核人员进行核定。

(二) 选择合适的考核方法

每一种考核方法均有其优缺点，要根据饭店的实际情况和被考核人员的情况选择合适的考核方法，必要时也可以结合运用多种考核方法。例如，要晋升一名员工，可先采取核分法，找出某部门分值最高的前三位员工，然后采用共同确定法来决定到底晋升哪位员工。应注意，最合适、最有效的考核方法就是最好的考核方法。

(三) 慎重选择考核者

绩效考核工作应当由能够直接观察员工工作状态的人承担，或者由最了解员工工作表现的人承担。一般情况下，绩效考核的主要责任人是员工的直接领导。这是因为直接领导在观察员工的工作绩效方面处在最有利的位置，而且这也是他应该承担的管理责任。但是，直接领导不可能了解下属的所有工作，他在考核下属时可能会强调某一方面而忽视其他方面。此外，还可能存在领导者人为操纵考核的问题。因此，考核者还应当包括考核对象的同事、下属和本人，以避免上述问题的产生。

(四) 培训绩效考核者

为了避免考核者在考核过程中出现由晕轮效应、从众心理、首因效应等因素产生的误差，应对考核者进行培训。在一项典型的此类考核人员的培训中，主讲人先为考核者讲解员工实际工作的基本情况，然后将结果公布在粘贴板上，并对工作绩效考核过程中可能出现的问题逐一进行讲解。最后主讲人将会给出正确的考核结果并对考核者在考核过程中所出现的各种错误一一加以分析。此外，有研究表明，用计算机辅助实施工作绩效考核培训，有助于提高管理人员的绩效考核能力。

(五) 以事实材料为依据

在考核工作中，每一项考核结果都必须以充分的事实材料为依据，这样可以避免凭主观印象考核和由晕轮效应、自我比较等因素所产生的问题。

(六) 公开考核过程和考核结果

绩效考核必须公开，这不仅仅是考核工作民主化的表现，也是饭店管理科学化的客观要求。做出考核评价以后，要及时进行考核面谈，由上级对下级逐一进行，以反馈考核评价结果，让员工了解自己的考核得分和各方面的意见，让管理者了解下级工作中的问题及意见。而且，将考核结果反馈给员工，有利于员工更客观地认识自己，从而扬长避短、做好工作。相反，对绩效考核结果进行保密，只会导致员工不信任与不合作的后果。

📖 项目小结 ●

绩效考核是指饭店人力资源管理相关部门根据一定的考核程序，采用相应的考核方法，按照考核的内容和标准，对考核对象的德、能、勤、绩等方面实施定期或不定期的考察和评价。员工绩效考核内容包括工作能力、工作业绩和工作态度。绩效考核可为员工的任用提供依据，是对饭店员工进行激励的手段，是确定饭店员工劳动报酬的依据，可为饭店相关部门的决策提供参考依据，有助于完善饭店的人力资源管理体系。绩效考核按考核方式分为非正式考核和正式考核；按考核时间分为随机考核和定期考核；按考核者分为上级考核、部门考核、下级考核、同事考核、顾客或利益相关者考核和自我考核；按考核内容分为员工总体素质考核、员工特殊项目考核、员工行为表现考核和员工工作绩效考核；按员工职务分为高层管理者考核、中层管理者考核等。

绩效考核的原则包括责任与权利相统一、定性与定量相结合、"三公"、平时考核与定期考核并重。饭店员工绩效考核可分为计划阶段、实施阶段、结果评估及反馈阶段、改进阶段。饭店员工绩效考核的方法是指饭店在员工绩效考核过程中使用的技术手段，常见的有排序法、360度绩效考核法、目标管理法、关键事件法、评分法、强制分布法、行为锚定等级评价法、自我评定法、行为观察法。影响绩效考核的因素包括晕轮效应、近因误导、考核指标理解误差、首因效应、暗示效应、宽严倾向、平均倾向、个人偏见、自我比较、从众心理。影响绩效考核的修正措施有尽量使考核标准客观化、选择合适的考核方法、慎重选择考核者、以事实材料为依据、公开考核过程和考核结果。

📖 知识链接

饭店员工绩效考核管理制度模板

1. 为了全面了解、评估员工的工作绩效，发现优秀人才，提高饭店工作效率，特制定本办法。

2. 通过考核，全面评价员工的各项工作表现，使员工了解自己的工作表现与取得报酬、待遇的关系，获得努力向上、改进工作的动力。

3. 使员工有机会参与饭店管理，发表自己的意见。

4. 考核目的、考核对象、考核时间、考核指标体系、考核形式应匹配。

5. 以岗位职责为主要依据，坚持上下结合、左右结合、定性与定量考核相结合。

6. 考核目的：

(1) 获得晋升、调配岗位的依据，重点在于工作能力及发挥、工作表现考核。

(2) 获得确定工资、奖金的依据，重点在于工作成绩(绩效)考核。

(3) 获得潜能开发和培训教育的依据，重点在于工作和能力适应性考核。

7. 饭店定期考核，可分为月度、季度、半年、年度考核，月度考核以考勤为主。

8. 饭店可针对特殊事件举行不定期的专项考核。

9. 饭店考核员工的内容见饭店员工考核表。

10. 饭店员工考核表给出了各类指标的权重体系。该权重仅供参考性，对不同考核对象，目标应有所调整(各饭店依据自身特点，自行生成权重表)。

11. 考核形式：

(1) 上级评议。

(2) 同级同事评议。

(3) 自我鉴定。

(4) 下级评议。

(5) 外部客户评议。

以上考核形式各有优缺点，在考核中宜分别选用或综合运用。可将考核形式简化为三类，即普通员工、部门经理、饭店领导的评议。

12. 考核办法：

(1) 查询记录法，即对员工作记录档案、文件、出勤情况进行整理统计。

(2) 书面报告法，即部门员工提供总结报告。

(3) 重大事件法，即对影响工作成效的关键事件进行考核。

13. 人力资源部根据工作计划，发出员工考核通知，说明考核目的、对象、方式以及考核进度安排。

14. 考核对象准备自我总结，其他有关的各级主管、下级员工准备考核意见。

15. 将各考核人的意见、评语汇总到人力资源部。根据饭店要求，该意见可告知或不告知考核对象。

16. 人力资源部依据考核办法和考核标准量化打分，填写考核表，统计出考核对象的总分。

17. 总分应为1～100分，依此可做出优、良、好、中等、一般、差等定性评价。

18. 人力资源部应首先将考核结果告知考核对象，征求员工意见，并请其签写书面意见，然后请其主管过目签字。

19. 将考核结果分别存入人力资源部、员工档案、考核对象部门。

20. 考核结束之后，还需征求考核对象的意见，包括：

(1) 个人工作表现与相似岗位人员的比较。

(2) 需要改善的方面。

(3) 岗位计划与具体措施，未来6个月至1年的工作目标。

(4) 对饭店发展的建议。

21. 试用考核制度：

(1) 试用期届满的员工均需考核，以决定是否正式录用。

(2) 试用期表现优秀者，可推荐提前转正。

(3) 该项考核主办人为试用员工部门经理，并会同人力资源部考核定案。

22. 后进员工考核办法：

(1) 对后进员工，可依据其工作表现随时提出考核和改进意见。

(2) 对留职察看期的后进员工，可依据其表现做出考核决定。

(3) 该项考核主办人为后进员工主管，并会同人力资源部考核定案。

23. 个案考核办法：

(1) 对员工日常工作中的重大事件及时提出考核意见，决定如何奖励或处罚。

(2) 该项考核主办人为员工主管和人力资源部。

(3) 该项考核可采用专案报告形式。

24. 调配考核办法：

(1) 人力资源部考虑调配人员候选资格时，相关部门可提出考核意见。

(2) 人力资源部确认调配事项后，相关部门应做出当事人在本部门自己工作评价，供新主管参考。

(3) 该项考核主办人为员工部门经理。

25. 离职员工考核:

(1) 员工离职时,应对其在本饭店的工作情况做出书面考核。

(2) 该项考核应在员工离职前完成。

(3) 饭店可为离职员工出具工作履历证明和工作绩效意见。

(4) 该项考核由人力资源部主办,部门主管协办。

26. 考核结果一般应向本人公开,并留存于员工档案。

27. 考核结果具有的效力:

(1) 它是决定员工职位升降的主要依据。

(2) 与员工工资、奖金挂钩。

(3) 与福利(住房、培训、休息)挂钩。

资料来源: 李津. 世界5星级酒店管人管事制度大全[M]. 长春: 吉林大学出版社,2009.

案例分析 | 波特曼丽嘉饭店利用QSP考核员工

每一位进入波特曼丽嘉饭店(以下简称丽嘉饭店)的应聘者在经过最初一轮面试之后,都必须接受QSP(quality select process, 质量选拔程序)测试,以确定其价值观是否与丽嘉饭店的文化相契合。测试通过后,应聘者才有资格会见部门总监,进入下一轮的专业面试。

在丽嘉饭店,QSP测试内容分为员工级、管理级(主管、领班)、经理级、总监级(行政人员)4个层次。由于销售人员非常关键,销售人员有专门的QSP测试。每套QSP测试有50~60个题目,涉及多个方面,主要测试应聘者的学习能力、服务意识和服务能力、处理突发事件的能力、沟通能力、工作安排能力和与别人建立关系的能力等。根据部门、职位级别的不同,QSP测试有不同的内容和侧重点。例如,对销售经理这个职位,应重点考查应聘者是否具有良好的沟通和表达能力,是否有和客户建立联系的经历和设想,谈话是否有说服力,是否具备市场敏感度,以前如何安排某些项目等。对后台领班这个职位,则应重点考查应聘者的组织能力、帮助员工发展的能力等。

在设计QSP测试题目的时候,丽嘉集团面向所有员工开展调查测试,并按照部门和级别对测试结果进行分类归档。表现很好的员工被归为一档,表现一般的员工被归为另一档,再通过系统将中间范围量化。比如,如果测试涉及10个方面的问题,那么就会提炼出10个关键点,取1~5的分值来评分,最后根据分值形成参考测试曲线。应聘者在面试结束后,也会形成这样的曲线。考官会将应聘者的测试曲线与参考测试曲线进行对照,两组曲线越接近,说明应聘者越符合招聘标准。

丽嘉饭店员工Mary就经历过这样一次让她特别难忘的面试。那天,她紧张地在考官面前坐了一个多小时,“我本来准备应聘服务员,想要从基础开始好好学习饭店管理,但人力资源部的考官建议我应聘饭店公关”。

考官认为，Mary思维敏捷，表达能力强，善于与周围的人建立良好的关系，在公关方面有些潜力。于是，考官为Mary安排了相应的QSP测试。测试结束后，他们比较了Mary的测试曲线和参考测试曲线，验证了最初的猜测。

Mary在公关部任职之后，经历过几次培训，培训内容也与QSP测试结果有着非常紧密的联系，她的QSP成绩也不止一次被人力资源部经理翻出来查看，他认为，要发展一个员工，必须清楚员工的强项和弱项。如果花同样的时间和精力，某个员工在某方面发展较快，那就说明该员工在这个方面有一定的天赋，应将这个方面作为发展的重点。Mary的QSP成绩显示，她在领导力方面的分数较高，很有发展潜力，人力资源部自然而然地为Mary推荐了领导力课程方面的培训。

另外，在员工要求换岗的时候，人力资源部也会参照员工的QSP成绩，看看他们是否适合他想去的岗位，或者是否有这方面的潜力。不过，Mary在公关部做得得心应手，并没有提出这些请求，她一次次出色地完成任务，给大家留下了很好的印象，而她参加领导力培训后也颇见成效。因此，人力资源部决定给Mary做经理级的QSP测试。这项测试侧重考查员工是否具有确立目标、制订工作计划、帮助员工发展的能力，是否有能力让整个部门的员工达到某个既定目标，是否有能力帮助员工解决工作中出现的问题。也就是说，领导力和管理能力成为应聘经理级职位的员工的重要考查点。Mary能否成功晋升，就取决于她本次的QSP测试成绩。

试分析：

1. QSP考核系统在员工入职及晋升时会起到哪些作用？
2. 为什么说波特曼丽嘉饭店的QSP考核系统是科学有效的？

🖥 实训练习

实地走访当地某品牌经济型饭店，针对该经济型饭店的实际情况，分析其绩效考核系统中存在的问题和漏洞，并提出相应的改善建议。

🖥 复习思考题

1. 饭店员工绩效考核包括哪些内容？
2. 简述饭店员工绩效考核的作用。
3. 简述饭店员工绩效考核的分类。
4. 简述饭店员工绩效考核的原则。
5. 简述饭店员工绩效考核的程序。
6. 绩效考核有哪些方法？
7. 试述影响绩效考核的因素及修正措施。

学习项目八
饭店薪酬体系管理

知识目标

- 掌握饭店薪酬的内涵
- 掌握饭店薪酬管理的内涵
- 掌握饭店薪酬制度的内涵
- 了解饭店薪酬管理的特点
- 了解饭店薪酬管理的作用
- 了解饭店薪酬管理的原则

技能目标

- 掌握饭店薪酬制度体系的设计程序
- 了解饭店薪酬制度体系的影响因素
- 掌握饭店薪酬的基本形式
- 了解饭店薪酬的构成及功能

课前导读

薪酬管理是饭店人力资源管理的重要组成部分之一，薪酬体系设计得公平合理，有助于饭店吸引和留住优秀员工。在本学习项目中，首先，介绍了薪酬的内涵及构成，从补偿功能、激励功能、价值实现功能和凝聚功能4个方面介绍了薪酬的功能，并介绍了薪酬管理的内涵和原则。其次，介绍了薪酬管理的作用和特点。再次，从饭店薪酬制度的内涵入手，分析了饭店薪酬制度体系设计应注意的问题、内外部影响因素和设计程序。最后，介绍了饭店薪酬的基本形式。

案例导入 | 白天鹅宾馆：宽带薪酬助力企业发展　⊙

建立科学的薪酬管理体系对企业的可持续发展有着重要意义。改革开放以来，中国酒店业获得了长足发展，在这个过程中，酒店的工资制度改革也在不断深化推进。白天鹅宾馆自开业以来，敢为人先，早在1986年就开始实行工资制度改革，打破"铁饭碗"，引入宽带薪酬结构，积累了许多有益的经验。随着酒店业的进一步发展、人力资源市场的变化，以及我国劳动法规的完善，白天鹅宾馆的薪酬管理制度也不断面临新的挑战。

1. 薪酬等级结构

白天鹅宾馆的组织机构和岗位设置极为精细，共设14个工资等级(工资带)，每一个工资等级分为4~6个浮动档次(宽带)，浮动档次反映的是不同员工在工作岗位上的表现差异、贡献差异等。每一个工资等级的最高值与最低值之间的区间变动比率最高可达200%，最低为50%，而且相邻的工资级别之间有一定的交叉。因此，员工有机会获得比高一级员工工资还高的薪酬，从而进一步提升工作绩效。从白天鹅宾馆的员工工资结构来看，基本符合宽带薪酬的特征。

对比经典的宽带薪酬结构特征，白天鹅宾馆的员工工资等级偏多。不过，随着员工工作内容的丰富化以及社会专业化分工的深入，将非核心业务外包逐渐成为一种趋势，白天鹅宾馆的组织结构也将进行变革，薪酬等级将会减少到10个以内。

2. 宽带薪酬的使用

白天鹅宾馆依据实际情况灵活调整浮动档次比例，以此实现员工工资与酒店绩效及员工绩效挂钩。

(1) 酒店工资总额与整体绩效挂钩。当酒店经营情况良好、经济效益增长时，通过提高工资档次来提升酒店工资总额，员工收入增加；当经济效益下滑，通过降低工资档次来降低酒店工资总额，员工收入下降。

(2) 员工工资与绩效挂钩。员工的工资档次由部门经理直接评定。每个月部门经理在酒店规定的比例范围内，根据出勤、培训、客人投诉和表扬等对员工进行综合评价，据此确定员工的工资档次。

员工工资档次的调整，意味着员工收入的调整。在此过程中，应遵守《劳动法》《劳动合同法》等国家法律以及省、市相关劳动法规。白天鹅宾馆自开业以来，坚持依法管理和依制度管理。白天鹅宾馆根据国家、省、市和上级部门的规定，结合自身实际，依法律程序不断完善相应的工资管理体系，相继制定了《员工手册》《白天鹅宾馆工资管理制度》以及与其配套的《白天鹅宾馆员工考勤管理实施细则》等，实现了宽带薪酬制度与国家法律法规的合理对接。

3. 宽带薪酬的优劣势分析

1) 宽带薪酬的优势

(1) 宽带薪酬能密切配合劳动力市场的变化，保持宾馆薪酬的竞争力。为了确保宾馆的薪酬水平在同行业中具有竞争力，人力资源部门只需依据市场调查数据和宾馆定位来调整宾馆的工资水平，无须更改宾馆的薪酬体系和框架体系。

(2) 宽带薪酬能引导员工重视个人工作绩效、技能水平的提高。由于同一级别的薪酬变动范围较大，员工即使没有得到职位晋升，也可凭借优秀的工作绩效、高效的工作效率和良好的工作态度获得较高的薪酬，甚至能获得比其职位级别更高的工资水平。

(3) 宽带薪酬有利于管理人员更好地履行管理职责。白天鹅宾馆的部门经理拥有评定下级员工工资的权力，他们对业绩表现突出的下级员工有较大的加薪影响力，因此能及时地奖优罚劣，这样有利于调动优秀员工的积极性，同时有利于促使直线部门的经理人员切实承担起自己的管理职责，更充分地体现内部公平性。

(4) 有利于宾馆对薪酬总额的管理。酒店业具有高风险性和高敏感性，工资总额是动态的，应与营业情况紧密结合，宽带薪酬结构恰能满足宾馆工资总额的动态管理要求。

2) 宽带薪酬的劣势

(1) 实施难度大。宽带薪酬制度需要企业整个系统与之匹配，包括企业文化、管理模式、管理制度等，任何一个环节的疏漏都可能引起劳动争议，导致劳动纠纷。尤其随着劳动法规的不断完善与细化，企业与员工之间可约定的空间越来越小，导致实行宽带薪酬结构的难度在不断增加。即使像白天鹅宾馆这样管理严格和制度规范的企业，也依然发生过劳动争议。

(2) 不利于员工关系管理。宽带薪酬容易导致"拉帮结派""老好人"等现象，给员工造成不稳定感，从而降低员工对企业的归属感。同时，员工会对管理的公正性、公平性、合理性产生猜忌、怀疑等不健康情绪，易造成企业内部人际关系紧张。

(3) 激励效果差。由于员工加薪和减薪都是通过调整档次来实现的，员工可能感受不到加薪和减薪的变化。尤其在经济效益好时，即使员工收入增加，他们可能也会抱怨没有加薪，造成员工满意度下降。

4. 实施宽带薪酬的条件

随着宽带薪酬概念的引入，我国越来越多的企业开始尝试建立宽带薪酬制度。但宽带薪酬并不适用于所有企业，企业实施宽带薪酬必须具备以下条件。

(1)宽带薪酬应与企业整体情况相配套。企业整体策略、企业文化、管理队伍素质、人力资源管理专业化程度、制度建设等方面应与薪酬制度相配套，否则很难真正发挥宽带薪酬的优势。

(2) 企业应采取积极参与型的管理风格。宽带薪酬的重要特点之一就是部门经理有更大的空间参与下属员工的薪酬决策。如果没有成熟的管理队伍，在实行宽带薪酬的过程中就会困难重重。例如，部门经理不能对员工进行客观评价，破坏了内部平衡。另外，如果各部门都不认同宽带薪酬，人力资源部就很难发挥其顾问的作用，不得不考虑内部平衡，这样一来，宽带薪酬很难发挥其应有的作用。

(3) 企业以工作绩效为薪酬决定因素。企业若不重视员工的工作绩效，必定会导致"大锅饭"现象。在此氛围下，员工不能被公平地对待，宽带薪酬也就失去了意义。

(4) 企业对员工绩效有客观的评价标准。员工的薪酬范围较大，评价标准必须公开、公平和公正，因此企业应对员工的日常工作表现有可量化的评价标准和扎实的基础文字档案，应建立起系统的任职资格体系，应营造以绩效和能力为导向的企业文化氛围，这样才能真正实现奖勤罚懒、奖优罚劣。

（5）注重沟通。企业引入宽带薪酬后，管理层应及时、全面地与员工沟通，确保全体员工清晰地理解薪酬决定因素以及企业发展策略。企业应激励员工重视个人与企业发展的一致性，并让员工看到自己在企业的发展前景。

资料来源：HR老鸟. 白天鹅宾馆，宽带薪酬助力企业发展[EB/OL]. (2024-07-19) [2025-03-23]. https://zhuanlan.zhihu.com/p/683991383. 有删减

案例评析

企业在设计薪酬体系时，应充分考虑行业特点、内部环境等，同时也应认识到，没有一套永远适用的薪酬体系，企业需要根据时代的发展、市场的变化、自身所处的发展阶段审视制度和做法，并根据实际情况进行调整，如此才能确保企业长远发展。

学习任务一　认识饭店薪酬管理

一、薪酬的内涵

薪酬是饭店对员工为饭店所做的贡献，包括实现的绩效，付出的努力、时间，运用的学识、技能、经验与创造力所支付的相应回报或答谢。薪酬实质上体现的是一种员工与组织之间基于劳动价值交换形成的利益关系，也体现了社会主义市场经济的分配原则，反映了劳动力市场的价值规律。

薪酬的功能与人力资源管理的总体功能是一致的，即吸引和激励饭店所需的人力资源。从劳动经济学的角度看，薪酬有三大功能——保障功能、激励功能和调节功能。从人力资源管理的角度看，薪酬应主要体现和发挥它的激励功能。

二、薪酬的构成

狭义的薪酬是指个人获得的以金钱或实物形式支付的劳动报酬，包括固定薪酬、月度奖金、年度奖金、现金补贴、保险福利、带薪休假、利润分享、持股等。

广义的薪酬包括经济性薪酬与非经济性薪酬，如图8-1所示。其中，经济性薪酬又包括直接的经济性薪酬和间接的经济性薪酬，直接的经济性薪酬主要有职位薪酬、技能薪酬、绩效薪酬、奖金、股权、红利、津贴等；间接的经济性薪酬是指饭店向员工提供的各

种福利，如各种保险、补助、优惠、服务和带薪休假等。非经济性薪酬包括工作本身、饭店内部环境以及饭店外部特征为员工带来的效用满足。工作本身带来的心理满足包括工作的挑战性、责任感、成就感、趣味性，员工在工作中体验到的个人能力和适应性等多方面的成长以及个人梦想的实现等。饭店的内部环境包括饭店的硬环境和软环境，硬环境包括饭店的工作条件、工作地点和工作时间；软环境包括饭店的管理制度、上下级关系、同事关系、团队氛围和信息环境。符合员工需要的饭店内部环境可以满足员工的某些心理需求，但这些环境的营造需要饭店付出一定的财力并运用一定的智慧。饭店的外部特征同样可以影响员工某些心理需求的满足，如饭店的地理位置、社区环境、业界声望、社会网络以及饭店的发展前景等。

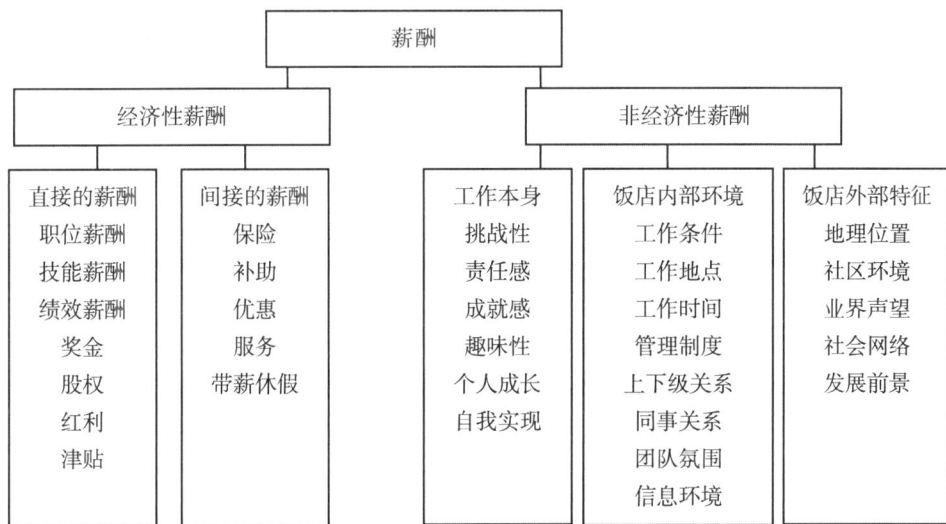

图8-1　薪酬的组成

资料来源：贺湘辉，徐明.酒店人力资源管理实务[M].沈阳：辽宁科学技术出版社，2005.

三、薪酬的功能

(一) 补偿功能

员工是饭店的劳动力资源，通过劳动获得的薪酬来补偿在劳动中的脑力与体力消耗，以恢复劳动能力，劳动才能继续。同时，员工还要将部分薪酬用于学习、进修、抚养子女，实现劳动力的增值再生产。因此，员工的薪酬收入状况决定着他们的生存、发展和文化教育条件，是保证饭店劳动力生产和再生产的基本因素。

(二) 激励功能

薪酬的激励功能主要体现在以下三个方面：提高员工的工作积极性和创造力；促进员工的自我发展和职业成长；提高饭店的经营效率和绩效水平。因此，饭店应根据员工的工作表现和绩效水平，合理制定薪酬激励计划，有效发挥薪酬的激励功能。

(三) 价值实现功能

薪酬是对员工工作能力与水平的衡量,是反映员工工作业绩的"晴雨表",是晋升和成功的信号,它反映了员工在组织中的相对作用及地位,从而使员工产生满足感、成就感和安全感。从这个意义上来说,员工获得薪酬的过程也是实现个人价值的过程。

(四) 凝聚功能

合理的工作制度和薪酬水平可以使员工产生一种安全感和对预期风险的心理保障意识,从而增强对饭店的信任感和归属感;反之,不合理的工作制度和薪酬水平,则会使员工产生不公平和不信任的感觉,影响员工积极性的发挥。因此,饭店可以通过制定公平、合理的薪酬制度调动员工的积极性,激发员工的创造力,使员工体会到饭店对自身的关心和对自我价值的认可,从而增强其对饭店的情感依恋,使其自觉地与饭店同甘共苦,为自身的发展和饭店经营目标的实现而努力工作。

四、薪酬管理的内涵

薪酬管理是饭店根据员工做出的贡献来衡量和确定报酬总额、报酬结构以及报酬形式的过程。在这个过程中,饭店就薪酬水平、薪酬体系、薪酬结构、薪酬构成以及特殊员工群体的薪酬做出决策。同时,作为一种持续的组织过程,饭店还要不断地制订薪酬计划,拟定薪酬预算,就薪酬管理问题与员工进行沟通,同时对薪酬系统的有效性做出评价,以便日后不断完善。

薪酬管理对饭店来说是一个比较棘手的问题,主要是因为饭店的薪酬管理系统一般要同时达到公平性、有效性和合法性三大目标,饭店经营对薪酬管理的要求越来越高。而薪酬管理本身受到的限制因素也越来越多,除了饭店的经济承受能力、政府法律法规外,还涉及饭店不同时期的战略、内部人才定位、外部人才市场以及行业竞争者的薪酬策略等因素。

为达到薪酬管理目标,饭店在薪酬管理过程中应做出一些重要的决策,具体包括薪酬体系、薪酬水平、薪酬结构三大核心决策,以及薪酬构成、特殊群体的薪酬、薪酬管理政策三大支持性决策。

五、薪酬管理的原则

著名薪酬管理专家许玉林教授认为,薪酬管理应遵循以下11项原则。

(1) 让员工理解改变当前薪酬体系的必要性。

(2) 让员工了解工作评价的程序、方法和准备建立一个什么样的薪酬体系。

(3) 强调工作评价的结果不会影响员工目前的工作。

(4) 新的薪酬体系将对员工起到更有效的激励作用,将更为合理。

(5) 工作评价的对象是工作，而不是员工。

(6) 组织中的每一项工作与其他工作都是可比的。

(7) 薪酬等级是由工作价值决定的，而薪酬是由薪酬等级确定的。

(8) 通过建立工作的比例关系确定薪酬的比例关系。

(9) 确定的薪酬体系应高于平均水平。

(10) 薪酬体系应包括一系列福利计划，视员工为组织的长期投资。

(11) 薪酬体系的建立应适应劳动力市场变化的需求。

六、薪酬管理的作用

(一) 薪酬管理有助于提高饭店的绩效

有效的薪酬管理能够对饭店员工产生较强的激励效果，提高他们的工作绩效，从而使整个饭店的绩效得以提升。此外，薪酬管理对饭店绩效的影响还表现在饭店的经营成本方面。对饭店来说，通过有效的薪酬控制，饭店可以在一定程度上降低总成本，从而扩大产品和服务的利润空间。

(二) 薪酬管理有助于塑造良好的饭店文化

良好的饭店文化对于饭店组织的正常运转具有重要的作用，而有效的薪酬管理则有助于塑造良好的饭店文化。经济性薪酬为饭店文化的建设提供了基本的物质基础，而非经济性薪酬本身就含有大量的饭店文化成分。更为重要的是，合理的薪酬制度可以作为构建饭店企业文化的制度性基础，对饭店企业文化的发展具有重要的引导作用。

(三) 薪酬管理有助于激发员工的内在潜力

所有饭店都在寻求高产出率并拥有高度责任感和工作热情的员工。有效的薪酬管理可以通过提供一种利益分享机制，即将薪酬与产出率和其他识别员工努力程度和贡献度的主要绩效测量方法紧密联系起来，以形成这样的劳动力。科学合理的薪酬体系是促使员工自觉地为实现饭店目标而努力工作的有效激励手段。薪酬的高低决定了员工物质生活条件的好坏，同时薪酬的高低也在一定程度上反映了员工社会地位的高低，是全面满足员工多种需要的经济基础。因此，正常合理的薪酬分配，有助于调动员工的积极性；反之，则势必影响员工积极性的发挥，薪酬的激励作用也将丧失。

(四) 薪酬管理有助于减少员工流失并保持人员稳定

近年来，饭店员工流失现象严重，员工流动率高，成为困扰饭店管理人员的一大问题。员工流失的一个重要原因就是饭店缺乏良好的人力资源管理体系，薪酬管理不具备吸引力，在一定程度上打击了员工的积极性，导致员工离职、跳槽的现象十分普遍。饭店薪酬待遇过低是造成员工高流失率的主要原因，有些饭店只考虑到提高员工的薪酬水平会直接增加饭店的运营成本，而忽视了饭店内部员工的频繁跳槽不仅增加了重新招聘、培训新员工的费用，而且大量的员工流失还给饭店的日常运营管理带来了极大的困难。同时，还会形成饭店在同行业中低薪酬、低福利的口碑，不利于饭店招募到具有特殊技能的员工和优秀的管理人才，进而影响饭店的长远发展。因此，饭店人力资源管理部门应结合饭店的实际情况，适当调整薪酬水平，改善员工待遇，提高员工的忠诚度，保证饭店人员结构的相对稳定。

七、薪酬管理的特点

(一) 薪酬管理投入力度大

激烈的人才竞争导致人力资源价格的逐步上升，饭店要加大人力资本投资力度，因而导致薪酬的剧烈动荡。

(二) 薪酬形式应不断创新

饭店薪酬形式应不断地改革创新，以激发员工潜力，实现人力资源管理的多层面目标。薪酬福利的设计应具有弹性，支付方式应多样化。

(三) 非经济性薪酬的地位愈发重要

相对经济性薪酬而言，非经济性薪酬变得越来越重要。经济性薪酬是指饭店针对员工做出的贡献而支付给员工的各种形式的报酬，包括薪酬、奖金、福利、津贴、股票期权等。非经济性薪酬是指员工因努力工作而受到晋升、表扬或重视等，从而产生工作的荣誉感、成就感和责任感，包括参与决策的权利、发展前景、弹性工时、感兴趣的工作、较多的职权等。随着时代的进步和经济的发展，我国饭店业与时俱进，经营管理理念发生了翻天覆地的变化。有关薪酬管理的新概念、新功能、新特点在饭店业中有越来越突出的趋势，因此应运用新的理论和方法对薪酬这一敏感和重要的人力资源问题进行有效的管理。

学习任务二 饭店薪酬制度体系设计

一、薪酬制度的内涵

饭店薪酬制度是指根据饭店组织制度的要求，依照市场机制的调节，在员工民主参与、国家法律法规允许的前提下，饭店向员工自主分配报酬的一整套科学的标准、程序、办法、制度的总和。

薪酬制度是薪酬管理的核心内容，薪酬制度设计的合理性关系饭店组织的经济核算与效益，同时与员工的切身利益息息相关。从某种意义上说，饭店组织薪酬制度管理是人力资源管理乃至整个饭店组织管理的核心内容之一。现代饭店组织的薪酬不仅具备传统薪酬的经济含义，而且被赋予了全新的内容，如薪酬的激励性、竞争性等，同时薪酬已成为提升员工人力资本价值的具体形式之一。现代饭店组织必须紧跟时代发展的要求，密切跟踪市场行情，积极研究组织现状，设计和确立具备竞争力的薪酬制度体系，从而提升饭店的竞争力。饭店组织确定薪酬制度的主要目的之一就是要在公平的基础上确定员工薪酬的差别，也就是说，薪酬体系的设计要体现员工劳动的差别，与员工的业绩挂钩，真正达到激励员工的目的。

二、饭店薪酬制度体系设计应注意的问题

(一) 饭店高层管理人员应对薪酬制度体系严格把关

饭店高层管理人员要把薪酬体系的设计、实施与饭店的发展战略结合起来，同时要对薪酬体系的总体框架进行宏观的把握和控制，切实保证薪酬制度与饭店经营管理的有机结合。

(二) 饭店薪酬制度的实施应具有连续性和完整性

薪酬体系在实施过程中，难免会出现来自各方面的复杂问题，有的可能来自设计方面，有的可能来自操作方面，无论出现什么样的问题和困难，都要保证薪酬体系实施的连续性和完整性。一般来讲，当出现小范围、影响小的问题时，要在不影响体系完整的前提下，迅速予以纠正解决；如出现相对影响范围较大的问题，最重要的不是马上纠正，而是明确体系本身是否存在问题。

(三) 饭店薪酬制度应妥善协调多方面关系

首先，要协调眼前与长远的关系。通常，为了使饭店在短期内取得良好的经济效益，饭店往往会以多发奖金来刺激员工的积极性，而在无形中逐渐忽视一些重要的、不会当期见效的工作，如饭店营销市场的开拓、管理制度的创新等。如果过度强调当期业绩，饭店的繁荣只能是昙花一现。所以，必须改革薪酬分配制度，使其符合饭店长远的发展规划，有利于饭店的可持续发展。其次，要协调年轻员工与老员工之间的关系。既要考虑老员工的历史贡献和当期所表现的工作能力，又要注重年轻员工的工作热情和工作地位。只有两者兼顾，才能使老员工安心、年轻员工顺心，进而不断地吸纳优秀人才，最终达到留住人才的目的。

三、饭店薪酬制度体系的影响因素

(一) 饭店外部的影响因素

1. 劳动力市场供求状况

劳动力市场供求关系是影响薪酬制度的关键因素。饭店薪酬制度的制定主要取决于饭店的市场需求和本行业劳动力的供给情况。当饭店的市场需求扩大，劳动力供不应求时，薪酬水平就要上涨；当饭店的市场需求缩小，劳动力供大于求时，薪酬水平就要相应下降。从大的范围来说，如果其他行业薪酬水平上涨，就会吸引饭店行业劳动力的转移；其他行业薪酬水平下降，就会有劳动力转移到饭店行业中来。薪酬水平就在这种制衡中，持续地、动态地发生变化。

2. 地区经济发展水平及物价水平

一般来说，经济发展速度相对比较快、饭店业繁荣发展的地区，饭店薪酬水平相对来说比较高；而经济发展速度相对缓慢、饭店业欠发达的地区，饭店薪酬水平较低。此外，饭店薪酬水平同当地的物价水平呈正相关。当物价上涨，特别是某些生活必需品的价格上涨时，员工薪酬水平也应以相同比例随之增加。以美国的饭店业为例，物价上涨指数同薪酬上涨水平是相互对应的关系，两者等比例增加。我国的饭店业可以借鉴国外的经验调整员工薪酬，将员工的薪酬与一定的宏观物价指数挂钩，以保证员工实际薪酬水平的基本稳定。

3. 现行政策法规

政府出台的许多政策法规也会影响薪酬水平。比如，对员工最低薪酬的规定，员工缴纳所得税的比例。另外，在不同时期，国家的经济政策会有所不同，有时要刺激消费，有时为抑制通货膨胀要抑制消费。同时，法令法规对饭店组织薪酬结构、薪酬水平等制度进行了强制性的规定，这是饭店组织在制定薪酬制度时必须遵守的基本准则。目前，我国保护饭店行业员工权益的正式法律还不多，主要是参照《中华人民共和国劳动法》，如表8-1所示。

表8-1 《中华人民共和国劳动法》中有关工时与薪酬的规定

第三十六条 国家实行劳动者每日工作时间不超过八小时、平均每周工作时间不超过四十四小时的工时制度。

第三十七条 对实行计件工作的劳动者，用人单位应当根据本法第三十六条规定的工时制度合理确定其劳动定额和计件报酬标准。

第四十四条 有下列情形之一的，用人单位应当按照下列标准支付高于劳动者正常工作时间工资的工资报酬：

(一) 安排劳动者延长工作时间的，支付不低于工资的百分之一百五十的工资报酬；

(二) 休息日安排劳动者工作又不能安排补休的，支付不低于工资的百分之二百的工资报酬；

(三) 法定休假日安排劳动者工作的，支付不低于工资的百分之三百的工资报酬。

(续表)

第四十五条　国家实行带薪年休假制度。劳动者连续工作一年以上的,享受带薪年休假,具体办法由国务院制定。 　　第七十二条　社会保险基金按照保险类型确定资金来源,逐步实行社会统筹。用人单位和劳动者必须依法参加社会保险,缴纳社会保险费。 　　第七十三条　劳动者在下列情形下,依法享受社会保险待遇: 　　(一) 退休; 　　(二) 患病、负伤; 　　(三) 因工伤残或者患职业病; 　　(四) 失业; 　　(五) 生育。 　　劳动者死亡后,其遗属依法享受遗属津贴。劳动者享受社会保险待遇的条件和标准由法律、法规规定。劳动者享受的社会保险金必须按时足额支付。

4. 地区饭店行业的发展状况

地区饭店行业的发展状况对饭店组织薪酬制度的影响主要体现在行业特点和惯例方面。在一个饭店行业发展历史较长的地区,在一个饭店行业发展相对完善的地区,行业内往往有一套相对独特的价值观和道德观。例如,在有着丰富对外交流经验的我国沿海地区,当地饭店业受到了大量外来思想的影响,饭店员工普遍能接受较大差距的薪酬等级,这为饭店实施绩效型薪酬制奠定了一定的思想基础。

(二) 饭店内部的影响因素

1. 饭店组织战略与实力

饭店组织战略具有长远性,同时也具有阶段性,在总体发展战略的指引下,饭店组织在不同的发展阶段具有不同的发展战略,这些发展战略与组织实力之间是互相支撑的关系。饭店组织战略与实力决定了饭店薪酬的基本政策。例如,在起步发展阶段,饭店为了积累资金,公积金的扣除比例可能比较大,而且由于这一时期组织资金实力不够雄厚,在薪酬构成比例中,工资和福利的比例可能比较小,而奖金的比重可能较大;而对于处于衰退期的饭店组织来说,由于市场萎缩,员工依靠开拓新市场来获得奖金的可能性比较小,工资和福利的比重要相应增大。

2. 饭店的管理哲学

饭店的管理哲学,特别是分配哲学,往往会对薪酬水平的确定起到非常重要的作用。在偏向于物质激励的饭店文化下,饭店倾向于用较高的货币薪酬刺激员工的工作热情;而在偏向于精神激励的饭店文化下,饭店用适中的薪酬就能达到相同的激励效果。

3. 员工个体因素

首先,员工所处的职位影响薪酬制度的制定,员工担任的职位与自身的责任相联系,也与自身的薪酬相联系。薪酬能否体现员工的工作价值,能否体现公平,是制定薪酬制度时必须考虑的因素。同时，管理人员与普通员工的薪酬差距也是饭店必须考虑的因素。其次，员工工作表现影响薪酬制度的制定。为保证服务质量、体现效率与公平，饭店在制定薪酬制度时必须考虑员工的工作表现。一般来说，饭店对工作表现好的员工在薪酬方面会给予倾斜；而对表现差的员工，可能会根据相关规定扣发薪酬。再次，员工服务技能水平影响薪酬制度的制定。拥有较高服务技能水平的员工会表现出较高的服务效率和服务质量，饭店制定薪酬制度时要考虑这些给饭店带来效益的有利因素，并在薪酬中加以体现，以鼓励员工提高自己的服务技能。最后，工作年限影响薪酬制度的制定。通常饭店为稳定员工队伍、补偿员工过去的投资，会在制定薪酬时考虑员工的工作年限，并按年限计算工龄薪酬，连续工作的时间越长，工龄薪酬就越高。这样对于保持员工队伍的稳定性、降低流动成本具有积极的作用。

4. 饭店员工的配置

在一定时期内，饭店员工的数量配置与其薪酬水平之间存在一种此消彼长的替代关系。薪酬是饭店总成本的一个重要组成部分，而在短期内营业收入保持稳定的情况下，饭店的总薪酬成本呈刚性。这样，饭店雇佣的员工越多，则人均薪酬越低。因此，饭店在其资本配置中，要考虑薪酬成本与其他成本之间的转换和替代，比较各种资本及其配置效益。

5. 饭店的经营状况

饭店的经营状况直接影响员工的薪酬水平。经营业绩好的饭店，其薪酬水平较稳定且有较大的增幅；而那些经营业绩较差的饭店，其薪酬水平相对较低且员工没有保障。

薪酬策略与饭店发展阶段的关系如表8-2所示。

表8-2　薪酬策略与饭店发展阶段的关系

饭店发展阶段	人力资源管理重点	经营战略	风险水平	薪酬策略	短期激励	长期激励	基本薪酬	福利
初创阶段	创新、关键人才加入、创业冲劲	风险投资	高	注重个人激励	股票	股票期权	低于市场水平	低于市场水平
发展阶段	招聘、培训	以投资促进发展	中	个人与集体激励并重	现金	股票期权	与市场水平持平	低于市场水平
成熟阶段	协调、沟通、人力资源管理技巧	保持利润、运用市场保护策略	低	个人与集体激励并重	分红现金	股票	高于市场水平	高于市场水平
衰退阶段	减员、强化成本控制	收获利润及产业转换	中或高	奖励成本控制	—	—	低于市场水平	低于市场水平

资料来源：王珑，徐文苑. 酒店人力资源管理[M]. 广州：广东经济出版社，2007.

6. 人才价值观

人才价值观的不同会直接导致饭店薪酬水平的不同。比如，不同饭店对"支付高薪能否吸引优秀员工""是否需要重奖优秀员工"的回答不同，其薪酬水平是完全不一样的。

四、饭店薪酬制度体系的设计程序

合理的薪酬制度，是调动饭店员工工作积极性的重要因素之一。因此，为了保证饭店的良好发展，应建立公平合理的薪酬制度。薪酬制度体系设计是一个具有内在联系和科学性的工作过程，一般来说，应经过如图8-2所示的程序。

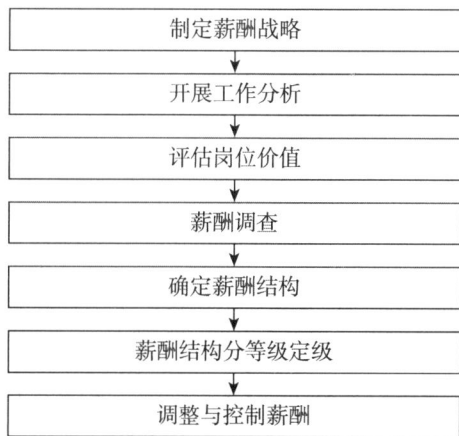

```
┌─────────────────────┐
│    制定薪酬战略      │
└─────────┬───────────┘
          ↓
┌─────────────────────┐
│    开展工作分析      │
└─────────┬───────────┘
          ↓
┌─────────────────────┐
│    评估岗位价值      │
└─────────┬───────────┘
          ↓
┌─────────────────────┐
│    薪酬调查          │
└─────────┬───────────┘
          ↓
┌─────────────────────┐
│    确定薪酬结构      │
└─────────┬───────────┘
          ↓
┌─────────────────────┐
│  薪酬结构分等级定级  │
└─────────┬───────────┘
          ↓
┌─────────────────────┐
│    调整与控制薪酬    │
└─────────────────────┘
```

图8-2　饭店薪酬制度体系设计程序

(一) 制定薪酬战略

薪酬战略应反映的主要内容有：对员工总体价值的评价；对饭店人力资本的评价；对饭店总体战略的贯彻；对国家法律的贯彻；对饭店分配原则的贯彻；薪酬、奖金、福利的分配比例；薪酬改善的标准；薪酬结构与模式的确定等。

各个饭店的薪酬战略虽然不同，但涉及的问题区别不大。饭店在制定薪酬战略时应该认真研究如下一些关系：公平与效率的关系；按劳分配与按生产要素分配的关系；稳定与竞争的关系；需要与成本的关系；薪酬与福利的关系；业绩与能力的关系；工龄与业绩的关系；物质与精神的关系；公开化与隐蔽化的关系。

(二) 开展工作分析

工作分析是确定薪酬的基础。工作分析结合饭店的发展目标和经营战略，对组织中某个特定工作职务的目的、任务或职责、权利、隶属关系、工作条件、任职资格等相关信息进行分析，其结果是形成工作描述与工作说明书。工作分析对该职务的任职人员提出了知识、技能等多方面的要求，并且规定了其必须完成的基本任务，这些任务是员工业绩的评价标准，从而形成制定薪酬制度的基础。

(三) 评估岗位价值

评估岗位价值是指通过科学的方法评估饭店各个工作岗位的相对价值。有了相对价值，再根据人力资源市场薪酬水平和饭店收入的实际情况，就可以相对合理地确定员工的薪酬结构和水平。它是保证内在公平的关键一步，要以必要的精确性、具体的金额来表示每个岗位对本饭店的相对价值，这种价值反映了饭店对各工作承担者的要求。评估岗位价值的过程可以分为以下几个阶段。

1. 准备阶段

(1) 清岗。理顺饭店组织结构和岗位设置，确定参加评价的岗位。

(2) 完成职务说明书。通过问卷调查法、资料分析法和访谈法等进行工作分析，确定每个岗位的职责、任务、权限、协作关系、任职资格和工作环境等基本内容，撰写职务说明书。

(3) 确定岗位评价方法。目前常用的岗位评价方法有职位排序法、职位归类法、因素比较法和要素计点法。其中，职位归类法是指在建立若干等级和给出等级定义的基础上，根据工作等级类别比较工作，把职位确定到各等级中去，直到安排在合适之处，职位归类等级表如表8-3所示。

(4) 确定评价因素。根据饭店业务的实际情况确定岗位相关因素，一般可以分为岗位责任因素、需要的知识技能因素、岗位性质因素和工作环境因素等，每个主因素又可划分为若干子因素。

表8-3 职位归类等级表

职位名称	一级职员	二级职员	三级职员	资深职员
职位要求	关注日常工作；工作快速而准确；在他人监督下工作；能对最终结果承担责任	不受他人监督，通晓工作细节；有特别的工作技能；思想高度集中；行动特别准确、快速	除必须具备二级职员特点外，还要承担更多的责任	从事技术性和多样性工作，经常要独立思考并从事较有难度的工作；具有特殊的行政工作能力，并对所在部门的工作原则和基础业务有透彻的了解；在大部分范围内都不受他人的监督，工作只接受有限的检查；可靠、值得信赖，足智多谋，能够做出科学决策

资料来源：窦胜功.饭店人力资源管理与开发[M].大连：辽宁师范大学出版社，2004.

(5) 确定专家组。专家组成员的素质及总体构成情况将直接影响岗位评价工作的质量。专家组可以来自饭店内部，也可以来自饭店外部，但必须对饭店业务和内部管理有一定的了解。

2. 专家组的培训阶段

(1) 饭店应对专家组进行有关组织结构调整和岗位设置思想的培训，使专家对各个岗位的职责和性质有一定的了解。

(2) 针对岗位评价本身进行培训。培训内容主要是介绍岗位评价的原因、岗位评价的方法、选择评分法的原因、岗位评价的流程、岗位评价常出现的问题及解决方法、岗位评价的结果与薪资结构的关系等。

(3) 标杆岗位试打分。专家组对照职务说明书，对标杆岗位的不同影响因素分别打分。因素得分乘权重之后加总，即可得到岗位的总分。通过对标杆岗位试打分，专家组成员基本上可以熟悉岗位评价的流程。

3. 评价阶段

专家组取得标杆岗位分值表后，对照职务说明书并以标杆岗位的得分为标准，对其余岗位打分，在此期间要同步进行数据统计和分析工作。

4. 总结阶段

在这一阶段，主要对岗位评价得分进行排序和整理，得出各个岗位的相对价值得分，以便进行综合分析。至此，整个岗位评价阶段结束。

(四) 薪酬调查

薪酬调查是指通过各种正当的手段，来获取饭店各类职务的薪酬信息。对薪酬调查的结果进行统计和分析，可为饭店的薪酬管理决策提供有效依据。实施薪酬调查一般来讲包括4个步骤，即确定调查目的、确定调查范围、选择调查方式、整理和分析调查数据。

1. 确定调查目的

饭店人力资源部门应该先明确调查目的和调查结果的用途，再着手制订调查计划。一般而言，调查结果可以为以下工作提供参考和依据：整体薪酬水平的调整，薪酬结果的调整，薪酬晋升政策的调整，具体岗位薪酬水平的调整，等等。

2. 确定调查范围

根据调查目的，可以确定调查范围，具体应确定以下问题：需要对哪些饭店进行调查，需要对哪些岗位进行调查，需要调查该岗位的哪些方面及调查的起止时间。

3. 选择调查方式

确定了调查目的和范围，就可以选择调查方式。一般来讲，首先可以考虑饭店之间的相互调查。饭店的人力资源部门可以与相关饭店的人力资源部门进行联系，或者通过行业协会等机构进行联系，促成薪酬调查的开展。如果无法获得相关饭店的支持，可以考虑委托专业机构进行调查。

在实践中，普遍采用的调查方法是问卷法和面谈法。如果采用问卷法要提前准备好调查表。如果采用面谈法，要提前拟好问题提纲。薪酬情况问卷调查表如表8-4所示。

表8-4　薪酬情况问卷调查表

姓名：	填写日期：　年　月　日
职务名称：	职务编号：
所属部门：	部门经理姓名：
岗位职责： (1) (3) (5) (7)	(2) (4) (6) (8)
薪酬的构成及数额： 薪酬构成： 奖金构成： 福利构成： 津贴构成：	数额： 数额： 数额： 数额：

请简要说明你对薪酬的满意程度：

被调查人签字：

调查人签字：

资料来源：耿煜. 新编现代酒店人力资源开发与管理实务全书[M]. 北京：企业管理出版社，2007.

4. 整理和分析调查数据

调查结束之后，首先，要对收集到的数据进行整理和分析。在整理中要注意将不同岗位和不同调查内容的相关信息进行分类，并要注意识别是否有错误的信息。其次，根据调查目的，有针对性地对数据进行分析，形成最终的调查结果。

(五) 确定薪酬结构

根据工作岗位分析评价、薪酬调查结果以及饭店的实际情况，可以确定本饭店各级员工的薪酬结构，规划各个职级的薪酬幅度、起薪点和顶薪点等关键性指标。也就是说，根据工作岗位评价得到各岗位之间的相对价值，再将其转换成具体的薪酬数额，明确各岗位的相对价值与实付薪酬对应的数值关系。

(六) 薪酬结构分等级定级

将薪酬结构线上价值相近的各项工作合并为一个薪酬等级，据此确定不同的薪酬等级，具体做法如下所述。

1. 确定薪酬等级数目

薪酬等级数目必须足以使不同难度的工作有所区分，但数量又不能太大。在薪酬总额一定的情况下，薪酬级别越多，不同级别之间的薪酬差距就越小，导致那些没有本质差别的工作匹配到不同的报酬，从而损害薪酬政策的内部公平性；相反，如果划分的薪酬级数太少，那些在工作任务、工作责任和工作条件方面差异较大的员工被支付相同的薪酬，也会损害薪酬政策的公平性。

2. 确定薪酬范围或薪幅

薪酬薪幅是指薪酬等级中最低和最高值之间的差异。它反映了不同等级劳动报酬的变化规律，是确定各等级薪酬标准数额的依据。在实践中，常以一个薪酬范围来定义每个薪酬等级，各个薪酬等级的薪酬范围必须相等或高等级工作的薪酬范围可按一定的比例增加，对于绩效高、资历深或两者兼有的员工，其薪酬可达到薪酬范围内的最高水平。在多数薪酬结构中，两个相邻薪酬等级的薪酬会重叠，目的是使饭店资深员工或高业绩员工获得比其高一个等级的非资深员工或低绩效员工相同或更高的薪酬水平。

3. 确定薪酬等级系数和等级线

薪酬等级系数是用来表示薪酬等级并进一步确定各等级薪酬数额的一种方式。薪酬等级线是各工作职务的起点等级和最高等级间的跨度线，它反映了某项工作内部劳动的差别程度，如劳动复杂程度高或责任程度高，则起点线高，反之则低。

(七) 调整与控制薪酬

建立薪酬制度需遵循适应性原则。饭店组织作为一个生存在动态市场中的主体，其制度形式不是一成不变的，受各种因素的影响，薪酬也应随时调整，以适应环境的变化。一般情况下，薪酬调整主要有奖励调整、效益调整、生活指数调整和工龄调整4种类型。奖励调整是对员工做出的工作绩效进行奖励的数额的调整，目的是鼓励他们保持较高的工作业绩；生活指数调整是为了补偿员工因通货膨胀而导致的实际收入无形减少的损失，使其生活水平不致降低；效益调整是根据饭店的效益状况对全体员工的薪酬进行的普遍调整，以反映员工和组织之间利益的相关性；工龄调整是随员工工龄的增加对薪酬水平进行的调整。饭店在实施调薪行为时，必须要有相关政策和标准作为依据，并增强实施的公平性。

薪酬控制的关键之处在于确定饭店的薪酬总额。在确立饭店的薪酬总额时，首先应考虑饭店的实际承受能力，其次考虑员工的基本生活费用和人力资源市场行情。薪酬控制的依据是薪酬预算，准确的预算有助于确保在未来一段时间内，薪酬的支出受到有效的协调与控制。薪酬控制的常用指标有薪酬平均率与增薪幅度。薪酬平均率的数值越接近当地市场平均行情，则薪酬水平越理想。增薪幅度是指全体员工平均薪酬水平的增长数额，增薪幅度应控制在合理的范围内，使其既不超出饭店的承受能力，又能激励员工努力工作。薪酬控制的常用方法有薪酬冻结、延缓提薪、延长工作时间和适当压缩饭店在一些福利和津贴方面的开支等。

学习任务三 饭店薪酬的基本形式

饭店薪酬的基本形式通常包括工资、奖金、津贴和福利等,本学习任务将重点对以上几种形式进行讲解。

一、工资

(一) 工资制度

饭店工资制度主要有岗位工资制、技能工资制、绩效工资制、结构工资制。

1. 岗位工资制

岗位工资制是根据岗位劳动责任、劳动强度、劳动条件等评价要素的要求而确定工资的制度。工资变化以岗位变化为出发点,岗位成为发放工资的唯一或主要依据。岗位工资制具有技术性、职责性和专业化的特征。

岗位工资制的主要特点是对岗不对人。岗位工资制有多种形式,主要有岗位效益工资制、岗位薪点工资制、岗位等级工资制,但不论哪种工资制,都称为岗位工资制,岗位工资的比重应该占到工资整体收入的70%以上。实行岗位工资,要进行科学的岗位分类和岗位劳动测评,岗位工资标准和工资差距的确定,要以岗位测评为基础,并引进市场机制,参照劳动力市场中的劳动力价格情况合理确定。

2. 技能工资制

技能工资制是指根据不同岗位、职位、职务对劳动技能的要求,确定员工具备的劳动技能水平,从而确定其相应工资。例如,与职称挂钩的工资制属于技能工资制,在实践中它往往以资历、学历为衡量标准,和员工真正具备的技能关联不大,因此影响了它在饭店中的使用效果。目前,饭店主要以员工的实际能力、才干为出发点来支付不同的工资。因此,要区分能力的差异,应建立一套对能力进行分层分类的体系。例如,任职资格体系,以员工在工作中需要的知识、能力、态度为标准,这种工资制度适用于饭店中的知识型、技能型员工。

3. 绩效工资制

绩效工资又称绩效提薪。绩效工资是指根据员工的绩效考核结果来对员工的工资进行动态调整,并将调整结果作为下一个考核周期内的工资水平。它是以员工的工作业绩为基础而支付的工资,支付的唯一根据或主要根据是工作成绩或劳动效率。绩效工资注重个人绩效差异,有利于发挥个人积极性。但饭店如果不能建立科学的绩效考核体系,就会使绩效工资有名无实,甚至产生较大的负面影响,因为获得提薪的员工未必是真正对饭店做出贡献和创造价值的员工。因此,绩效工资的公平性是每个饭店都应认真考虑的问题。

4. 结构工资制

结构工资制是指把员工的工资划分成若干个组成部分构成动态的工资结构模式，用工资分解的方式确定和发挥各部分工资各自不同的功能。它克服了传统工资制度中将员工的工作年限长短、技术水平高低、劳动态度优劣、贡献大小等因素混杂在一起，用混合式方法确定工资标准而带来的一些弊病。结构工资可由以下几部分构成。

(1) 基础工资。基础工资是指员工工资收入中的基本部分，是维持劳动力简单再生产、保障员工基本生活水平的工资收入，其标准应根据与员工维持基本生活需要的消费品的价格确定。但是，不同素质的劳动力再生产的费用也不一样。因此，原则上这部分工资额应根据需要有所区别。

(2) 职务工资。职务工资是根据各个职务的工作繁简程度、劳动量大小和劳动条件等因素确定的工资。它是结构工资的主要组成部分，是体现劳动差别、贯彻按劳分配原则的关键部分。它的功能主要是促进员工的工作责任心和上进心，激励员工努力学习和提高业务技术水平。为充分发挥这一功能，应将职务工资部分与绩效考核相结合，根据绩效考核的结果确定职务工资，并且建立饭店内部员工流动制度。

(3) 技能工资。技能工资是根据员工的综合能力确定的工资。它主要是为了弥补职务薪酬的不足，鼓励员工钻研技术、提高技能，也是对员工智力投资的补偿。饭店经济效益的提高，不仅取决于管理人员的管理水平，而且取决于员工的职业素质和综合能力。因此，在结构工资制中设立技能工资很有必要。一些饭店针对烹调、调酒、美容美发等岗位对技术水平要求比较高的特点，将技能工资与员工的技术等级挂钩，以促使员工重视自身技术水平的提高。

(4) 工龄工资。工龄工资是根据员工工龄的长短和每年工龄应计的工资额来确定的工资。它是对员工工作经验和劳动贡献的积累所给予的补偿，随着工龄的增加而逐年增长。为了使员工在饭店内安心工作，计发工龄工资时，可以采取连续服务工龄与一般工龄相区别的办法。考虑到员工积累的劳动贡献随年龄的增长呈抛物线形，可以采取青年员工的工龄工资匀速增长、中年员工加速增长、老年员工缓慢增长的办法分配工龄工资。

(5) 奖励性工资。奖励性工资以基础工资和职务工资为基础，将员工的收入和饭店的发展、经济效益及本人贡献大小相结合，多超多得、少超少得、不超不得。

对于以上5个工资组成部分，各饭店可根据自身实际情况和分配需要，有所侧重，项目可增可减，可以适当进行调整。实行结构工资制时，要注意合理安排各组成部分的分配比例关系，结构工资的水平要受到工资总额的制约。因此，基础工资、工龄工资的比重不宜过大，否则会影响职务工资和奖励性工资的水平；当然，两者比重也不能过小，否则很难发挥它们应有的作用。一般来说，应先在薪酬调查的基础上确定基础工资水平，然后确定职务工资水平，技能工资、工龄工资则次之，奖励性工资要视饭店经营年度结束时的整体效益而定。

(二) 工资种类

1. 计时工资制

计时工资制是根据员工的计时工资标准和工作时间来计算工资用以支付员工劳动报酬的形式。计时工资制是一种传统的工资制度，也是目前应用比较普遍的一种工资制度。员工的工资收入是他的工作时间和工资标准的乘积。计时工资制根据饭店计算的时间标准的不同，可分为以下3种具体形式。

(1) 小时工资制，即根据员工的小时工资标准乘实际工作小时数来计付工资。小时工资制适用于非全日制工作或需要按小时计付工资的工作。

(2) 日工资制，即根据员工的日工资标准和实际工作天数来计付工资。

(3) 月工资制，即根据规定的月工资标准来计付工资，不论月份长短。

计时工资制度简便易行，适应性强，适用范围广。它最大的特点就是不鼓励员工把注意力仅仅集中在提高产品数量上，它更注重的是产品质量。饭店业属于第三产业——服务业，众所周知，服务是较难用数量来衡量的，服务质量才是饭店生存的基础。因此，这种注重产品质量而不十分注重数量的计时工资制在饭店业得到了广泛的运用。当然，计时工资制也有明显的局限性，如它难以准确反映饭店员工实际提供的劳动数量与质量，容易出现干多干少一个样、干好干坏一个样的现象，不利于提高饭店员工的劳动积极性。

2. 计件工资制

计件工资制是根据员工生产的合格产品的数量或完成的作业量，按预先规定的计件单价支付给员工劳动报酬的一种工资形式。员工的工资收入是其完成的合格产品的数量与计件单价的乘积。

计件工资制能准确反映员工实际付出的劳动数量，能有效激发员工的劳动积极性，促进劳动生产率的提高，且计算简便。但计件工资制也有其不可克服的局限性，如容易出现片面追求产品数量而忽视产品质量的现象。此外，计件工资制会使员工工作过度紧张，不利于员工的身心健康。因此，饭店不适合对所有部门和岗位采用此种工资形式，但在某些时候可以灵活参考此种计件工资方式，如旅游旺季，在客人多而客房服务员不足的情况下，可以规定工资额按照清扫的客房的间数来计算；客房部洗衣房的员工可以按照洗衣服的件数来计算等，以此来刺激员工的工作积极性。

二、奖金

奖金是为饭店员工的超额劳动而支付的劳动薪酬。它不仅能够反映饭店员工提供的劳动数量变化的情况，而且有较大的灵活性，可以弥补计时工资或计件工资形式的不足，是实现按劳分配的一种辅助形式。

(一) 奖金的功能

1. 补偿饭店员工的额外劳动

按照赫兹伯格的双因素理论，奖金显然属于激励因素而非保健因素，工资的高低、奖金的有无和多少，都是对员工能力和贡献的反映与评价。但是，工资在调动员工积极性方面没有奖金灵活、方便、及时、见效快。显然，在员工的工资福利之外实行的奖金制度，其作用和目的并不纯粹是满足员工生活方面的基本需要，而是满足员工追求成就感，渴望得到社会和公众认同的心理。

2. 激发饭店员工的工作热情

奖励本身不是目的而是意图，利用这一手段是为了迎合饭店员工的行为动机、心理需求，并且将其变成连接管理者和员工、实现共同利益的纽带，从而激发员工的责任感和工作动力，使其更投入地工作，且在一定程度上影响员工的流动率。饭店的主观愿望能否得以贯彻且达到预期目的，取决于饭店在奖励过程中的具体操作方法。

(二) 奖金的种类

饭店采用的奖金形式多种多样，根据不同的标准，可分为不同的类别，其中有些形式相互交叉。

1. 根据资金的周期分类

根据奖金的周期，可将奖金分为月奖、季奖和年度奖。

2. 根据一定期限内发奖次数分类

根据在一定期限内(通常为一个经济核算年度)发奖的次数，可将奖金分为经常性奖金和一次性奖金。经常性奖金是指按照预定的时期向日常生产、工作中超额完成任务或创造优良成绩的职工发放的例行奖金，一般为月奖或季度奖，如超产奖、节约奖等。经常性奖金应预先规定奖励条件、范围、标准和计奖期限等，使员工心中有数。经常性奖金按规定应列入工资总额。一次性奖金是指向做出特殊贡献的员工发放的不定期奖励。

3. 根据资金来源分类

根据奖金的来源，可将奖金分为由工资基金支付的奖金和由非工资基金支付的奖金。例如节约奖，是从节约的原材料等价值中提取一部分支付的奖金。

4. 根据奖励范围分类

根据奖励范围，可将奖金分为个人奖和集体奖。凡由员工个人单独操作并可以单独考核劳动定额和其他技术经济指标的，实行个人奖；凡由集体作业且不能对个人单独加以考核的，则以集体为计奖单位，实行集体奖。

5. 根据奖励条件分类

根据奖励的条件,可将奖金分为综合奖和单项奖。综合奖是以饭店生产或工作中的多项考核指标作为计奖条件的奖金形式。它的特点是对饭店员工的劳动贡献和劳动成绩的各个主要方面进行全面评价、统一计奖,并突出重点。具体办法是把劳动成果分解成质量、数量、品种、效率消耗等因素,每个因素都明确考核指标以及该指标的奖金占奖金总额的百分比或绝对数,只有在全面完成各项指标的基础上提供超额劳动的,才能统一计奖,如百分奖等。综合奖的优点是考核指标比较全面,应用范围较广,既能鼓励员工重点克服生产中的薄弱环节,又可保证全面完成任务。综合奖的缺点主要是考核的指标较多,难以对每个员工的劳动做出综合评价,因而在奖金分配上容易出现平均主义。单项奖是以工作中的某一项指标作为计奖条件的奖金形式。它的特点是只对劳动成果中的某一方面进行专项考核,其优点是简便易行、易于管理、适用面广。同时,由于计奖条件单一,主攻方向明确,也利于突破工作中的薄弱环节。单项奖的缺点主要是容易造成奖项繁多,相较于综合奖,容易顾此失彼,不利于员工全面完成工作任务。在工作中,如果确有需要而且具备客观条件,可以按照国家有关规定实行单项奖。单项奖的具体形式有以下几种。

(1) 建议奖。建议奖是由于员工提了建议,饭店为了鼓励员工多提建议而支付的奖金。在制定建议奖时要注意以下事项:只要提建议是为了促成饭店达成经营目标,均应该获奖;奖金的金额应该较低,而奖励的面要较宽;如果建议重复,原则上只奖第一个提此建议者;如果建议被采纳,除了建议奖之外,还可以给予其他奖励。

(2) 特殊贡献奖。特殊贡献奖是由于员工为饭店做出了特殊贡献,饭店为了鼓励员工这种行为而支付的奖金。特殊贡献奖的奖金金额一般较高。特殊贡献有许多种,例如,提了一项合理化建议,为饭店节省了大量经营成本;制定了某项目活动的策划方案,或发现某条销售渠道,为饭店吸引了许多客人等。在制定特殊贡献奖时要注意以下事项:制定标准要有可操作性,即具备可以测算和量化的内容;为饭店增加的效益要明显;要明确规定只有在他人或在平时无法完成而该员工却完成的情况下才能获奖;受奖人数较少,金额较大;受奖时要大力宣传,使受奖人和其他人均受到鼓励。

(3) 节约奖。节约奖又称降低成本奖,是由于员工降低了成本,饭店为了鼓励员工这种行为而支付的奖金,一般以一线操作员工为主要奖励对象。如果降低成本的金额很大,可以获特殊贡献奖;如果降低成本的金额较小,可以获节约奖。在制定节约奖时要注意以下事项:要奖励真节约,而非假节约;明确规定指标来确定员工是否降低了成本。

三、福利

福利与奖金、工资不同,它的表现形式是非货币化的,主要以实物和服务的形式支付,如带薪休假、保险、子女教育津贴等。福利的主要用途在于给员工生活提供保障和便利,以提高员工对饭店组织的忠诚度。具体而言,包括以下种类和内容。

(一) 公共性福利

公共性福利是指法律规定的一些福利项目，主要有以下几种。

1. 社会保险

(1) 养老保险。养老保险是社会保障制度的重要组成部分，是社会保险5大险种中重要的险种之一。所谓养老保险，是指国家和社会根据一定的法律和法规，为保障劳动者在达到国家规定的解除劳动义务的劳动年龄界限或因年老丧失劳动能力退出劳动岗位后的基本生活而建立的一种社会保险制度。

(2) 医疗保险。医疗保险是公共福利中较为重要的一种福利，饭店应依法为每一位正式员工购买相应的医疗保险，确保员工患病时能得到一定的经济补偿。

(3) 失业保险。失业是市场经济的必然产物，也是经济发展的必然副产品。为使员工在失业时获得一定的经济支持，饭店应依法为每一位正式员工购买规定的失业保险。

(4) 工伤保险。工伤保险是指劳动者在工作中或在规定的特殊情况下，遭受意外伤害或患职业病导致暂时或永久丧失劳动能力以及死亡时，劳动者或其遗属从国家和社会获得物质帮助的一种社会保险制度。

(5) 生育保险。生育保险是指国家通过立法，在怀孕和分娩的妇女劳动者暂时中断劳动时，由国家和社会提供医疗服务、生育津贴和产假，对生育职工给予必要的经济补偿和医疗保健的社会保险制度。

2. 国家法定福利

(1) 工作日内的休息。例如，餐饮时间、午休等。

(2) 每周休假。根据《中华人民共和国劳动法》的规定，饭店不得任意延长工作时间，如确实由于生产经营需要，经与员工协商后可以延长工作时间，一般不得超过1小时，最长延长工作时间每日不得超过3小时，每月不得超过36小时。安排劳动者延长工作时间的，支付不低于工资150%的工资报酬。休息日安排劳动者工作又不能安排补休的，支付不低于工资200%的工资报酬。法定节假日安排劳动者工作的，支付不低于工资300%的工资报酬。

(3) 年休假。国家实行带薪休假制度，员工连续工作1年以上可享受带薪年假。

(4) 探亲假。《国务院关于职工探亲待遇的规定》第二条规定："凡在国家机关、人民团体和全民所有制企业，事业单位工作满一年的固定职工，与配偶不住在一起，又不能在公休假日团聚的，可以享受本规定探望配偶的待遇；与父亲、母亲都不住在一起，又不能在公休假日团聚的，可以享受本规定探望父母待遇。但是，职工与父亲或与母亲一方能够在公休假日团聚的，不能享受本规定探望父母的待遇。"第三条规定："(一) 职工探望配偶的，每年给予一方探亲假一次，假期为30天。(二) 未婚职工探望父母，原则上每年给假一次，假期为20天，如果因为工作需要，本单位当年不能给予假期，或者职工自愿两年探亲一次，可以两年给假一次，假期为45天。(三) 已婚职工探望父母的，每4年给假一次，假期为20天。探亲假期是指职工与配偶、父、母团聚的时间，另外，根据实际需要给予路程假。上述假期均包括公休假日和法定节日在内。" 第五条规定："职工在规定的探亲假期和路程假期内，按照本人的标准工资发给工资。"第六条规定："职工探望配偶和未婚职工探望父母的往返路费，由所在单位负担。已婚职工探望父母的往返路费，在本人月标准工资30%以内的，由本人自理，超过部分由所在单位负担。"

(5) 法律规定的节假日。员工的节假日包括元旦、春节、妇女节、五一劳动节、国庆节等法律法规规定的其他节假日。

(二) 饭店福利

饭店提供的福利主要有以下几种。

(1) 员工餐厅。

(2) 员工宿舍。

(3) 员工浴室。

(4) 免费制服。

(5) 制服免费洗涤。

(6) 免费(或优惠)美容、理发。

(7) 托儿所、幼儿园。

(8) 弹性工作时间。

(9) 带薪年假。

(10) 退休保险。

(11) 医疗补贴。

(12) 饭店内医疗保健。

(13) 为员工订阅报刊。

(14) 设立员工俱乐部。

(15) 提供运动设施。

(16) 度假旅游补贴。

(17) 购买住房或发放购房补贴或提供贷款。

(18) 节日礼品。

(19) 生活困难补贴。

(20) 直系亲属丧葬补贴。

四、津贴

津贴也称附加工资或者补助，是指员工在艰苦或特殊条件下工作，饭店对员工额外的劳动量和额外的生活费用付出给予的补偿。津贴的特点是它只将艰苦或特殊的环境作为唯一的衡量标准，与员工的工作能力和工作业绩无关。津贴具有很强的针对性，当艰苦或特殊的环境消失时，津贴也随即终止。根据不同的实施目的，可将津贴分为三类，即地域性津贴、生活性津贴和劳动性津贴。

(一) 地域性津贴

地域性津贴是指由于员工在艰苦的自然地理环境中花费了更多的生活费用而得到的补偿。饭店一般较少发放地域性津贴。

(二) 生活性津贴

生活性津贴是指为了保障员工的实际生活水平而给予的补偿。由于员工的收入是货币性工资收入，会受到物价上涨因素的影响。为了弥补物价上涨造成的员工生活水平下降，饭店可发放肉食补贴、副食补贴等津贴。另外，对于由工作造成的员工家庭生活开支分离而增加的生活费用，也应提供相应的津贴，如出差补贴等。

(三) 劳动性津贴

劳动性津贴是指员工从事特殊性工作而得到的补偿。例如，夜班工作的夜班津贴，在高温环境中工作的高温津贴等。

📖 项目小结•

薪酬管理是饭店人力资源管理十分重要的组成部分，薪酬体系设计得公平合理，有助于饭店吸引和留住优秀员工。薪酬是饭店对员工为饭店所做的贡献，包括实现的绩效，付出的努力、时间，运用的学识、技能、经验与创造力所支付的相应回报或答谢。薪酬有三大功能，即保障功能、激励功能和调节功能。狭义的薪酬是指个人获得的以金钱或实物形式支付的劳动报酬；广义的薪酬包括经济性薪酬与非经济性薪酬。薪酬的功能包括补偿功能、激励功能、价值实现功能和凝聚功能。所谓薪酬管理，是指一个饭店针对所有员工所提供的服务来确定他们应当得到的报酬总额以及报酬结构和报酬形式。薪酬管理有助于改善饭店的绩效，有助于塑造良好的饭店文化，有助于激发员工的内在潜力，有助于减少员工流失并保持人员稳定。薪酬管理的特点是投入力度大、形式不断创新、内在薪酬地位愈发重要。饭店薪酬制度是根据饭店组织制度的要求，依照市场机制的调节，在职工民主参与、国家法律法规允许的范围内，组织向经营者、投入生产要素的个人和劳动者自主分配报酬的一整套科学的标准、程序、办法、制度的总和。饭店薪酬制度体系的影响因素分为外部和内部两部分。饭店外部影响因素包括劳动力市场供求状况、地区经济发展水平及物价水平、现行政策法规、当地饭店行业发展状况。饭店内部影响因素包括饭店组织战略与实力、饭店的管理哲学、员工个体因素、饭店员工的配置、饭店的经营状况和人才价值观。饭店薪酬制度体系的设计程序分为制定薪酬战略、开展工作分析、评估岗位价值、薪酬调查、确定薪酬结构、薪酬结构分等级定级和调整与控制薪酬。饭店薪酬的基本形式通常包括工资、奖金、津贴和福利等。

📖 **知识链接** •

薪酬管理制度模板

1. 薪酬分配原则

第一条 根据本地区劳动力市场价格和同行业薪酬水平，合理确定员工薪酬水平，严格控制饭店劳动力成本。

第二条 充分体现各尽所能、按劳分配的原则，员工薪酬收入应与其劳动实绩挂钩。

第三条 以岗定薪、变岗变薪，向关键岗位、骨干人员倾斜，并根据劳动力的供需情况，对少数劳动力紧缺岗位的薪酬分配水平做适当调整，以引进人才。

第四条 按照"新饭店、新机制、新思路、新办法"的要求，薪酬分配结构力求简化、直观。

2. 薪酬分配水平

第五条 员工薪酬分配的总体水平，以本地区劳动力市场及同行业薪酬水平为依据，以饭店自身的经济承受能力为基础，原则上按照不低于当地同类饭店的分配水平合理确定。

3. 薪酬分配结构

第六条 确定饭店员工内部薪酬分配方案时，力求简化薪酬结构，方便具体操作，使员工的薪酬收入清楚明了。

4. 薪酬形式

第七条 薪酬以法定货币支付，不得以实物及有价证券替代。

第八条 采取月薪制和日薪制相结合的办法。当员工全勤时，按月薪标准发给；缺勤或特殊情况加班时，按日薪标准减发或加发薪酬。具体的支付标准分为：

(1) 平时加班，支付劳动者本人小时薪酬标准150%的薪酬报酬。平时原则上不安排加班。

(2) 休息日加班又不能安排补休的，支付劳动者本人小时工资标准200%的薪酬报酬。

(3) 法定休假日加班的，支付劳动者本人小时薪酬标准300%的薪酬报酬。此外，还可根据员工加班的特殊情况，除支付薪酬之外采取必要的其他奖励办法。

(4) 对劳动者一般实行计时和计件薪酬相结合的办法。实行计件薪酬的，计件薪酬标准以劳动者在标准工作时间内的劳动量来确定。实行计时薪酬的，劳动者延长工作时间或休息日、节假日加班的，分别按照不低于其本人法定工作时间计件单价的150%、200%、300%支付其薪酬。

5. 薪酬管理制度

第九条　严格贯彻薪酬管理制度。饭店应按年度编制薪酬使用计划，经饭店领导审核，报上级主管部门批准，接受有关部门的检查和监督。

第十条　新员工薪酬评定。根据不同岗位，经知识、技术、业务考核，合格或符合定级条件的，由员工所在部门负责填写审批表，报人力资源部审核，经饭店、主管领导批准后调整薪酬。

第十一条　凡员工薪酬的评定及增减、加班薪酬标准的审核、新进员工薪酬的确定和内部各部门之间薪酬关系的转移以及退职、死亡、调出人员薪酬关系等，一律根据人力资源部的有关正式通知或规定办理。

第十二条　劳务工及借调人员的各种协议书等，由人力资源部负责签订，手续齐全后将副本送财务部一份，以便掌握薪酬发放情况。

第十三条　薪酬结算期每月按30天计算。

第十四条　员工在法定工作时间内依法参加活动或由上级部门及饭店自身安排的活动，饭店应视其提供的正常劳动支付薪酬。

第十五条　因员工本人原因给饭店造成经济损失的，饭店可按照规定要求其赔偿经济损失，并从其薪酬中扣除。若扣除后的剩余薪酬低于当地月最低薪酬标准的，则按最低薪酬标准支付，扣款的截止时间顺延。

第十六条　每月月初，各部门上报考勤表，由人力资源部将当月的新进人员薪酬，增发、扣发薪酬的人员名单及数额，以书面形式汇总，经人力资源经理审核后送交财务部。由财务部完成薪酬报表。

第十七条　建立健全各类薪酬台账。各部门应根据实际需要制定内部原始记录台账。人力资源部按月收齐，妥善保存，作为统计员工薪酬总额的依据。

资料来源：中国酒店员工素质研究组. 星级酒店行政人事部经理案头手册[M]. 北京：中国经济出版社，2008.

案例分析 | 马里奥特饭店

早上5：30，马里奥特饭店第一批上早班的工人陆续到岗。他们住在离大都市中心区最远的城市边缘，每天都要承受奔波之苦，而工资收入与房屋清洁工、洗衣工、洗碗工以及其他小时工的工资一样，仅为每小时7美元。马里奥特公司认为，员工的工资水平是由劳动力市场决定的，"如果我们支付的工资超过雇员为我们做出的贡献，那么我们将会失去竞争力。"

马里奥特公司把低工资雇员当成一个富于调整性的群体来看待，不提倡用支付更高工资的做法来吸引质量更高的工人，以避免增加饭店运营成本。不过，马里奥特公司在其他方面为员工提供了福利，如赋予员工股票选择权、为员工搭建社会服务求助网、日托、福利救助、提供培训课程等，目的是留住员工，激发员工的工作积极性，使客人满意。

一些批评家认为，马里奥特公司的做法本质上是在利用雇员的脆弱而占他们的便宜，因为这些雇员很难在别处找到工作，所以不得不接受马里奥特的低工资。尽管这些做法广受非议，但这些做法在某种程度上建立了一种更为持久、生产率更高的关系，成功地激发出员工对企业的忠诚甚至热情。马里奥特公司的雇员流动率大大低于其他大多数竞争对手，就是最好的证明。

马里奥特公司与许多雇员建立了密切的关系。在位于西雅图的马里奥特饭店工作长达16年的吧台服务员李松自豪地说："每天我穿上制服，觉得自己就像一位NBA球员一样。"李松永远不会忘记，当他刚到这家饭店洗衣房工作一天的时候，他的老板就在第二天下令让洗衣房暂停营业，只为了让其他员工都能去参加他母亲的葬礼。这件事赢得了李松对公司的忠诚。

马里奥特公司主要为工人提供以下福利：为美国境内的工人开设英语课程培训班，这是一种相对便宜但效果很好的激励手段，解决了员工在工作中面临的沟通问题，有效提升了工作效率；在15个城市的饭店中开设培训班，专门为政府福利救助者提供基本技能培训；建立资源阵线联合会，这是能将本公司雇员与地方社会服务对接起来的全国性免费服务提供系统；在华盛顿特区以及其他两个地方为员工提供培训，教他们如何成为更好的父亲和合作伙伴；为员工提供24小时儿童看护服务。

不过，仍有人疑惑："向员工提供这些福利会增加成本，那么为什么不能简单地向员工支付更多的工资呢？"饭店工人工会财务秘书甚至做出这样的评价："他们的伪善做得实在是登峰造极！"面对种种质疑，马里奥特回应："公司一直都在努力实现公平对待所有工人，我们雇佣了很难找到工作的人，我们给了他们机会。"这种说法在很大程度上是对的，但这并不是一个利他主义的完美故事，马里奥特实行低工资策略实际上也是受利益驱使的——向员工发放低工资可以降低公司经营成本，而帮助员工可以提高员工工作效率，对公司和员工而言，可以说实现了双赢。

资料来源：张波.饭店人力资源管理[M].3版.大连：大连理工大学出版社，2021.

试分析：

1. 本案例中，我们可以看到，保留低技能员工、向其提供福利需要花钱一定的成本，而且有时候这项成本还相当高，那么雇主为什么不愿意以提高工资水平的做法来替代福利呢？

2. 饭店可为员工提供哪些有竞争力的福利？

实训练习

实地走访3家以上同星级饭店，找出它们的薪酬制度的相似之处，并结合饭店实际情况，分析其分别存在的问题并提出整改措施。

复习思考题

1. 简述饭店薪酬的构成及功能。

2. 简述饭店薪酬管理的原则。

3. 饭店薪酬管理有哪些作用？

4. 饭店薪酬管理有哪些特点。

5. 列举饭店薪酬制度体系的影响因素。

6. 饭店薪酬包括哪些基本形式？

学习项目九
饭店督导管理

知识目标

- 掌握饭店督导管理的含义
- 掌握高情商沟通的内涵
- 掌握高情商沟通的类型
- 掌握领导的内涵
- 掌握领导影响力的含义
- 掌握领导者的分类
- 熟悉领导者影响力的构成
- 掌握团队的内涵
- 了解团队的类型

技能目标

- 掌握饭店督导的技能
- 了解高情商沟通的过程
- 掌握高情商沟通的技巧
- 了解人员沟通的原则
- 了解沟通的障碍
- 掌握高情商沟通的规则
- 了解领导者的风格
- 熟悉团队建设的过程
- 了解团队建设的注意事项

课前导读

　　督导管理对饭店经营的成功至关重要，对管理者来说，技术技能、人际关系技能、行政技能、概念技能是成功实施督导管理的基本条件。高情商沟通是一种技能，是一个人对自身具备的知识能力、表达能力、行为能力的发挥，是饭店各项工作顺利开展的前提。领导艺术包含各种具体的管理技能和管理方法，也囊括前瞻与规划、沟通与协调、真诚与均衡等诸多要素。团队建设有助于提升团队凝聚力，从而提升组织绩效。在本学习项目中，首先，讲解了饭店督导管理的内涵、作用及必要技能；其次，讲解了高情商沟通的理论和应用技巧；再次，介绍了领导者影响力对饭店发展的重要作用；最后，讲解了饭店团队建设的内涵、类型、过程及注意事项。

案例导入 | 丽思·卡尔顿酒店团队组建

丽思·卡尔顿酒店是全球知名豪华酒店，以服务优质著称于世。

某天早晨，丽思·卡尔顿旗下的泰森斯角酒店的员工突然接到一个通知："我们正在尝试实施新制度，需要每位员工的参与、支持。从明天开始，我们这里不再有经理，只有团队，你也不再有上级。"酒店成立了不同的团队，每个人所属的团队已经在通知里说得清清楚楚。这些团队包括抵达前团队、抵达—离开团队、停留团队、烹饪团队、宴会团队、酒店服务团队、晚餐服务团队、操作支持团队、指导团队等。员工看完通知后，抵触情绪非常明显，但是泰森斯角酒店负责人还是强制实施新制度。

新制度实施后，每个团队的成员都摸不着头脑，不知道负责什么及向谁报告。员工私下相互打听，想知道酒店这样做的原因。他们在不停地抱怨："团队太庞大，没有清晰的团队目标，也没有明确的责任划分，甚至没有上级，那谁来负责？"

在此后的3个月里，酒店前台人员流动率为100%，门童服务人员流动率为20%，服务质量急剧下滑。这让泰森斯角酒店管理方认识到了问题，决定重新开始。首先，酒店向员工介绍了组织变革以及组建团队的原因，通过循序渐进的方式使大家在观念上能够接受变革，支持团队建设。其次，对团队进行充分授权，以前由管理者承担的一些任务，现在改由团队成员承担，通过授权使得团队能够更灵活地工作，高效完成任务。最后，为了保证团队成员能够完成不断增加的任务，泰森斯角酒店加强了对员工的培训。

泰森斯角酒店通过组织变革，将以前那种传统的等级结构化组织转变成以团队为基础的组织，将酒店总体目标分解为团队及其成员的目标。同时团队成员得到充分的培训、授权，使他们能够感觉到自己是组织不可分割的一部分，并可以按照自己的想法改进工作方式。在这种情况下，团队成员的自我约束与成就感增强了，团队成员之间充分信任、彼此承诺、高效协作，不再需要监督与控制，工作氛围更加和谐，服务质量不断提升，客人满意度不断提高，回头客也不断增加，酒店焕发出新的生命力。

资料来源：魏洁文，姜国华. 酒店人力资源管理实务[M]. 2版. 北京：中国人民大学出版社，2021.

案例评析

　　在现代社会中，团队管理已经成为影响组织成功的关键因素之一。一个高效的团队能够提高员工工作效率、加强员工协作能力。团队管理的核心是统一思想、统一目标。通过统一思想和统一目标，团队成员能形成合力，共同为实现组织目标而努力。团队领导者需要建立良好的沟通机制，建立明确的目标体系，加强团队培训和教育，建立激励机制，从而带领员工实现团队管理目标。

学习任务一　认识饭店督导管理

一、饭店督导管理的内涵

　　饭店督导管理是指饭店的主管、领班等基层管理人员通过以监督、指导为主的一系列管理职能对饭店资源和饭店现场所做的管理。在组织中，管理层次通常是以工作职责和职权来区分的，较高层次的管理者比较低层次的管理者拥有更多的职权和责任。

　　饭店管理结构呈三角形。作为高层管理者的总经理、副总经理、总经理助理或驻店经理人数最少，主要职责是对饭店的重大决策问题，如饭店经营目标、发展方向、重大管理问题做出决策，因而称之为"决策管理层"。其次是部门总监或部门经理，人数较少，他们的主要职责是执行最高领导层提出的目标和重大决策，组织完成本部门的任务，因而称之为"执行层管理"。主管和领班是饭店中人数最多的一线管理人员，他们处于工作第一线，往往出现在生产、销售、服务现场，直接指挥员工操作，因而称之为"操作管理层"。他们直接对饭店的各种资源，尤其是对员工进行管理，其主要职责是检查、监督和指导员工的工作，因而，习惯上又把主管、领班合称为"督导管理层"。

二、饭店督导管理的作用

　　饭店督导管理对饭店经营成功至关重要。面对员工，督导代表上层管理者；面对高层管理者，他们又代表普通员工的利益。因此，在饭店管理中，督导是一个关键环节，起承上启下的作用。饭店督导管理的作用具体体现在以下几个方面。

(一) 标准化执行与质量管控

　　督导管理人员通过定期巡店，监督饭店严格执行食品安全、设备维护、清洁流程等标准，确保各环节(如食材储存、加工操作、餐具消毒)符合规范；及时发现运营漏洞(如卫生死角、服务延迟)，提出整改方案并跟踪落实。

(二) 服务质量与客户体验优化

督导管理人员能及时发现服务质量问题，提升服务响应效率；作为顾客与饭店的桥梁，及时处理投诉并制定预防措施，避免舆情升级。

(三) 团队培训与人才梯队建设

督导管理人员负责对店长、员工进行技能培训，确保服务一致性；参与员工考核，优化团队结构，例如可通过技能竞赛激发员工工作积极性，提升整体执行力。

(四) 业绩分析与策略落地

督导管理人员负责监控营业额、成本率等核心指标，分析数据短板并制定针对性策略；推动线上营销(如抖音店铺运营)及线下促销活动在饭店的高效落地，提升饭店营收水平。

三、饭店督导应具备的技能与素质

(一) 饭店督导应具备的技能

对管理者来说，技术技能、人际关系技能、行政技能、概念技能是成功实施督导管理的基本条件。这些管理技能在不同管理层的相对重要性各不相同。对饭店督导而言，技术技能、人际关系技能和行政技能尤为重要，概念技能也必不可少。

1. 技术技能

技术技能即实际操作技能，是指能够有效地监督具体任务执行所必需的实践和技术能力。督导管理者应具备足够的技术技能以保证工作的有效运转。相较于其他管理层，技术技能对督导管理者更为重要，他们必须经常说明乃至演示，让属下明白如何完成工作，同时判断在什么时间做更为合适。督导通常要将大约1/3的工作时间用于从事技术技能方面的活动。

一名饭店督导需要具备的实际操作技能就是下属员工完成工作所需的技能。督导也许没有员工熟练，但督导该了解对应具体某项工作的内容并大体知道如何完成。这些知识对于挑选和培训员工、制订工作计划、安排本部门工作以及应对紧急情况都是必需的。尤为重要的是，督导具备实际操作技能可以提高在员工中的威信。

2. 人际关系技能

人际关系技能是指理解他人和有效合作的能力。这种技能对于领导职能的实现是很重要的，包括与员工交流、激励、领导、训练、授权、帮助员工以及与他人打交道的技能。

督导管理者大约将一半的时间用于人际关系技能的发挥。人际关系技能可以从以下几个方面来培养。

(1) 诚恳的态度。人际关系技能的重要组成部分就是对员工的态度。作为督导必须首先从理性和感性上认识到员工是有感情的，是活生生的人，不是生产机器的零部件，更不能因为你职位高而轻视他们。督导需要与员工建立一种个人对个人的关系。在日常工作中，要称呼他们的名字，了解他们的家庭和他们的兴趣爱好等，和他们成为平等的朋友。如果督导有人情味，员工会更愿意服从，有利于更好地开展工作。

(2) 敏锐的感觉。人际关系技能的第二个组成部分是敏锐的感觉，即感觉每个人的需要、感情、价值观和个性特点的能力。督导要学会从员工的言谈举止的细微差别中，捕捉问题出现的先兆。

(3) 自我概念。人际关系技能的第三个组成部分是自我概念。作为督导，应该了解自己在员工心目中的形象，了解别人怎样看待自己的言行。比如，你也许是出于对质量的关注而不断指出员工做得不好的地方，但他们也许会把你的话都当作批评，从而认为你是一个总挑别人错处的人。如果意识到自己的习惯让他们产生不好的反应，就可以改变自己纠正他们的方式，在指出错误的同时，也要肯定他们的成绩。

3. 行政技能

行政技能是指在履行管理者职能的过程中，能够有效利用其他技能的能力。这些技能包括制定和遵守政策及程序的能力，以及井然有序地处理书面文件的能力。具备行政技能，有助于督导提高控制能力，助力饭店有序运营。

4. 概念技能

概念技能是指以逻辑来获得、分析和预测信息的能力。管理者需要了解所处的环境和环境对组织的影响。概念技能的实质是把握全局，认清部分与整体的关系，是一种宏观管理能力。这种能力在督导管理中也是不可缺少的。督导需要安排好每一个部门的工作，把握全局，从而确保各个部门顺利运行。

(二) 饭店督导应具备的素质

饭店督导是执行饭店任务的骨干，他们的素质直接影响饭店的服务质量与效率。成功的督导者应该具备以下几方面素质。

1. 自我管理

树立良好的自我形象，除了管理别人，督导还必须管理自己。这种技能的培养可以通过增强自我意识及加强实践来达成。自我管理要求督导有自我约束、自我控制的能力，通过自我管理在员工中树立良好的自我形象。

2. 积极思考

思维有两种不同的模式，即积极思维和消极思维。积极型思维者总是着眼于如何建设性地处理当前问题，而消极型思维者总是把目光集中在问题的难点上，总想退缩。作为一名督导者，必须培养自己积极的思维习惯，带领下属积极地解决问题，而不是回避问题。

3. 为员工提供合适的机会

除了相信自己有能力实现目标外，督导还要相信，只要为员工提供合适的机会，他们就会有出色的表现。此外，督导还应认识到自己要负责员工的发展，应对员工的职业发展提供指导或提出合理化建议。

4. 灵活性与创造性

灵活性和创造性是督导必须具备的素质。督导具有良好的灵活性和创造性，才能在面对不断变化的形势和问题时，做出有效的反应。

5. 旺盛的精力

面对激烈的市场竞争和内部竞争，督导必须有旺盛的精力，才能适应和完成自己担当的工作。

学习任务二　高情商沟通

一、高情商沟通的内涵

所谓高情商沟通，是指两个或两个以上的个体或群体，通过一定的联系渠道传递和交换各自的意见、观点、思想、情感与愿望，从而达到相互了解、相互认知的过程。概括地说，高情商沟通是意义的传递与理解的过程，其目的是使经过传递后被接收者感知到的信息与发送者发出的信息完全一致。

达成高情商沟通应具备两个必要条件：首先，信息发送者清晰地表达信息的内涵，以便信息接收者能确切理解；其次，信息发送者重视信息接收者的反应并根据其反应及时修正信息的传递，避免产生误解，两者缺一不可。

在饭店人力资源管理中，高情商沟通主要指饭店组织内部人员的沟通，尤其是饭店管理者与被管理者之间的沟通。高情商沟通能否成立，关键在于信息是否具有有效性，信息的有效程度决定了沟通的有效程度，而信息的有效程度主要取决于以下两个方面：一方面是信息的透明程度。当一则信息作为公共信息时，应保证信息的对称性。信息必须是公开的，公开的信息并不意味着简单的信息传递，而要确保信息接收者能理解信息的内涵。如果以模棱两可、含糊不清的文字语言传递不清晰且难以使人理解的信息，那么这则信息对于信息接收者而言没有任何意义。同时，信息接收者也有权了解与自身利益相关的信息内涵，否则有可能导致信息接收者对信息发送者的行为动机产生怀疑。另一方面是信息的反馈程度。高情商沟通是一种动态的双向行为，对信息发送者来说，充分反馈非常重要。只有沟通的主、客体双方都充分表达了对某一问题的看法，才能实现高情商沟通。

二、高情商沟通的过程

许多饭店管理者认为沟通只是"讲清事实"，没有认识到沟通的复杂内涵。于是，当沟通不起作用时，他们常常会抱怨，而不是找出问题的根源。为了真正理解饭店管理者在沟通中扮演的角色，首先应该了解沟通过程，沟通过程涉及发送人、信息、渠道、接收人和反馈。沟通过程模型如图9-1所示。

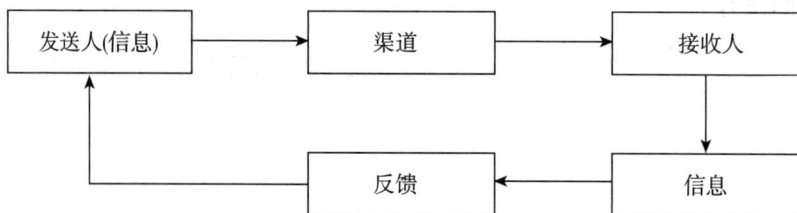

图9-1　沟通过程模型

资料来源：刘纯.饭店督导原理与实务[M].北京：科学出版社，2004.

(一) 发送人

发送人是信息的提供者。有时，内部需要促使沟通的发生。当一名饭店管理者说"你们必须完成这项工作"时，或许是出于赢得尊敬或者安心的需要。

(二) 信息

信息包括言语表达和能传达意义的非言语表达。当一个人说话的时候，说出的内容是信息；当一个人写字的时候，写出的内容是信息；当一个人做手势的时候，肢体动作、面部表情是信息。

(三) 渠道

渠道是指传递信息的途径和方式。渠道包括面对面的谈话、通话、书面形式(如备忘录、报告、微信或E-mail等)和集体会议。

(四) 接收人

接收人是发送人传递信息的最终目标，接收人是赋予信息含义的人。饭店管理者每天都扮演着发送人和接收人的双重角色。

(五) 反馈

人们通常会回应他人发送的信息，这种回应称为反馈。例如，员工可能会问"为什么要完成这份报告"，当饭店管理者回答这个问题时，就是在对员工发送的信息做出反馈。

三、高情商沟通的障碍

在沟通过程中，以下几种因素会影响个人或群体的沟通效果。

(一) 外围环境因素

在工作场地中，可能影响沟通效果的因素有噪声过高、气温过高或过低等。为了沟通的有效进行，应尽可能选择不会分散讲话人和听众注意力的地点。例如，饭店优秀员工小王来到上级领导办公室，向上级领导讲述她与同事之间的问题。由于上级领导常告诫员工——办公室大门永远向他们敞开，小王便觉得随时可以来找领导谈话。然而，领导的办公室门敞开着，外面的噪声会传进来。此外，领导可能需要随时接听业务电话，其他同事可能需要敲门进来与领导商谈工作事宜，在这种情况下，小王如何与领导深谈呢？

(二) 背景差异因素

背景差异源于讲话人和听众的受教育程度不同以及知识掌握程度不同。例如，一名新来的洗碗工试图与主厨结交朋友，可能会遭到拒绝；一名来自饭店管理学校的毕业生试图告诉一名资深管理者如何管理饭店，可能会遭到排斥。讲话人根据个人的知识储备发出信息，但如果听众没有相当水平的知识储备，可能无法有效接收信息，导致信息失去价值。例如，小张是一名新上任的客房部助理管家，她相信自己十分了解每一名客房清洁员能完成的工作量。因此在客房部刘经理休假期间，她开始实行一套新的清扫程序。当刘经理回来后，听说了小张的所作所为，感到非常生气，把小张的这种改变称为"篡权"。

(三) 压力因素

压力有积极和消极两个方面。当员工面对一个新局面时，压力可能促使员工集中精力，提高工作效率。当员工面对挑战长期保持高度集中而不能放松时，压力则容易转化成消极因素。因此，应对压力加以控制，使其发挥积极作用。饭店行业的特殊性意味着沟通经常要在工作压力下进行，为了减小压力对沟通的影响，应制订完善的工作计划，遵照轻重缓急的原则，寻找解决问题的方法。

(四) 彼此印象因素

在人际沟通中，讲话者和听众对彼此的印象也可能影响沟通效果。例如，某饭店员工参加会议，一开始，该员工全神贯注地听同事发言，这个同事与他关系较好。然而，当该员工不喜欢甚至有过激烈争吵的同事上台发言时，该员工的注意力可能会分散。

四、高情商沟通的原则

(一) 清晰明确性原则

饭店管理者在与员工沟通的过程中使用的语言、符号和信息传递方式，应能使员工清楚明了。只有遵守这个原则，沟通才有价值。遵守这条原则看起来很简单，但在实际工作中，很多饭店管理者意识不到自己反复斟酌的语言和精心挑选的信息传递方式并没有发挥作用。有一些管理者会以反馈的方式来了解沟通效果，直到确定员工清晰明确为止。在沟通中，信息发送者的责任是将信息加以整合，无论是书面沟通还是语言沟通，都要用对方容易理解的方式表达。这就要求信息发送者有较强的文字或语言表达能力，并了解接收者的接受能力。只有这样，才能克服沟通过程中的种种障碍，提高沟通的有效性。

(二) 完整性原则

饭店中的各项活动需要由有关员工负责执行。当饭店管理者为了达到饭店经营目标而要与员工合作时，双方之间就要进行沟通。在饭店管理中，沟通的目的之一就是使下属知道他们应该做些什么工作才能实现饭店经营目标。需注意，在沟通工作职责与内容时，信息内容必须完整无缺，否则员工工作时便会无所适从。另外，员工对饭店的发展动向了解得越多，他们的工作动力就越强。在可能的情况下，饭店管理者应尽可能让员工了解饭店的发展趋势，从而使他们了解自己的工作前景以及在饭店中的地位。

(三) 及时性原则

在沟通过程中，不论是自上而下沟通、自下而上沟通还是横向沟通，都应注意及时性原则，从而使各方及时了解饭店的政策、经营目标、人员配备等情况。此外，及时沟通还有助于管理者及时掌握员工的思想、情感和态度，从而提高沟通的有效性。但是，在实际工作中，常常出现管理者不能及时传递信息或员工理解有误、重视程度不够等问题，导致信息过时或员工不得不通过其他渠道了解信息，严重影响沟通的有效性。

(四) 吸引注意力原则

沟通效果的好坏，与员工在信息沟通时是否用心、注意力是否集中有关。因此，员工应对信息加强了解并集中注意力。由于沟通的信息量通常较大，而员工的注意力又是有限的，因而在收集、筛选、整理、传播信息时，一定做好信息策划工作，使其能够吸引员工的注意力。

(五) 合理利用非正式组织原则

这项原则的要点在于提醒饭店管理者，在沟通过程中，应该巧用非正式组织以辅助正式组织，从而实现有效的沟通。非正式组织内部气氛通常比较轻松，若能选择适当的场合，传播一些消息，或重复谈论一些已公布的资料，很容易唤起听众的注意。同时，私下交谈与咨询更容易拉近双方距离，从而更容易促进双方的理解，因此饭店管理者应重视非正式组织在信息沟通中的作用。

五、高情商沟通的类型

(一) 浅层沟通和深层沟通

1. 浅层沟通

浅层沟通是指在饭店管理工作中进行的必要的行为信息传递和交换。例如，饭店管理者将工作安排传达给员工，员工向饭店管理者提出工作建议等。饭店信息的上情下达和下情上传都属于浅层沟通。

2. 深层沟通

深层沟通是指饭店管理者和员工为了有更深入的了解，针对个人情感、态度、价值观等方面进行的交流。有价值的聊天或者谈心都属于深层沟通。深层沟通有助于饭店管理者全面、深入地了解员工，便于饭店管理者了解员工的思想、要求，从而可以有针对性满足他们的需要，进而激发其工作积极性。

(二) 语言沟通和非语言沟通

1. 语言沟通

语言沟通是指以语词符号为载体实现的沟通，又可细分为口头沟通和书面沟通两种形式。口头沟通是指以口语为媒介的信息传递，包括会议、发布指令、面谈、员工交流、小组讨论等。书面沟通是指以文字为媒介的信息传递方式，包括文件、报告、信件、书面合同等。口头沟通比较灵活、迅速，双方不仅可以传递信息，还可以传递感情、态度等。书面沟通比较正规，具有权威性，在沟通过程中信息不易被歪曲。

2. 非语言沟通

非语言沟通是指通过某些媒介而非语言或文字来传递信息的方式。非语言沟通的内涵十分丰富，主要包括身体语言沟通和目光沟通等。身体语言沟通是指通过表情、手势等身体动作(动态无声性)或者身体姿势、距离及衣着打扮等(静态无声性)传递信息的方式。目光沟通是指通过目光接触来传递信息的方式。饭店管理者可以通过观察员工听取指令的表情来判断沟通是否有效。例如，如果员工在沟通时东张西望，就表明他们没有注意听，自然无法达到沟通目的。

(三) 正式沟通和非正式沟通

1. 正式沟通

正式沟通是指在饭店组织系统内部，依据一定的组织原则所进行的信息传递与交流。例如，饭店与其他单位之间的公函往来，饭店内部的文件传达，上下级之间定期进行的信息交流等。正式沟通也可能发生在两位员工之间，例如，他们为了完成同一份订单必须相互交流，协调彼此的工作。

2. 非正式沟通

非正式沟通是指除正式沟通以外的信息传递与交流。非正式沟通不受饭店组织监督，可自由选择沟通渠道。例如，群体成员私下交换看法、朋友聚会、传播小道消息等都属于非正式沟通。非正式沟通是正式沟通的有机补充，现代管理理论对此极为重视。美国著名管理学家西蒙指出，在许多组织中，决策时利用的信息大部分是由非正式沟通传递的。与正式沟通相比，非正式沟通往往能更灵活、迅速地适应事态的变化，省略许多烦琐的程序，并且常常能提供大量的通过正式沟通难以获得的信息，真实反映员工的思想、态度和动机。因此，这种沟通往往能够对管理决策产生重要影响。

(四) 单向沟通和双向沟通

按照是否进行反馈，沟通可分为单向沟通和双向沟通。

1. 单向沟通

单向沟通是指信息发送者和接收者之间单向传递信息，即一方只发送信息，另一方只接收信息的方式。在单向沟通中，双方无论在语言还是情感方面都不需要信息反馈。例如，做报告、发指示、下命令等。

2. 双向沟通

双向沟通是指有反馈的信息传递，是信息发送者和接收者相互之间进行信息交流的沟通方式。在双向沟通中，信息发送者和接收者之间的位置不断变换，而且信息发送者是以协商和讨论的姿态面对接收者的，信息发出以后需要及时听取反馈意见，必要时双方可进行多次商谈，直到双方感到明确和满意为止。例如，交谈、协商等。

(五) 纵向沟通和横向沟通

1. 纵向沟通

纵向沟通可分为下行沟通和上行沟通。下行沟通是指上级对下级进行的沟通。例如，饭店管理者将饭店组织目标、计划、方针、措施等传达到基层，发布任免决定，对一些具体问题提出处理意见等。上行沟通是指基层员工和中层管理人员通过一定的渠道与管理决策层进行的信息交流。它有两种表现形式：一是层层传递，即依据一定的组织原则和组织程序逐级向上反映，例如基层的情况通报就是从基层部门开始，逐级反映到上级部门的；二是越级反映，即减少中间层次，让决策者和基层员工直接对话。

2. 横向沟通

横向沟通是指组织系统中层次相当的个人及群体之间进行的信息传递和交流。横向沟通又可划分为3种类型：一是高层管理人员之间的信息沟通；二是组织内部各部门之间的信息沟通与中层管理人员之间的信息沟通；三是一般员工在工作和思想上的信息沟通。横向沟通既可采取正式沟通的形式，例如饭店内部的调度会、联席会议等；也可采取非正式沟通的形式。通常后一种形式居多，尤其是在正式沟通或拟定的信息沟通计划难以实现时，非正式沟通往往是一种极为有效的补救方式。

六、高情商沟通的规则

著名饭店管理专家王伟先生在《饭店人力资源开发与管理》一书中提出高情商沟通应遵循17个规则，值得学习和借鉴。

1. 避免争论

面对问题时，有时不一定会越辩越明，反而可能导致争论双方两败俱伤。一位厨师告诉服务员，不要纠正客人关于菜品口味的观点，而应倾听并赞同。

2. 切忌指责

指责就是告诉别人"你错了"，然而事实上对错往往缺乏衡量标准，多以沟通双方各自的表述为依据。人的苦恼，通常来自别人将他的观点强加给自己的过程，所以，一旦感受到这种"苦恼"，自然就会抵制或反抗，结果可想而知。有时，指责也可能来自对方的一个眼神或动作。

3. 知错就改

能否及时改正错误取决于态度，态度决定一切。

4. 友善为先

以善意、积极、主动的态度去沟通，多说"好""可以""行""放心""马上办"，通常无往不利；相反，凡事先想"不""不行""不能""算了"，结果常常朝不利的方向发展。

5. 让对方多讲

人人都有表达的欲望，而不愿意听别人喋喋不休。所以，在与人沟通的过程中，我们应多听少说，倾听就是最好的沟通方式。

6. 营造肯定气氛

在沟通过程中，应营造一种和谐气氛，多提出一些预期答案是"yes"的问题，尽量避免让对方讲"no"。当对方形成积极的反应后通常会开启沟通的大门，而"no"则是妨碍沟通的一堵墙。

7. 设身处地

在沟通过程中，应尝试站在对方的立场思考问题，然后从中找出答案并解决问题。即使不能解决问题，也能创造出进一步探索解决办法的条件，而不会彻底关闭谈判的大门。

8. 赞成与同情

赞成与同情是人与生俱来的生理需求，有助于化解沟通"坚冰"。

9. 抬高对方

在沟通过程中，应从道德、人格方面抬高对方，让对方有"居高临下"之感，往往可以促使对方增强责任感，激发其主动沟通的热情。

10. 戏剧性与挑战性

在沟通过程中，设置具有戏剧性或挑战性的话题，可使沟通双方获得愉悦的感受。

11. 从称赞和感谢入手

在沟通过程中，应多肯定对方，这样可以为下一次沟通创造良好的开端，而良好的开端通常是成功的一半。

12. 间接提醒他人的错误

间接提醒，指的是不在大庭广众之下，而在私底下或小范围内交流。当他人犯错时，不要就对错直接下评论，而应点评或启发；不要指责，而应提醒；不要"事后诸葛亮"，而应提前关注。

13. 批评他人之前先审视自己

在沟通过程中，难免产生争议，应以平和的心态来解决。如果对方确实犯了错误，需要提出批评，那么在批评他人之前应先审视自己。自我审视有助于更好地理解他人，减少误解和冲突，建立和谐的人际关系。

14. 发问，而非直接下达命令

在沟通过程中，可通过提问来引导对方，激发对方交流的积极性，使之自觉自愿参与沟通。

15. 让人保住面子

在沟通过程中，要给对方留有在大家面前调整自己的余地，否则会引起对方的反感甚至抵制，断绝沟通的可能性。

16. 帮助人，使改正过失看起来很容易

在沟通过程中，要营造一种环境，能使改正错误的人有勇气坦然面对外界。

17. 让他人高兴地做他喜欢做的事

在沟通过程中，应主动发掘他人的喜好或擅长的领域，用其所长，可达到事半功倍的效果。

七、高情商沟通的技巧

许多成功和优秀的饭店管理者，同时也是高情商沟通的高手。美国一所大学在研究诸多成功管理者的案例时发现，一个人的"智慧""专业技术"和"经验"并非影响成功的关键因素，通过有效的人际沟通营造良好的人际关系对成功助益更大。亨利·明兹伯格对管理活动的研究表明，管理者通常将66%～80%的工作时间用于交谈。当然，除了语言沟通外，倾听、媒介沟通以及非语言沟通等也都是管理过程中的重要活动。

(一) 高情商沟通之聆听的技巧

聆听与被动地听是截然不同的。聆听时会积极主动地收集信息，而被动地听仅仅是一种行为。在聆听时，信息发送者和接收者都在思考。要想获取有价值的信息，就必须积极交流，这样才能成为良好的聆听者。聆听的技巧与公开演说或写作一样是能够逐渐培养的。饭店管理者需要在每日的工作中锻炼自己的聆听技巧，应仔细聆听来自领导、其他部门甚至其他饭店人员的信息，并花更多的时间来聆听员工的意见。聆听的技巧体现在以下几方面。

1. 对话题表现出兴趣

对沟通话题表现出兴趣，这有助于自己更专注地聆听，对方也会因此受到鼓励。有时候，员工愿意说出自己的真实想法，但害怕会得到负面的反馈，如果管理者能表现出沟通兴趣，可以鼓励员工敞开心扉，促进交流的顺利进行。

2. 适时提出问题

提出问题，是听者最有效的反馈，可以使听者由被动变为主动，既能澄清所听到的内容，又能获取新资料，还能提高沟通的针对性，以便控制沟通进程和效果。所提问题一般可以分为两类：一类是封闭式问题，这种问题的答案只有"是"或者"不是"两种。另一类是开放式问题，这种问题没有统一的答案，它可以引发很多提问。例如，会议怎么结束的？你喜欢工作的哪些方面？你还有其他问题吗？这类问题就不能用"是"或者"不是"来回答，而是要根据不同情况具体作答，因而通过开放式问题，可以得到更多的信息。封闭式和开放式问题如表9-1所示。

表9-1　封闭式和开放式问题

封闭式问题	开放式问题
会议结束了吗	会议怎么结束的
你喜欢你的工作吗	你喜欢工作的哪些方面
你还有问题吗	你还有其他问题吗

资料来源：汝勇健.沟通技巧[M].北京：旅游教育出版社，2007.

3. 及时、恰当反馈

有时，接收人所收到的信息可能与说话者想要传递的信息并不完全一致。在这种情况下，及时反馈既可以防止误解的产生，又能避免日后出现更大的问题。首先，用自己的话复述听到的内容。当谈话出现正常停顿时，复述或归纳听到的内容，就给了说话者进行纠正和澄清的机会。其次，如果说话者不同意自己的复述，应进行进一步沟通，直到两者达成一致为止。此外，应理解说话者的情绪，不良的情绪会造成沟通不畅，并产生不好的影响。因此，要让说话者产生被接受的感觉，这有助于克服情绪干扰，回到正常沟通进程中。饭店员工在处理客人投诉时，经常会采用上述做法，以平复客人的情绪。

4. 不轻易下定论

在沟通过程中，不要急于下定论。在说话者准备讲话之前，尽量不要对所要谈论的事情本身下定论，否则在沟通过程中就会受个人情绪的影响，无法设身处地地从对方的角度看待问题，如表9-2所示。

表9-2　情绪对沟通的影响实例

可能出现的情绪	例子
先入为主，无法专心倾听对方的话	"这件事根本就行不通，怎么这家伙又……"
个人好恶	"他说的这个话题我根本就不感兴趣，都什么年头了！"
对对方有个人偏见	"怎么每次都是这个家伙来诉苦！"
利益冲突导致敌对情绪	"想和我争？别想！"

资料来源：汝勇健.沟通技巧[M].北京：旅游教育出版社，2007.

(二) 高情商沟通之口语表达技巧

据相关统计，普通饭店管理人员与别人交谈或听取别人意见的时间占其工作时间的50%～70%。这一数据显示，饭店管理人员在工作交流中比较喜欢用口头语言来收集和传递信息。因此，为了增强信息传递效果，提高工作效率，需要掌握有效的口头沟通技巧。口头语言的应用范围十分广泛，交谈、演讲、劝说、服务都离不开这个基本的语言符号系统。口头语言水平的高低，必然导致信息传递效果的差异。为了使口头表达准确生动，应培养以下几项口语表达技能。

1. 把握语音语调

口语借助语音语调来传情达意，清晰流畅、悦耳动听的语调可以增强语言交际效果。饭店员工在日常沟通中，应该做到吐字清楚、发音准确，少用"啊"音和"吧"音，尤其要注意语调和表意的语气，通过语调的升降变化，准确表达自己的感情。一般升调表示兴奋、惊喜、号召、鼓动的情感；降调表示悲伤、冷峻、坚定、厌恶的感情；平直调表示平淡、冷漠，无特殊情感；曲折调表示情感跌宕起伏。

2. 强调逻辑条理性

口语表达的基本要求是把信息准确无误、全面具体地表达出来，使听众理解。因此，需要注重沟通内容的逻辑性与条理性，应明确先说什么、后说什么，什么应重点叙述、什么可以简单带过，沟通内容一定要中肯切题，做到言之有物。

3. 注重形象生动性

在沟通过程中，为了引起听者的兴趣和共鸣，口语表达应形象、鲜明、生动，可以运用修辞手法，如比喻、夸张、排比等来营造氛围，增强感染力。此外，还应注意语言表达的感情色彩，这样才能打动对方、说服对方。

(三) 高情商沟通之媒介沟通技巧

饭店管理者除了应掌握听、说、写和身体语言等基本的沟通方式外，还可以灵活运用媒介沟通手段来提高管理工作的效率和准确性。电话是饭店管理中常用且重要的沟通媒介，因此，本部分将重点介绍电话沟通技巧。

1. 打电话技巧

(1) 礼貌开头。拨号以后，如只听铃响，没有人接，应耐心等待片刻，待铃响六七次后再挂断。如对方正巧不在电话机旁，匆匆赶来接电话时电话却已挂断，这属于失礼行为。电话接通后，先问清对方的号码或单位，应有礼貌地称呼对方，或者问"请问是××饭店吗""请问××先生在不在""我想找餐饮部的负责人"等。当对方回答以后，应说"您好"，接着报出饭店名称和自己的姓名，不要让对方猜自己是谁。当对方询问姓名时，一般应告知对方，如果自己不说，反问对方"你是谁"，也是很不礼貌的。万一拨错号码，应向接电话者表示歉意，如"对不起，打错了""打扰您了"等，切勿直接挂断电话，不做任何解释。

(2) 热情友好。在打电话的过程中，应保持表达流利、吐字清晰、声调平和、语速适中、声音清朗、富于感情、热情洋溢。这样富于感染力的电话能够打动对方，促使沟通顺利进行。但不论是工作电话还是交际电话，都不要过度抒情，这与整体气氛不协调，也会令周围人反感。

(3) 明确目的。打电话之前，应先明确打电话的目的。打电话前，应准备好文具或有关资料，如铅笔、纸张、表格、目录、价格表以及一些数据和实例，避免将时间浪费在寻找纸笔上。电话沟通的思路要清晰，应做到坦率、简练、高效率。

(4) 表达清楚。在通话过程中，有关同音不同义的词语，或姓名、日期、时间、电话号码等内容要表达清楚，必要时要重复或做出解释。对容易混淆、难以分辨的词语要加倍注意，放慢速度，逐字清晰地发音。为确保信息被对方理解，要注意停顿以给对方做出反应的时间。如果对方没有反应，可通过这样的问话获得反馈——"关于这点，我讲清楚了吗"。

(5) 礼貌道别。通话结束时，可礼貌地强调一遍希望对方采取的行动、急于解决的问题和时间期限，同时不要忘了感谢对方。通常是由拨出电话的一方先提出结束通话。在结束通话之前，应礼貌地寒暄几句，如"麻烦您了""打扰您了""谢谢""那么，再见了"等，以此类语言结束，也是对整个通话过程的概括性强调，有利于协调双方的情绪，达到通话的目的。最后待对方挂上电话之后再放下话筒。

2. 接电话技巧

电话接听者虽然无法看见对方所处的环境与对方的表情，但可以根据对方的语言和语气做出判断，然后据此决定采取哪些技巧。

(1) 尽快接听。电话铃响后，最好在三声之内接听，因为接听的速度能够反映饭店的形象与管理水平。拿起话筒应立即问好，并自报家门，如"您好，这里是××饭店"，这样既问候了对方，又让对方清楚这边是什么单位。如果没有及时拿起电话，可能会错过一次重要的通话，失去一个难得的机会。

(2) 礼貌接听。接听者可以先报自己的电话号码或饭店名称，然后再问对方找谁，切忌自己什么都不说，一味地询问对方"你叫什么名字""你找谁""你找他有什么事"等，这种做法很不礼貌。如果自己不是受话人，应负起作为转达者的责任。万一要找的人正忙，应该重新拿起电话告诉对方"请等一下，他马上就来"。如果受话人不在，要耐心地询问对方的姓名和电话号码，明确是否需要转达，在征得对方同意后详细记录相关信息，并向对方重复一遍以验证记录的正确性。如遇对方打错电话号码，可请对方重拨一次号码，不要责怪对方。

(3) 认真接听。在通话过程中，要认真倾听对方讲话，尽量不要打断对方。为了表示自己在专心聆听，可以不时地回应"可以""是的""太好了""没问题"等。有时还可以提出问题，证实自己是否听得准确，让对方感到自己很感兴趣。如果电话在不恰当的时间打进来，可委婉地告诉对方"真想和您多谈谈，可现在有件急事要处理，明天我给您打电话再谈，好吗"。

（4）记录内容。要养成记录通话内容的习惯，尤其应将电话沟通要点准确记录下来，这样既便于处理问题，也便于向其他人传达。如对对方询问的内容不甚了解或自己不能答复，应请相应的部门主管答复。听电话不是一个消极的过程，应做到集中注意力。为了准确理解对方所讲的内容，必须注意对方说话的音调、停顿以及通过声音传达的态度，要学会从对方的语态里获得所需信息。

（5）礼貌结束。一般由发话人先结束谈话，如果对方没讲完，自己便挂断电话，这是很不礼貌的。有些人打电话，一接通电话便说个没完，如果想结束通话或缩短通话时间，可以说"对不起，领导正在叫我，等会儿我再给您打电话好吗""您还有什么吩咐""那么就这样吧"等。

（四）高情商沟通之非语言沟通技巧

1. 姿势

站立、走动、坐下、倚靠、手背后等姿势，都有可能影响沟通效果。因此，在沟通过程中，饭店管理者不应过于频繁地改变姿势，以免下属分散注意力或产生误解。

2. 手势

手势应与沟通内容有关，其目的是强调。因此，手势应有一定的意义。无意义的手势不仅会分散下属的注意力，还有可能使下属产生误解。例如，时不时摸一下耳朵、鼻子或头发，或时不时摸一下衣领、袖子或袖口，手中摆弄铅笔、手表、戒指等，都会影响沟通效果。

3. 与下属的距离

在沟通过程中，饭店管理者与下属的距离可以传达许多信息。例如，在饭店培训教室中，通常会在培训讲师与被培训员工之间留出一块"无人区"。这是一种传统的做法，不仅能够表现师者威严，还能限制被培训员工与培训讲者之间发展过于亲近的关系。但这种做法并不适用于饭店管理者和下属员工之间，饭店管理者与下属员工之间应保持一种和谐的气氛，既能友好相处又能互相尊重。

学习任务三　饭店领导与领导影响力

一、领导的内涵

所谓领导，有多种定义，它是在两个或两个以上的人中间产生的个人能力或个人权力的过程。就过程而言，领导是"影响员工并带领他们共同达到某个目标的过程"。换句话说，领导是一种与众多成员之间的沟通过程。领导者是变革的带领人，是可以影响别人的人，而不是受别人影响的人。领导是在一个群体改变其他群体的动机或能力时产生的。

二、领导者的分类

领导者可分为正式领导者和非正式领导者两种，两者之间既有共同点，也有一些差别。

(一) 正式领导者

在饭店中，正式领导者拥有饭店组织结构中的正式职位、权力与地位，其主要功能是确立和达成组织目标，具体包括以下几方面。

(1) 制定和执行饭店的计划、政策与方针。

(2) 提供情报、知识、技巧与策略，促进和改善群体工作绩效。

(3) 授权下级分担任务。

(4) 对饭店组织成员实施奖惩。

(5) 对外代表群体，负责协调并处理群体与组织、群体与群体之间的种种矛盾。

(6) 对内代表组织，沟通饭店上下的意见，协调并处理群体内的人际关系和其他问题，满足群体成员的需要。

(7) 代表群体形象，统一群体行为，为群体树立理想、价值观念。

正式领导者的功能是饭店组织授予的，能实现到何种程度，要视领导者的能力以及领导者本身是否为其部属所接受而定。

(二) 非正式领导者

非正式领导者虽然没有组织授予的职位与权力，但由于其个人条件优于他人，如知识、经验丰富，能力水平出众，懂得关心理解别人，或具有某种人格魅力，是其他群体成员佩服的，因而对其他群体成员具有实际的影响力。从这个意义来看，也可称之为实际领导者，其主要功能是满足员工的个别需要。

(1) 协助成员解决私人问题(家庭方面或工作方面)。

(2) 倾听成员的意见，安慰成员。

(3) 协调与仲裁成员间的关系。

(4) 提供各种资料与情报。

(5) 替成员承担某些责任。

(6) 引导成员的思想、信仰以及对价值的判断。

非正式领导者对饭店成员具有实际影响力。如果非正式领导者赞成组织目标，则可以带动成员执行组织任务；反之，非正式领导者亦可能引导成员阻碍任务的执行。一个正式的领导者要制定政策，提供知识与技术支持等，当然需要具备一定的智慧与能力。但领导行为主要是人际关系行为，因此必须具有较大的被饭店组织内的员工所接受的影响力，才能发挥领导作用。

由此可见，一个真正有作为的饭店领导者，应同时具有正式领导者与非正式领导者的功能，既能实现组织目标，也能满足员工个人需要，也就是非正式领导者必须同时将工作领袖与精神领袖两种角色集于一身。但达到这种标准的领导者是不可多得的，多数领导者偏向于工作领袖的性质。因此，正式领导者容易忽略部属的社会性及情绪。在这种情况下，员工中较善于体谅别人者，便逐渐变成大家的精神领袖，发挥安慰、鼓励、仲裁及协调等作用。

三、领导者影响力的含义

领导者影响力是指领导者在领导过程中，有效改变和影响他人心理和行为的一种能力或力量。领导活动是在领导者与被领导者的相互作用中进行的。领导工作的本质就是人与人之间的一种互动关系。在领导过程中，领导者如果不能有效影响或改变被领导者的心理或行为，那么他就很难实现领导的功能，饭店组织目标也就无法实现。

四、领导者影响力的构成

领导者的影响力由两大系统构成，即权力性影响力和非权力性影响力。

(一) 权力性影响力

权力性影响力，又称硬权力，是由于饭店组织赋予领导者一定的地位、职务和权力而产生的影响力。这种影响力以"法定"为支柱，是一种强制性影响力。领导者一旦拥有合法权力，就同时拥有不同程度的权力性影响力。构成权力性影响力的因素主要有以下3个方面。

1. 服从感

服从感是饭店员工对领导者的一种传统观念。通常员工会认为领导者不同于一般人，领导者或者有权，或者有才干，或者兼而有之。这些观念逐渐成为某种形式的社会规范，促使被领导者产生了对领导者的服从感。服从领导作为一种传统观念，在潜意识里影响每个人的思维，这就为领导者的言论增加了影响力。这种影响力普遍存在于领导者实施行为之前，可以认为它是传统观念附加给饭店领导者的力量。

2. 敬畏感

敬畏感是一种社会性因素，职位是一种社会分工，是员工在饭店中的职务和地位，职位因素会使被领导者产生敬畏感。对于领导者来说，饭店通过选举、任命、自荐或招聘等方式给予其一定的权力，有了权力就会对被领导者产生强制性力量，并让其产生敬畏心理。职位因素的影响力是领导者拥有的以法定形式为基础的强制权力。

3. 敬重感

敬重感源于饭店领导者的资格、经历与阅历等因素，是一种历史性因素，反映领导者过去的历史状况。在现实生活中，员工对资历较深的领导者往往比对资历较浅的领导者更敬重。由于资历主要与过去所任职务有关，因此，它产生的影响力的性质主要属于权力性影响力的范围，它存在于领导者实施行为之前。

(二) 非权力性影响力

非权力性影响力，又称软权力，是由饭店领导者个人的行为和素质而产生的影响力，它并非领导者专有。构成非权力性影响力的因素主要有4个方面。

1. 敬爱感

敬爱感是构成饭店领导者非权力性影响力的本质性因素。领导者的品格主要包括道德、品行、人格、作风等。品格主要表现在领导者的心理活动和言行之中，"榜样的力量是无穷的"。具有高尚品格的饭店领导者，容易使被领导者产生敬爱感，并诱导他们去认同和模仿，从而产生更强的号召力、动员力、说服力。无论领导者职位多高、资历多深，倘若在品格上出了问题，就会威信扫地，失去影响力。

2. 敬佩感

敬佩感主要源于饭店领导者的聪明才智、工作能力、专业能力，这是饭店领导者能否胜任领导职务、完成领导工作的重要条件。领导者的才干、能力是构成其非权力性影响力的主要因素。领导者的才能是在实践中形成并表现在实践之中的，它是领导者的实践性因素。一个有才能的领导者会使被领导者产生敬佩感，敬佩感是一种心理磁力，它能吸引人们自觉地去接受其影响。

3. 信赖感

现代领导活动对饭店领导者的知识储量和水平提出了更高的要求。领导者掌握的知识是形成非权力性影响力的科学性因素。具有丰富科学知识的饭店领导者在指导工作、组织群众、沟通协调关系时，容易取得被领导者的信任，使被领导者产生一种信赖感，这必然会增强领导者的影响力。

4. 亲切感

感情是人对客观对象好恶亲疏倾向的内心体验，人与人之间建立了良好的感情关系，便能产生亲切感。在产生亲切感的人与人之间，相互的吸引力就大，彼此的影响力就高。如果一个饭店领导者待人和蔼可亲，能时时处处体贴关怀下级，与群众的关系十分融洽，其影响力往往比较高。合法权力可以使被领导者服从，此外，专长权力、职位权力有助于赢得被领导者的敬畏，但要保证被领导者心悦诚服，就必须发挥感情影响力的作用。

五、领导者的风格

领导者的风格可分为专制型、照章办事型、民主型和放任型4种。每一种领导风格都能对饭店员工的士气产生影响，具体如表9-3所示。

表9-3　领导风格总览

名称	别称	主要表现	适用于员工
专制型	指令型或独裁型	管理者尽可能地把持决策权，如同独裁一样，不与他人协商。发出的指令下属必须遵守执行，无讨论余地	必须尽快掌握技巧的新员工，难以运用其他领导艺术监控的后进员工和临时员工
照章办事型	—	照本宣科的领导风格，强调根据规章制度和工作标准办事，必须依靠高层管理者解决无章可循的问题	必须照章工作的员工(如处理税款问题的财务部员工，或负责招标、订货的采购部员工)，接触危险设备或在特定情况下工作的员工
民主型	参与型	管理者尽可能地请员工参与相关的工作，征求员工意见，使员工参与决策并接受授权	拥有较高技巧和较多经验的员工，要做出相当的工作任务变化(如果时间允许)的员工，想表达自己的思维的员工，有共同问题的同类员工
放任型	放手型	管理者采取"放手"的政策，授权给手下员工，基本不发出指令，让员工充分行使权利	高度负责的员工，如工程专家或咨询顾问专家

资料来源：Raphael R.Kavanaugh，Jack D.Ninemeier. 饭店业督导[M]. 3版. 北京：中国旅游出版社，2007.

(一) 专制型领导风格

专制型领导风格是管理中的典型领导风格。采用这种领导方式的人从不征求员工的意见，他们发布命令时从不解释，并希望他人遵守各项指令。通常，这类领导还设立某些奖励和惩罚的措施来保证员工遵守各项指令。虽然领导都重视结果，但专制型领导更重视工作结果，认为它高于激励。专制型领导认为下属员工应该主动遵循上级领导的相关指令，通常而言，采用这种方式的领导者在接到上级领导的指令后，自己便不愿进一步向下级员工授权。

(二) 照章办事型领导风格

照章办事型领导风格关注规章制度、政策和程序的贯彻。这类领导依靠规章制度开展管理工作。当遇到"无章可循"的情况时，他们则依靠高层管理者的决策。通常，只有在其他领导方式失效的情况下，或者员工没有任何决策权力时，人们才使用这种方式。例如，当员工被安排从事危险性较高的工作时，必须一丝不苟地执行操作规则；当员工从事日常工作或履行重复性程序时，也应采用这种领导风格。例如，饭店财务部的员工必须严格遵守相关的财务制度要求。

(三) 民主型领导风格

民主型领导风格要求领导向员工通报与他们相关的工作情况，与员工共同承担决策和解决问题的责任。这种方式强调员工在饭店中的作用，并向员工提供展现工作能力的机会。这种风格的领导者确信员工有能力为自己和饭店找到合适的发展方向，鼓励员工参与对工作有影响的决定，经常召开会议听取员工意见，经常实施奖励，很少给予消极反馈或惩罚。采用这种领导方式有助于饭店领导者赢得他人的信任、尊重与支持，提高员工对工作目标的认可程度。

虽然这种领导风格看起来比专制型或照章办事型的领导风格有吸引力，但它也有局限性和潜在的风险。例如，在众多员工参与决策或解决问题的过程中，所需时间可能会大大延长，而这时需要的是果断决策。在某些情况下，如果饭店领导者能直接处理却还要员工参与，则是一种多余耗时的做法。民主型领导风格适用于熟练掌握工作技巧或有丰富经验的员工。

(四) 放任型领导风格

放任型领导风格是指领导不发布指令，而让员工进行自我管理的方式。采用放任式领导风格的领导允许下属进行变革，饭店领导者既不给下属太多的激励，也不给他们太多的指引，基本放任自流；对于下属实在完成不了的任务，则给予一点支持。如果放任型领导者领导的团队绩效低下、内部混乱、不良亚文化盛行，那么这种领导往往不是自愿放任，而是既无能力或权力指挥，又无能力或资源支持，或者是水平低下，或者是权力受限，即使有很多想法，由于不具备相应的条件，也无法实践。事实上，把权力完全授予员工，依靠他们去设置目标、做出决策并解决问题，有效使用这种领导方式的机会不多。这种领导风格主要适用于熟练掌握工作技巧或经验丰富的员工，这些员工应接受过与决策和解决问题相关的培训。

学习任务四 饭店团队建设

一、饭店团队的内涵

饭店团队是指有意识地在饭店组织中努力开发有效的工作小组，每个小组由一组员工组成，通过自我管理的形式，负责一个完整的工作过程或其中一部分工作。可以将饭店团队建设理解为一个过程，在此过程中，参与者不但能够增进彼此之间的信任并在工作中达成共识，还会努力探索并促进工作小组创造出不同寻常的业绩。

二、饭店团队的类型

(一) 相近型工作团队

相近型工作团队是把具有相似技能的员工组织在一起，在规定时间内完成所有规定的工作。例如，中餐传菜员、中餐领位、中餐服务员等。可以看出，相近型工作团队一般来自同一工作地点或部门。

(二) 接力型工作团队

接力型工作团队的工作原理与田径项目中的接力比赛一样，团队中的所有成员密切配合才能完成任务。以饭店餐饮部为例，其简单的团队组成通常包括服务员和厨师两部分。服务员应准确无误地记录客人所点的菜品，然后将信息传递给厨师，厨师据此烹制好菜品并将其传给服务员，最终由服务员将菜品送到客人面前。整个服务过程就体现了接力型工作团队的密切配合。

(三) 整体型工作团队

在整体型工作团队中，由具有不同专业能力的成员组合在一起来完成特定的工作任务。例如，饭店中为团队客人安排住宿的全体工作人员，包括销售部、前厅部、客房部等部门的人员。他们汇聚在一起，目的是计划并协调各个部门和员工的工作，确保客人顺利入住。团队客人抵达后，销售部应确认人员、入住时间与预订信息是否符合；前厅部应办理团队客人入住的相关手续；客房部应保证团队客人入住的客房干净卫生，提前将房间整理完毕。

三、饭店团队建设的过程

(一) 形成阶段

在形成阶段，饭店团队人员首次聚集。在这一阶段，团队成员重点考虑的是如何适应饭店团队的工作要求及自己在团队中所处的位置。

(二) 震荡阶段

震荡阶段是饭店团队成员试图明确团队目标和价值的阶段。此时，由于团队的具体要求和规定还未完全规范，很可能会出现由一两名成员来控制团队行为的局面。饭店团队成员之间可能会出现相互猜测和相互指责的情况。

(三) 规范化阶段

在规范化的过程中，经过震荡阶段的饭店团队成员逐渐开始以团队整体形象出现。在这一阶段，饭店团队成员在规范准则、经营方式、沟通渠道及行为规范等方面达成共识。

同时，团队成员能够相互容纳对方，更为了解团队内部不同的思维方式和人员特性，成员各司其职，团队目标更为明确，团队成员进一步明确了自己在团队中的位置，相互之间的关系更加融洽。

(四) 运行阶段

在运行阶段，饭店团队开始能够有效地解决工作中出现的问题，工作效率大大提高。在经历了震荡阶段和规范化阶段后，此时，饭店团队成员之间建立了极强的信任感，也能最大限度地避免冲突的发生。此时，由于团队成员能目睹成功的运营，他们更加珍惜团队的整体作用。也正是在这个阶段，团队成员能最大限度地发挥个人价值，此时的团队被视为真正意义上的团队。

四、饭店团队建设的注意事项

(1) 必须认识到人才是饭店团队最宝贵的资源。热忱投入、能出色完成本职工作的员工，是团队最宝贵的资源和资本。尊重员工，为优秀的员工创造一个和谐、富有激情的工作环境，是上至总经理下至普通员工的核心和重点。

(2) 应该尊重每一位员工的个性，尊重员工的个人意愿，尊重员工的选择权利。所有员工在人格上人人平等，在发展机会面前人人平等。必须努力为员工提供公正、平等的工作环境，营造和谐的工作氛围，倡导简单真诚的人际关系。

(3) 着力打造自己的管理团队。饭店培养属于自己的管理团队，是饭店人才理念的具体体现，持续培养专业的、富有激情和创造力的队伍，让每一位员工都成长为全面发展且能独当一面的综合型人才，是饭店的重要使命。

(4) 在团队中倡导学习的良好风尚。学习是一种生活方式，每一位员工都应该以归零的心态，培养自己的学习能力，迅速提升自己各方面的工作技能和综合素质。

项目小结

饭店督导管理，是指饭店的主管、领班等基层管理人员通过以监督、指导为主的一系列管理职能对饭店资源和饭店现场所做的管理。饭店督导应具备的技能包括技术技能、人际关系技能、行政技能和概念技能，应具备的素质包括自我管理、积极思考、能为员工提供合适的机会、灵活性与创造性和旺盛的精力。高情商沟通，是指两个或两个以上的个体或群体，通过一定的联系渠道传递和交换各自的意见、观点、思想、情感与愿望，从而达到相互了解、相互认知的过程。高情商沟通过程涉及发送人、信息、渠道、接收人和反馈。高情商沟通的障碍源自外围环境因素、背景差异因素、压力因素、彼此印象因素。高情商沟通的原则包括清晰明确性原则、完整性原则、及时性原则、吸引注意力原则、合理利用非正式组织原则。高情商沟通的类型包括浅层沟通和深层沟通、语言沟通和非语言沟通、正式沟通和非正式沟通、单向沟通和双向沟通、纵向沟通和横向沟通。高情商沟通需要遵循一定的规则，可以运用聆听、口语表达、媒介沟通、非语言沟通等技巧。领导是指在两个或两个以上的人中间产生的个人能力或个人权力的过程。领导者可分为正式领导者和非正式领导者。领导者的影响力由权力性影响力和非权力性影响力构成。领导者的风格可分为专制型、照章办事型、民主型和放任型。团队的类型有相近型、接力型、整体型。团队建设过程分为形成阶段、震荡阶段、规范化阶段、运行阶段。

📖 知识链接1 •

饭店总经理应具备的"领导力"

作为饭店领导者的总经理应具备三大能力，即驾驭市场的经营能力、借助专家的组织能力和引领饭店文化的思想能力。

1. 驾驭市场的经营能力

饭店是企业，是生产单位，是以创造效益为根本的经济组织。总经理的首要任务是领导员工在市场中拼搏，实现饭店经济目标。驾驭市场的经营能力是作为领导者的总经理必须具备的领导力。

总经理在经营方面的领导力主要表现在战略性层面。例如，确定饭店的市场定位；确定饭店的产品、价格、销售渠道、促销等营销策略及组合；根据市场供求关系的变化和目标市场需求的变化做出相应的战略性调整。至于战术性的营销活动可以由相关部门具体操作，总经理适时检查纠正即可。总之，总经理应遵循"抓大放小"的原则，切不可深陷琐碎事务之中。为了正确和准确地把握市场定位与营销策略及其组合，总经理应将主要精力放在市场调研和预测上，预测结果将作为论证销售部门和业务部门计划可行性的依据之一。

总经理的心理压力主要来自经营指标，因此在日常工作中需要更多关注销售部(通常将公关部与销售部合为一体)，且关注重点应是其显性业绩，即该部门为饭店增加了多少营业额。其实，对客人进行回访、跟踪服务、征集并反馈客人意见、协调店客关系、建立客史档案、拟订个性化服务方案以及"公关"联谊等，都属于销售部的日常工作内容。这些工作与经营指标的增长似乎没有直接关系，因此被称为"隐性"工作，它们间接地影响客源市场的稳定和扩大，也关系饭店产品质量的稳定和提高，所以加强显性工作和隐性工作这两方面的管理无疑是饭店经营进入良性循环的关键所在。从战术层面来说，总经理在经营方面的领导力还体现在能否确定合理、合适的激励机制，以调动相关部门做好"隐性"工作的积极性。

2. 借助专家的组织能力

饭店是由具备各种专长的人共同经营管理的组织，不可能也没有必要苛求总经理具备各种专长，但作为领导者的总经理应当善于组织各方面的专家共同为饭店工作，这就要求总经理具有组织能力。饭店各个部门的经理应当是各个部门的专家，主管、领班也应当是其工作领域内的小专家，而总经理是一名"杂家"。作为"杂家"的总经理，其领导力水平的高低通常表现在能否充分听取专家的意见，能否明辨是非，能否在协调工作时分清主次和轻重缓急。"杂家"虽然无须样样精通，但也应该能面面俱到。作为领导者的总经理要做到充分听取专家意见，首先不能冒充专家或代替专家去思考专业问题，其次应该让专家充分表达意见。比如，遇到相关问题应先请部门经理提出方案，然后据此做出决策。有的下级经常问上级"怎么办"，这可能就是上级习惯于代替下级思考和出主意导致的结果，或是上级自以为比下级高明使然。这种"杂家"代替专家出方案的做法是十分危险的，因为"杂家"毕竟不如专家"精"，极可能因主观臆断误事。所以，在实践中不论听取汇报还是开会讨论，当下级提出专业性问题时，都应要求下级先提出解决问题的方案（选择题），而不能只问"怎么办"（问答题）。当然，一些饭店中层管理人员的专业素质偏低，总经理代替中层做决策的情况也不是没有，但那是问题的另一方面。这同时说明是否具有物色专家型部门经理的能力，也是总经理组织能力高低的象征之一。

3. 引领饭店文化的思想能力

之所以将思想能力作为总经理的领导力之一，是因为饭店不能没有灵魂。有人说过，没有文化的军队是没有战斗力的军队；同理，没有文化的饭店是没有竞争力的饭店。这里说的"文化"就是思想，即灵魂。

具体来说，饭店的企业文化是饭店宣扬的群体价值观，它是以肯定个人价值为基础的（以人为本）；饭店的企业文化又是饭店倡导的饭店精神和追求方向，从而形成了饭店的组织气候和群体氛围。营造饭店文化是一种新型的管理方法，我们可以称之为"文化管理"。文化管理以本行业内基本或崭新的理念去激发员工积极向上，同时制止员工的不良倾向。例如，倡导"客人是衣食父母"的理念，可让员工明白，只有客人满意，才有个人和饭店的生存；倡导"团队精神"，可让员工明白，只有团队和谐，才有个人事业平台；倡导"责任文化"，可让员工明白，今天不努力工作，明天就要努力找工作；倡导"执行文化"，可让员工明白，饭店提拔重用认真执行者，反对浮躁和投机取巧者。

作为一家之"主"的总经理应当知道，没有人能够代替饭店领导人去思考关乎饭店生死存亡的大问题，也没有人能够代替领导人去做关于引导员工思想行为的饭店文化设计工作，而承担饭店文化设计重任的只能是总经理本人。因而，饭店总经理必须具有引导员工意识观念的能力，换言之，必须具有引领饭店文化的思想能力。从这个意义上讲，饭店领导人也应当是思想家。一个饭店的总经理倘若缺乏自己的思想、意志和观念，就不可能成功塑造饭店整体的思想、意志和观念，那么这家饭店的员工就将失去思想行为的准则和方向，也难以形成向心力和凝聚力。

饭店制定的制度（包括机制、流程、标准）是管理饭店的基础，是引导员工行为的指南。制度体现了饭店文化，是饭店文化的载体。但制度难免有漏洞，制度的漏洞要靠文化去填补，文化可以在制度管不到的地方发挥作用。可以这样说，制度是饭店的"书面契约"，是人人都要遵守的显规则；而文化是员工的"心理契约"，是一种隐规则，同样也要求人人遵守。这两者是相互弥补、相得益彰的。制度的制定和文化的营造，无不需要作为领导者的总经理以其成熟的思维去设计和完善。海尔集团领导人当众用榔头砸烂次品电冰箱，昭示的是"以质量求生存"的企业文化；海尔集团率先推出可以洗地瓜、水果同时具备一般洗衣功能的洗衣机，为迎合市场需要不断创新，倡导的是"先者生存"(抢先者占领市场)、"自主创新"(唯有创新才有生命力)的企业文化，这些文化无不出自海尔领导人的思想。

那么，一家饭店领导人的思想如何形成？一方面是通过向外界学习受到启发，另一方面是通过思考本饭店现状获得觉悟。领导人的思想水平体现为对饭店问题进行思考的高度、宽度和深度，最终形成的制度和文化对员工的震撼力、渗透力越强，领导力也就越强。

饭店文化之所以成为饭店核心竞争力之一，还在于它所宣扬的价值取向、饭店精神，都是根据饭店某一时期的需要而提出的。饭店文化可以移植，但又不能全靠移植。总经理应能根据饭店的需要提出核心思想。因此，饭店的企业文化应当有着极强的适时性、针对性和适用性。它引导的方向应有别于其他饭店，因此也难以为别人所效仿。从这个角度来说，饭店文化又是变化的。饭店的经营和管理受市场环境变化的影响极大，作为领导者的总经理应能审时度势，在不同时期和背景下适时提出相应的思想和理念，从而形成新的饭店文化，进而对组织、机制、制度和流程等方面进行再造。

总之，饭店有什么样的文化，员工就有什么样的意识观念。饭店文化影响着员工的思想，引导着员工的行为。一家饭店要想在市场竞争中立于不败之地，要想让员工产生巨大的凝聚力和创造力，作为领导者的总经理必须加强学习和积极思考，从而提高自己的思想能力，进而引领饭店文化建设，以增强饭店的核心竞争力。

资料来源：陈文生.酒店经营管理案例精选[M].北京：旅游教育出版社，2007.

🖥 知识链接2•

饭店员工EQ(情商)标准测试题目

第1～9题：请思考下列问题，选择符合自身情况的答案，注意尽可能少选中性答案。

1. 我有能力克服各种困难：_____
   A. 是的　　　　　　　B. 不一定　　　　　　　C. 不是的

2. 如果我能进入一个新的环境当中，我会把生活安排得：_____
   A. 和从前相仿　　　　B. 不一定　　　　　　　C. 和从前不一样

3. 一生中，我觉得自己能达到预定目标：_____
   A. 是的　　　　　　　B. 不一定　　　　　　　C. 不是的

4. 不知为什么，有些人总是回避我或冷待我：_____
   A. 不是的　　　　　　B. 不一定　　　　　　　C. 是的

5. 在大街上，我常常避开我不愿打招呼的人：_____

    A. 从未如此   B. 偶尔如此   C. 经常如此

6. 当我集中精力工作时，如果有人在旁边高谈阔论：_____

    A. 我仍能专心工作   B. 介于A、C之间   C. 我不能专心工作且感到愤怒

7. 我不论到什么地方，都能清楚地辨别方向：_____

    A. 是的   B. 不一定   C. 不是的

8. 我热爱所学的专业和所从事的工作：_____

    A. 是的   B. 不一定   C. 不是的

9. 气候的变化不会影响我的情绪：_____

    A. 是的   B. 介于A、C之间   C. 不是的

第10～16题：请如实回答下列问题，将答案填入右边横线处。

10. 我从不因流言蜚语而生气：_____

    A. 是的   B. 介于A、C之间   C. 不是的

11. 我善于控制自己的面部表情：_____

    A. 是的   B. 不太确定   C. 不是的

12. 在就寝时，我常常：_____

    A. 极易入睡   B. 介于A、C之间   C. 不易入睡

13. 有人侵扰我时，我：_____

    A. 不露声色   B. 介于A、C之间   C. 大声抗议，以泄己愤

14. 在和他人争辩或工作出现失误后，我常常感到震颤、精疲力竭，并不能继续安心工作：_____

    A. 不是的   B. 介于A、C之间   C. 是的

15. 我常常被一些无谓的小事困扰：_____

    A. 不是的   B. 介于A、C之间   C. 是的

16. 我宁愿住在僻静的郊区，也不愿住在嘈杂的市区：_____

    A. 不是的   B. 不太确定   C. 是的

第17～25题：请思考下列问题，选择一个符合自身情况的答案，注意尽可能少选中性答案。

17. 我被朋友、同事起过绰号、挖苦过：_____

    A. 从来没有   B. 偶尔有过   C. 这是常有的事

18. 有一种食物我吃后会呕吐：_____

    A. 没有   B. 记不清   C. 有

19. 除了自己看见过的世界，我的心中没有别的世界：_____

    A. 没有   B. 记不清   C. 有

20. 我想过若干年后会发生使自己极为不安的事：_____

    A. 从来没有想过   B. 偶尔想过   C. 经常想到

21. 我常常觉得家人对自己不好，但是我又确切地知道他们对我很好：_____

    A. 否   B. 说不清楚   C. 是

22. 每天我一回家就立刻把门关上：_____

    A. 否   B. 不清楚   C. 是

23. 尽管我已关上房门，但我仍觉得很不安：_____

    A. 否   B. 偶尔是   C. 是

24. 当一件事需要我做出决定时，我常常觉得很难：_____

    A. 否   B. 偶尔是   C. 是

25. 我常常用抛硬币、翻纸、抽签之类的游戏来预测吉凶：_____

    A. 否   B. 偶尔是   C. 是

第26～29题：下列各题，请按实际情况回答，仅需回答"是"或"否"。

26. 为了工作我早出晚归，早晨起床常常让我感到疲惫不堪：

    是 _____   否 _____

27. 在某种心境下，我会因为困惑而陷入空想，将工作搁置下来：

    是 _____   否 _____

28. 我神经脆弱，稍遇刺激就会浑身战栗：

    是 _____   否 _____

29. 我常常被噩梦惊醒：

    是 _____   否 _____

第30～33题：阅读下列各题，选择符合自身情况的描述。

30. 在工作中我愿意挑战艰巨的任务。

    (1) 从不   (2) 几乎不   (3) 一半时间   (4) 大多数时间   (5) 总是

31. 我经常能感受到别人的好意。

    (1) 从不   (2) 几乎不   (3) 一半时间   (4) 大多数时间   (5) 总是

32. 我能听取不同的意见，包括别人对自己的批评。

    (1) 从不   (2) 几乎不   (3) 一半时间   (4) 大多数时间   (5) 总是

33. 我时常勉励自己，对未来充满希望。

    (1) 从不   (2) 几乎不   (3) 一半时间   (4) 大多数时间   (5) 总是

参考答案及计分评估：

按照计分标准，先算出各部分得分，最后将各部分得分相加，得到最终分值。

第1～9题，选A得6分，选B得3分，选C得0分。

第10～25题，选A得5分，选B得2分，选C得0分。

第26～29题，回答"是"得0分，回答"否"得5分。

第30～33题，从(1)至(5)分别对应1分、2分、3分、4分、5分。

如果你的得分在90分以下：

说明你的EQ较低，你常常不能控制自己，你极易被自己的情绪影响。很多时候，你容易被激怒、发脾气，这是非常危险的信号——你的事业可能会毁于你的急躁。对此，最好的解决办法是能够为导致自己出现负面情绪的问题找到合理的解释，保持头脑冷静，使自己心情开朗。

如果你的得分为90～129分：

说明你的EQ一般，对于一件事，你在不同时候的表现可能不同，这与你的意识有关，你具有一定的EQ意识，但这种意识不是常常都有，因此你应多加注意，时时提醒自己。

如果你的得分为130～149分：

说明你的EQ较高，你是一个快乐的人，不易生出恐惧、担忧的情绪。在工作中，你热情投入、敢于负责。你为人正义、正直，对他人充满同情和关怀。这是你的优点，你应该努力保持。

如果你的EQ为150分以上：

说明你的EQ非常高，你的情绪智慧能够促进你的事业发展，是你事业有成的一个重要前提条件。

案例分析｜把部门"领导们"组成管理团队

阿利克·莱文在就任波维斯饭店经理第6周的时候，收到了一封投诉信。为此，他召开了一场会议。在会上，他将复印的投诉信分发给各个部门的经理。餐饮部经理埃德加·汉密尔顿、销售部经理卡莎·华盛顿、房务部经理路易斯·加拉多、财务部经理斯图尔特·米勒、人力资源部经理李方和工程部经理雷·多塞特读完信后，都等着阿利克的反应。阿利克说道："我想以塞西莉亚·沃兴顿的来信作为今天的会议主题，我先读信，然后我们再展开讨论。"他清了清嗓子，开始读信。

"亲爱的莱文先生：

6月18日是我女儿安吉拉结婚的日子。我们在贵饭店举办招待会，我们的家人和朋友都下榻在贵饭店。在婚礼策划和准备阶段，我们得到了贵饭店的协助，我也因为贵饭店的名望而期盼着一个完美的仪式。但实际上，本该欢庆的一天却充满了不快和失望。

第一，销售部经理卡莎·华盛顿向我们保证会将招待会安排在星光厅。我们非常喜欢星光厅，因为它面对美丽的海景，客人能在阳台上欣赏迷人的景色并享受温柔的海风。但实际上，我们入住的房间虽然能欣赏海景，却没有阳台，对此我感到非常失望。然而令我更为吃惊的是你们对我投诉的反馈：'你为什么投诉？你可以看到海景。'这就是你们的客户服务吗？

第二，在预订房间时，服务员非常友善和礼貌。她帮助我们计算费用，保证我们都会住在同一楼层且预订的房间中包含海景套房。然而，等到我们邀请的客人入住时却发现，大家并没有被分配在同一楼层，而且只有两间海景套房。我的表兄威尔一家从未到过海边，一直盼望着能欣赏到美丽的海景，然而他们的房间下面只有一个停车场。安吉拉的奶奶和爷爷原定入住一间非吸烟区的大床房，但最终被安排到吸烟区的标准两人间。我的妹妹伊丽莎白更加不幸，由于没有空房，她被安排到两个街区之外的另一家饭店。请问你们饭店的房间确认是否真正有效呢？

第三，在我们选择招待会的食品、鲜花和娱乐活动时，餐饮部经理向我们提供了无微不至的帮助。他向我们保证，厨房可以提供我们要求的素食生菜(我们需要22份)，同时不会额外收取宴会厅使用费。宴会上，大多数食品都非常可口，但沙拉不够新鲜，而且根本没有素食生菜。这让我的几位素食客人非常尴尬，他们不得不坐在桌边啃面包。为此，我们还延迟了切婚礼蛋糕的时间。除此以外，招待会进行得很顺利，乐队演出很棒，鲜花很美，服务令人满意。

第四，我们要求延时退房到星期天的早晨，并获得了准许，但承诺没有兑现。前台打来电话催促我们办理离店手续，最终我们是被推出饭店的，这让我们感到十分难堪。如果另有其他客人等待入住，那也是你们计划不周造成的，不应把问题转嫁到我们的头上。

因为对饭店服务有太多不满的地方，所以我们要求先见经理再付账。但我们被告知，经理星期一早晨才能回来，这段时间没有人处理我们的投诉，甚至没有任何人与我们联系。我们没有办法，只能以书面方式投诉，希望本周内得到答复。

敬上

塞西莉亚·沃兴顿"

阿利克环视着各位经理，问道："这到底是怎么回事？你们都谈一谈，到底什么地方出了问题。卡莎，你先开始。"

卡莎："我设计好婚礼各个环节之后，便积极联系各个部门的相关人员，确保相关人员都拿到了婚礼安排表，我尽到了职责。在预订房间时，我也确认过星光房是空房。"

埃德加："但我早已预订了那间房，你应该知道的。"

卡莎："可你根本没有事先告诉我。"

埃德加："我告诉你了！我给你打过电话，也有语音留言。"

阿利克："好了，这个谜解开了。那么房间的问题是怎么回事？"

路易斯："沃兴顿一家的预订可能是朱莉叶负责的，她主要负责大宗订房事宜。他们订了很多房间，因此我们给了他们很优惠的价格，他们非常高兴。"

斯图尔特："是我把他们调出去的，因为饭店是营利性组织，我看到有提高平均房价的机会。有几个大集团的客户，他们愿意以全价来预订我们的海景房。我有权更改任何预订。此外，我只把他们其中的一位转移到另一家饭店，而且距离也不远，这有什么关系？"

卡莎："沃兴顿一家是我们的好客户。"

斯图尔特："一个人一生可能只结一次婚，但集团客户意味着会有回头客生意。"

卡莎摇了摇头，表示不同意："沃兴顿一家有三个女儿，你认为他们还会来这里举办婚礼吗？而且沃兴顿夫人的妹妹，就是你转移出去的那位客人，是一家饭店的首席执行官，她当时正在考虑是否在我们饭店举办下届饭店代表大会。注意我说的是'当时'，我想我们错过这个机会了。"

斯图尔特："我认为我们没有错，我能带来超过婚礼收益的营业额。延期退房也是这个道理。我们不能让先前的客人留在房中，导致其他客人不能入住，这对我们来说是极大的损失。"

阿利克："埃德加，餐饮部是怎么回事？沙拉怎么了？素食生菜出了什么问题？"

埃德加："素食生菜可能没有列入厨师手中的菜单上，厨师一开始根本不相信她要点素食生菜，直到她出示餐饮合同。虽然厨师诚挚地道歉并尽力出菜，但厨房没有足够的原料。至于沙拉，当时有几个宴会同时进行，人手不够，我们只能趁有足够人手的时候准备好沙拉，所以才导致沙拉不新鲜。"

雷·多塞特苦笑着说："我猜我是唯一幸免的人，至少在招待会期间我们工程部没有出什么问题。"

人力资源部经理李方："我也没事。"

埃德加："我不这样认为，如果宴会部有足够的人手，就不必提前准备沙拉。"

李方："可是，如果你能提前告诉我人手不够，我可以雇佣几个临时工，工作或许能安排得好一些，但你不告诉我，我怎么会知道你的需求呢？"

阿利克举手示意大家安静："我原本以为今天开的是'管理团队的会议'，现在发现，你们根本算不上一个团队。"

卡莎："你这是什么意思？我们都在一起工作，当然是一个团队。我们都完成了各自的工作，对吧？"

阿利克："你为什么不能站在沃兴顿夫人的角度想想？她是我们饭店无序工作的受害者。现在，我们应商议如何回应她的投诉，并确保今后不再发生此类事情，我想我们能做到这点。但要想成为成功的团队，绝不是一朝一夕可以做到的事情。我们三天后会面，讨论如何创建一个真正的团队，而不是一个工作小组。"

资料来源：Raphael R.Kavanaugh, Jack D.Ninemeier. 饭店业督导[M]. 3版. 北京：中国旅游出版社，2007. 有删改

试分析：

1. 团队工作中的哪个环节出了问题，导致波维斯饭店的员工没能办好沃兴顿女儿的婚礼？

2. 如果你是总经理，你如何防止此类事件再次发生？

3. 在管理层没有起到模范作用的情况下，督导应如何增强团队成员的协作精神？

实训练习

在元旦来临之前，某饭店销售部需要拟定一份营销策划案。假设你是该饭店的销售部经理，当你的营销策划方案与总经理的想法不一致时，你将怎么办？同时，你将如何带领你的销售团队完成该项目的营销活动？

复习思考题

1. 饭店督导需要具备哪些个人素质与技能？
2. 饭店督导管理的含义是什么？
3. 简述高情商沟通的类型。
4. 饭店员工沟通需遵循哪些原则？
5. 高清商沟通的技巧有哪些？
6. 领导者有哪些风格？
7. 领导素养的内容是什么？
8. 领导艺术包括哪些内容？
9. 饭店团队可划分为哪些类型？
10. 简述饭店团队建设过程。

饭店员工职业生涯规划与管理

▌知识目标▐

■ 掌握饭店员工职业生涯的含义及分类
■ 掌握饭店员工职业生涯规划的含义
■ 熟悉饭店员工职业生涯规划的分类
■ 掌握饭店员工职业生涯管理的含义
■ 了解饭店员工职业生涯规划的理论基础
■ 掌握饭店员工职业生涯规划的作用

▌技能目标▐

■ 掌握饭店员工职业生涯规划的步骤
■ 熟悉饭店员工职业生涯管理的步骤
■ 理解饭店员工职业生涯管理的意义
■ 掌握饭店员工职业生涯规划的内容
■ 了解饭店员工职业生涯管理的内容
■ 熟悉饭店员工职业生涯发展的阶段

▌课前导读▐

职业生涯规划与管理是现代饭店人力资源管理的重要一环。它能帮助饭店员工评估个人目标和现状的差距，准确定位职业方向，重新认识自身价值并使其增值，发现新的职业机遇，增强职业竞争力。同时，还可帮助饭店留住人才，降低人才流失率，增强员工对饭店的归属感。在本学习项目中，首先，介绍了饭店职业生涯的含义、分类及饭店职业生涯发展的阶段。其次，介绍了饭店职业生涯规划的含义、分类和内容。再次，从三个方面分析了饭店职业生涯规划的作用。同时，介绍了目前国际上比较成熟、应用比较广泛的三种职业生涯规划理论，即霍兰德职业兴趣理论、MBTI人格理论和职业生涯系留点理论。饭店职业生涯规划可分为自我评估、机会评估、目标设定与路线选择、策略的制定与实施、反馈与修正5个基本步骤。最后，介绍了饭店职业生涯管理的相关知识。

案例导入 | 小张适合她的工作吗？

　　小张是一名房务部的楼层保洁员。这段时间以来，她很厌倦枯燥乏味的卫生清洁工作，脾气变得越来越急躁，与同事之间的关系也越来越紧张，还时不时要受到领班的批评。她感觉刚毕业时的宏伟理想好像离自己越来越远，实现理想之日遥遥无期。她开始怀疑自己是不是选错了专业，她可能不适合饭店行业，但也不知道该去做什么。

　　不久后，小张向部门经理申请换岗，到其他部门寻求发展。经理做她的思想工作，指出她的性格比较内向，建议她继续在房务部工作。工作一段时间之后，小张感觉还是没有改变原来的状态，听到周围的朋友讲饭店行业是吃青春饭的行业，又了解到自己的同学在上海一家房地产公司做售楼小姐，她很想去做，于是，她向饭店提出了辞职申请。

　　接到小张的辞职申请后，人力资源部经理按照常规进行了一次离职约见，询问到离职原因时，小张只说不适应饭店的工作；询问她的去向时，她回答要去上海做售楼小姐；问到她对售楼小姐这份工作的了解程度时，她回答先去看看再说。人力资源部经理感觉小张的职业方向不是很明确，鉴于她所学的专业是饭店服务与管理，刚招聘来的时候对工作满怀热情，还有挽回的希望，经理与小张进行了一次以职业规划为议题的深入谈话，从小张本人的性格、职业特长分析，描绘了她若干年以后的工作前景，帮助她做了一份个人职业规划设计。经过深入交谈，小张对自己的职业发展重新充满信心，并表示会继续在饭店做下去，立志要在饭店行业获得更好的发展。

　　资料来源：何丽芳.酒店服务与管理案例分析(修订版) [M].广州：广东经济出版社，2005.有删改

案例评析

　　饭店行业是一个人员流动率相对较高的行业。为了应对这种情况，管理人员应从以下两个方面着手。

　　第一，在日常工作中体现以人为本的管理思想，多关心员工。除了按照制度对员工加强管理外，管理人员还应经常了解员工的思想动态。当发现员工的情绪发生变化时，应从侧面进行了解，及时帮助员工解决困难(比如家庭、个人情感、个人思想等方面)。特别是领班和主管，作为基层管理人员，更要注意对员工进行人性化管理。

　　第二，重视员工职业生涯规划。饭店员工大多是年轻人，他们可能缺乏对职业生涯的规划。管理人员应根据员工的个人情况对他们进行引导，帮助他们实现个人理想，这对饭店和员工来说是一个双赢的举措。

　　员工职业生涯规划可分为以下几个步骤：首先，员工进行全面自我分析(涉及家庭、性格、成长经历、求学经历、工作经历、社交圈子等方面)；其次，管理人员协助员工找到个人的优势资源，匹配相关的职业；再次，确定目标，制订行动计划；最后，积累与职业发展相关的各类资源(如知识、技能、人际交往等方面)。

学习任务一 认识饭店员工职业生涯规划

一、饭店员工职业生涯的含义及分类

(一) 饭店员工职业生涯的含义

饭店员工职业生涯是指饭店员工的职业经历，是指员工一生中所有与职业相联系的行为与活动，以及相关的态度、价值观、愿望等连续性经历的过程，也是员工一生中职业、职位的变迁及工作、理想的实现过程。职业生涯是一个动态的过程，它并不代表在职业上的成功与否，每个工作着的人都有自己的职业生涯。

(二) 饭店员工职业生涯的分类

1. 饭店内职业生涯

饭店内职业生涯是指从事饭店工作时的知识、观念、经验、能力、心理素质、内心感受等因素的组合及其变化过程。它是别人无法替代和窃取的人生财富。

2. 饭店外职业生涯

饭店外职业生涯是指从事饭店工作时的工作时间、工作地点、工作内容、工作职务与职称、工作环境、工资待遇等因素的组合及其变化过程。它随着饭店内职业生涯的发展而不断变化。

饭店内、外职业生涯之间是辩证统一的关系：内职业生涯发展是外职业生涯发展的前提，内职业生涯带动外职业生涯的发展。外职业生涯的因素通常由他人决定、给予，也容易被他人否定、剥夺；内职业生涯的因素由自己探索、获得，并且不随外职业生涯因素的改变而丧失。外职业生涯略超前时有动力，超前较多时有压力；内职业生涯略超前时舒心，超前较多时烦心。

二、饭店员工职业生涯发展的阶段划分

饭店员工的职业生涯可以分为早期、中期、后期三个工作阶段。在不同的阶段，员工有不同的职业生涯任务，具体如表10-1所示。

表10-1　职业生涯阶段

阶段	关心的问题	应开发的工作
职业生涯早期	• 第一位是要得到工作 • 学会处理和调整日常工作中遇到的各种麻烦 • 要为成功完成分派的任务而承担责任 • 根据初入职场后的情况，做出改变职业和调换工作饭店的决定	• 了解职业与工作饭店的相关信息 • 了解工作和职位的任务、职责 • 了解与上级、其他人处好关系(工作方面的)的途径 • 开发某一方面或更多方面的专门知识
职业生涯中期	• 根据一定的工作阅历考虑选择哪个专业和决定承担义务的程度 • 确定从事的专业，并落实到实际工作中去 • 确定职业生涯发展的路径和目标等 • 在几种可供选择的职业生涯方案中做出选择(如从事技术工作还是管理职位)	• 开辟更宽的职业出路 • 了解用于自我评价的信息(如工作的成绩、效果) • 了解平衡工作与家庭的关系和解决其他矛盾的方法
职业生涯后期	• 承担更大的责任或减少在某一方面所承担的责任 • 培养下属和接班人 • 退休	• 提升工作兴趣，提高技术广度 • 了解工作和饭店的其他综合性成果 • 了解合理安排生活之道，避免完全被工作控制

资料来源：张满林，周广鹏，赵恒德. 旅游企业人力资源管理[M]. 北京：中国旅游出版社，2019.

按饭店员工年龄的不同，可以把职业生涯发展阶段划分为职业探索阶段、立业与发展阶段、职业中期阶段和职业后期阶段。

1. 职业探索阶段

处于这一阶段的员工的年龄段为刚参加工作到25岁。在这一时期，个人在试探性地选择自己的职业，并试图通过变动工作或饭店来确定自己将从事一生的职业。因此，青年员工调换工作的愿望十分强烈，如在本饭店得不到满足，则往往会"跳槽"。对饭店来说，应了解就业初期青年员工的这一特点，给予选择职业方面的指导，并努力为他们提供多种工作，特别是既有挑战性又能吸引他们兴趣的工作，使他们有自我探索和考察的机会。

2. 立业与发展阶段

处于这一阶段的员工的年龄段为25～44岁。在经历了职业探索之后，他们逐渐选定了自己的职业，即立业。这一阶段的员工主要是在工作中成长、发展或晋升，成就感和晋升愿望特别强烈，工作的成就、发展和晋升对他们的激励作用最大。一般来说，处于这一阶段的员工，都有自己的成长和发展计划，并会为实现目标而竭尽全力。对于处于这一阶段的员工，饭店要多给他们提供在知识、技能方面具有挑战性的工作和任务，并放手让他们大胆工作，让他们拥有更多的自主决策权和自我管理权，充分发挥他们的创新精神。同时，要对他们的工作提供各方面支持，创造良好的发展条件，使他们在工作中得到成长和发展，满足成就需要，并对他们的成果给予表扬和鼓励，促使他们朝更高的目标前进。

3. 职业中期阶段

处于这一阶段的员工的年龄段为45～58岁。该阶段员工对成就和发展的期望相对减弱，而维持或保住自己现有的地位和成就的愿望增强。同时，他们也希望更新自己专业领域的知识和技能，学习一些其他新领域的知识和技能，以免遭裁员或便于被裁员时另作选择。对饭店组织来说，应关心他们的学习需求，并给他们提供更新知识和技能的学习机会。

4. 职业后期阶段

处于这一阶段的员工的年龄段为58岁到退休。该阶段员工准备退休，并希望为适应退休后的环境而培养自己在某一方面的爱好，如书画、音乐、棋艺等有利于身心健康的活动。从饭店组织方面来讲，应关心他们的身心健康，为他们创造培养兴趣的条件，并有计划地为退休员工举办一些有利于身心健康的活动。

三、饭店员工职业生涯规划的含义及分类

饭店员工职业生涯规划是指根据饭店员工的个人情况及所处的环境，确立职业目标，选择职业通道，并采取行动和措施，实现职业生涯目标的过程。此定义说明了4个问题：一是职业生涯规划具有明显的个人化特征；二是职业生涯规划包含确定职业生涯目标、制定职业生涯实现步骤、实现目标等一系列过程；三是职业目标与日常工作有很大的差别；四是饭店应引导员工的职业生涯规划目标为饭店目标服务。

职业生涯规划按照时间的长短，可分为人生规划、长期规划、中期规划与短期规划4种类型，具体如表10-2所示。

表10-2　职业生涯规划的分类

类型	定义及任务
人生规划	整个职业生涯的规划，时间为40年左右，应设定整个人生的发展目标，如规划成为一个拥有数亿资产的饭店董事长
长期规划	5～10年的规划，主要设定较长远的目标，如规划30岁时成为饭店的部门经理，规划40岁时成为一家大型饭店副总经理等
中期规划	确定2～5年的目标与任务，如规划到不同部门工作以获取经验，规划从主管升到部门副经理等
短期规划	2年以内的规划，主要是确定近期目标，规划近期完成的任务，如学习专业知识，两年内掌握哪些业务知识等

资料来源：罗旭华，顾群.现代饭店业人力资源管理[M].北京：经济日报出版社，2007.

四、饭店员工职业生涯规划的内容

(一) 饭店员工职业管理

饭店组织从事的有关职业发展的活动，称为职业管理，其目的在于把员工的个人需要

与饭店组织的需要统一起来，做到人尽其才，使他们感到在饭店中能够有所作为，从而最大限度地调动员工的积极性，进而增强员工对饭店的归属感。此活动涉及一系列人力资源管理职能的发挥：首先，人力资源规划，包括通过评估与选拔，找出重点培养对象，认真安排他们的岗位与升迁路线；其次，指导与考评，包括帮助他们做好自我分析，提供饭店中可供选择的发展途径信息，考核他们的绩效并及时给予反馈等；再次，培训与开发，为员工提供提高自己的机会，饭店要有预见地拟定正式的培养计划；最后，实行奖励措施，包括合理奖酬制度的建立与实施，鼓励员工在发展道路上积极进取。

在饭店内承担职业管理工作的应该是各级管理人员，因为他们最了解自己下级的长处与短处、需要与抱负，以及他们的过去与现状，又了解饭店中存在的机会与发展途径，便于向下级介绍发展前景，从而指导、监督、培养和鼓励他们。

(二) 饭店员工职业计划

饭店员工个人承担的职业发展活动构成了职业计划。这种计划包含一系列职业生涯中重大的转折性选择，如专业发展方向的选择、就职饭店的选择、职务的选择等。首先需要做好自我分析，其中包括个人的优势、劣势、经历、绩效、能力等；然后，在此基础上，按照个人价值观确定长期与近期的发展目标，拟定具体的发展路线。个人职业计划应具有一定的灵活性，以便根据自己的实际表现加以调整。

在实施员工职业生涯规划时，饭店各部门应密切配合。综合而言，员工个人发展离不开饭店组织的扶持。现代饭店开发员工职业发展道路，能够充分挖掘人才，建立后备管理干部梯队，保证饭店领导层承接的连续性；实现人尽其才，充分开发饭店人力资源潜力；满足饭店员工个人的荣誉、自尊与自我发展的需要，引导其个人目标与饭店组织目标相一致，保证员工的积极性、创造性和对饭店的忠诚度与归属感。

■ 五、饭店员工职业生涯规划的作用

(一) 为饭店提供人力资源保障

饭店制定战略目标、战略方案和业务发展方案，同时也应制定相应的人力资源战略规划，以便为饭店战略目标的实现提供人力资源保障，而员工职业规划是人力资源战略规划的重要组成部分。饭店推行员工职业规划管理，在员工现实工作的基础上，将饭店的战略目标、业务发展和员工的工作进步、职业引导、职业和职务晋升与发展结合起来，形成以职业规划为中心的奋斗目标，就能够将饭店的战略目标与业务发展同员工的个人奋斗目标结合起来，使员工看到前途和希望，产生动力和士气，从而能够吸引、留住和培养适应饭店战略目标和业务发展需要的各类人才。反之，如果不实施员工职业规划管理，就容易造成员工的个人职业目标和饭店的战略目标缺乏紧密的联系，雇佣思想严重，员工流动日益

频繁，优秀且有发展潜力的员工招不进来或留不住，导致饭店战略目标的实现和业务发展失去重要的人力资源，特别是优秀员工的支撑。所以，员工职业规划管理是为饭店实现战略目标和业务发展提供人力资源保障的重要措施。

(二) 有助于开发员工潜能和提升员工实力

饭店应引导员工正确认识自身的个性特质、现有与潜在的资源优势，帮助员工重新对自己的价值进行定位并使其持续增值；应引导员工对自己的综合优势与劣势进行对比分析，使员工树立明确的职业发展目标与职业理想；还应引导员工评估个人目标与现实之间的差距，并引导员工进行前瞻与实际相结合的职业定位，搜索发现新的或有潜力的职业机会；应引导员工学会运用科学的方法，采取可行的步骤与措施，不断增强职业竞争力，实现自己的职业目标与理想。

(三) 为培训计划的制订提供依据

进入饭店工作的新员工，通常会有自己的发展计划，即对哪些工作有兴趣、希望两年后做什么、五年后做什么等。但是，并不是所有员工都具备与饭店组织的人力资源动态需求相符合的知识和能力，而职业生涯规划可帮助员工认识到其职业发展的每一个阶段必须接受的训练与开发。

六、饭店员工职业生涯规划的理论基础

职业生涯规划经过几十年的发展，相关理论不断完善，目前国际上比较成熟、应用比较广泛的职业生涯规划理论主要有霍兰德职业兴趣理论、MBTI人格理论和职业系留点理论。

(一) 霍兰德职业兴趣理论

约翰·霍兰德(John Holland)是美国约翰·霍普金斯大学心理学教授，美国著名的职业指导专家，他于1959年提出了具有广泛社会影响的职业兴趣理论。该理论认为，人的人格类型、兴趣与职业密切相关，兴趣是人们开展活动的巨大动力，符合人们职业兴趣的职业，可以提高人们的积极性，促使人们积极地、愉快地从事该职业，且职业兴趣与人格之间存在很高的相关性。霍兰德认为，人格可分为现实型、研究型、艺术型、社会型、企业型和常规型6种类型。

1. 职业兴趣理论的核心

目前，作为职业选择的首选工具，霍兰德职业兴趣量表被国内外几乎所有的职业机构所应用。霍兰德的职业兴趣理论核心提出了4个假设：第一，大多数人的人格可以分为现实型、研究型、艺术型、社会型、企业型和常规型6种类型，这些是在个人与环境的相互作用中形成的，每一种特定人格类型的人会对相应的职业类型中的活动感兴趣；第二，职业环境也同样可以划分为上述6种类型，各种职业环境大致由同一种人格类型的人占据；第三，人们寻求的是能够充分施展才能，充分表现、发展自己的价值观的职业环境；第四，个人的行为是由个人的人格和其所处的环境相互作用决定的。

2. 职业兴趣与职业环境匹配

在满足上述假设的前提之下，霍兰德提出，人格类型模式和职业类型模式应互相配合，人格与职业环境的匹配是形成职业满意度、成就感的基础。霍兰德职业兴趣与职业环境匹配表如表10-3所示。

表10-3　霍兰德职业兴趣与职业环境匹配表

类型	人格特质(职业兴趣)	职业环境(职业类型)	适应的行业或职业
R: 现实型	喜欢和实物打交道(工具、机械、设备)，如用手、工具、机械制造或修理东西；愿意从事操作实物的工作；喜欢在户外或操作机器；不喜欢抽象、社交性质的工作	要求有明确的、具体的体力任务和操作技能；人际要求不高	制造业、渔业、野外生活管理业、技术贸易业、机械业、农业、技术、林业、特种工程师和军事工作
I: 研究型	喜欢处理信息(观点、理论)；喜欢探索和理解事物；喜欢分析、思考抽象问题；喜欢独立工作	具备思考、研究和创造能力；社交要求不高	实验室工作人员、生物学家、化学家、社会学家、工程设计师、物理学家和程序设计员
A: 艺术型	具有艺术性的、独创性的表达能力和直觉能力；情绪性强；不喜欢硬性任务	通过语言、动作、色彩和形状来表达审美原则；单独工作	作家、艺术家、音乐家、诗人、漫画家、演员、戏剧导演、作曲家、乐队指挥和室内装潢
S: 社会型	喜欢从事与人打交道的活动；喜欢帮助别人；容易感情用事	通过命令、教育、培训、咨询等方式帮助、教育、服务他人；具备高水平的沟通技能，热情助人	教师、社会工作者、牧师、心理咨询员、服务性行业人员、导游
E: 企业型	喜欢领导和支配他人；善于为了达到个人或组织目的而去说服别人；希望成就一番事业	具有说服、管理、监督、领导能力	保险代理、律师、营销人员、公关人员、采购员、各级领导、政治家、管理者、投资商、电视制片人
C: 常规型	喜欢组织和处理数据；喜欢固定的、有秩序的工作或活动；希望确切地知道工作的要求和标准	注重细节；讲究精确；具备记录和归档能力	会计师、银行出纳、簿记员、行政助理、秘书、档案文书、税务专家和计算机操作员

3. 职业兴趣理论在饭店职业生涯规划中的应用

在职业生涯规划中，饭店员工运用职业兴趣理论，通常倾向选择与自我兴趣类型匹配的职业环境，如具有现实型兴趣的员工希望在现实型的职业环境中工作，可以更好地发挥个人潜能。但在职业选择中，员工并非一定要选择与自己兴趣完全对应的职业环境，一则是因为员工个体本身常是多种兴趣类型的综合体，单一类型显著突出的情况不多，因此在评价个体的兴趣类型时，时常以其在6种类型中较为突出的3种类型组合而成；二则是因为影响职业选择的因素是多方面的，不完全依据兴趣类型，还要参照社会的职业需求及获得职业的现实可能性。因此，个体在职业选择时会不断妥协，寻求与匹配职业兴趣的职业环境相邻的职业环境甚至相隔的职业环境，在这种环境中，员工需要逐渐适应自身的工作环境。但如果饭店员工寻找的是相对的职业环境，意味着所进入的是与自我兴趣完全不同的职业环境，工作起来可能难以适应，或者难以在工作过程中感受到快乐，甚至可能会在工作过程中感受到痛苦。在实践中，霍兰德的职业兴趣测试被作为一种工具，帮助员工进行职业生涯设计，有助于员工发挥自己的能力，并取得成功，实现个人理想。

(二) MBTI人格理论

人格也称个性或性格，在心理学中，人格是指一个人在一定情况下所做的行为反映的特质，即人们在生活、工作中独特的行为表现所反映的物质，包括思考方式、决策方式等。世界上关于划分人格类型的理论有很多种，MBTI人格类型理论(Myers-Briggs Type Indicator)是目前国际上比较权威、应用比较广泛的理论。

MBTI源自瑞士著名心理学家卡尔·荣格(Carl Gustav Jung)于1920年提出的心理类型理论，后经凯瑟琳·库克·布里格斯(Katharine Cook Briggs)与伊莎贝尔·布里格斯·迈尔斯(Isabel Briggs Myers)的研究和发展，将其命名为"迈尔斯-布里格个性分析指标(MBTI)"。该理论可以帮助人们解释为什么不同的人对不同的事物感兴趣、擅长不同的工作，并且有时无法互相理解。这个工具在世界上应用了将近30年的时间，教师利用它提高授课效率，职场人利用它选择职业，企业组织将其应用在人际关系、团队沟通、组织建设、组织诊断等多个方面。在世界五百强企业中，有80%的企业有MBTI的应用经验。MBTI主要应用于职业发展、职业咨询、团队建议等方面，是目前国际上应用较广泛的人才甄别工具。

1. MBTI人格理论的基本内容

MBTI理论认为，一个人的个性可以从4个角度来分析，并用如下字母表示。

(1) 驱动力的来源：外向(E)，内向(I)

(2) 接受信息的方式：感觉(S)，直觉(N)

(3) 决策的方式：思维(T)，情感(F)

(4) 对待不确定性事物的态度：判断(J)，直觉(P)

将以上各因素两两组合，可以组合成16种人格类型。

2. MBTI理论的16种人格类型

1) ISTJ

严肃、安静，做事能全力投入，可被信赖，易获得成功；

行事务实、有序，讲究逻辑性，真实；

观察力强且乐于研究任何事物；

工作、生活均有良好的组织秩序；

负责任；

习惯按照设定的成效做出决策且不畏阻挠与闲言，意志坚定；

重视传统与忠诚；

传统的思考者。

2) ISFJ

安静、和善、负责任且有良知；

行事尽责投入；

安定性强，是项目工作或团体中的稳固力量；

愿投入、吃苦，做事力求精确；

兴趣通常不在科技方面，对细节事务有耐心；

忠诚、思虑周全、知性且懂得关心他人感受；

致力于创建有序及和谐的工作与家庭环境。

3) INFJ

性格坚韧，有创意，做事心怀必须达成的决心，能获得成功；

会在工作中尽全力；

能够默默地、诚挚地、用心地关心他人；

因坚守原则而受敬重；

能提出造福大众利益的明确愿景，并受到他人的尊敬与追随；

对他人具有洞察力；

为人光明正大且坚信自己的价值观；

有组织能力且能果断地履行愿景。

4) INTJ

拥有强大的行动力与意志力来达成目的，是顽固主义者；

有宏大的愿景，且能快速在众多事件中找出有意义的典型；

对所承担的职务具有良好的策划能力并能完成工作；

疑心重、挑剔、独立，做事果决，对专业水准及绩效要求高。

5) ISTP

冷静旁观者，具有安静、凡事留余地、做事有弹性的性格特征，有好奇心与幽默感，观察与分析事物时无偏见；

喜欢探索原因、效果、运作机理及逻辑;

擅长找出问题解决方法;

擅长分析成事的缘由,且能及时通过大量资料找出实际问题的核心。

6) ISFP

羞怯、安宁、和善、敏感、亲切且行事谦虚;

喜于避开争论,不对他人强加已见或价值观;

无意服从领导却常是忠诚的追随者;

办事不急躁,安于现状,不急于改变现状,且非成果导向;

喜欢有自由的空间并按照规划办事。

7) INFP

安静观察者,理想主义者,对与其价值观一致且重要的人有忠诚心;

希望生活形态与内在价值观相吻合;

有好奇心且能很快看出机会所在,常担任开发创意的触媒者;

有想了解及发展他人潜能的企图,想做的事太多且做事全神贯注;

对境遇及所有不太在意;

在价值观没有受到影响的情况下,有较强的适应力和承受力,行事表现有弹性。

8) INTP

安静、自持,极具适应力;

特别喜爱追求理论与科学事理;

习惯通过逻辑分析来解决问题;

对创意事务及特定工作有兴趣,对聚会与闲聊无太大兴趣;

追求与个人兴趣相符的职业生涯;

对感兴趣的事务追求逻辑解释。

9) ESTP

擅长现场实时解决问题;

喜欢做事,享受过程;

喜好技术事务及运动,喜欢结交同道中人;

具有适应性、容忍度、务实性,喜欢从事很快显现成效的工作;

不喜欢冗长的概念解释及理论;

精于可操作、可处理、可分解或可组合的实践性事务。

10) ESFP

外向、和善,有较强的接受性,乐于和他人分享喜乐;

在学习和工作中,喜欢与他人一起行动来促成事件发生,有团队精神;

知晓事件未来的发展方向并会热情参与;

具有人际相处能力及相关常识与技能,性格有弹性,能较快适应他人与环境;

懂得享受生命与人生,热爱物质享受。

11) ENFP

充满热忱、精力充沛、聪明、富有想象力，认为生命充满机会并期待能得到他人的肯定与支持；

几乎能完成所有感兴趣的事；

擅长解决难题，乐于助人；

具备改善现状的能力，常不做规划准备；

为达目的常能找出强制自己为之的理由；

即兴执行者。

12) ENTP

应变能力强，聪明，擅长从事多种事务；

擅长激励伙伴，思维敏捷，言语直接；

会因为趣味对问题的两面进行辩证讨论；

擅长解决具有挑战性的新问题，但轻视或厌烦经常性的任务与细节；

兴趣呈多元化，易倾向转移至新生的兴趣；

能为自己的行为目的有技巧地找出逻辑和理由；

擅长洞察他人。

13) ESTJ

务实、真实，具有企业管理或技术应用的天分；

不喜欢抽象理论，喜欢学习可立即运用的事理；

喜欢组织与管理活动，专注，能以最有效率的方式行事以达成目标；

有决断力，喜欢关注细节且能很快做出决策；

会忽略他人感受；

喜欢做领导者或企业主管。

14) ESFJ

诚挚，喜欢交谈，合作性高，受欢迎，行事光明正大；

注重环境的和谐且擅长营造和谐氛围；

常做对他人有益的事务；

及时给予鼓励及称许会创造更好的工作成效；

对直接影响人们生活的事物较有兴趣；

喜欢与他人共事，能精确且准时地完成工作。

15) ENFJ

热忱、敏感、负责任；

能真正关切且用心处理别人的想法或需求；

能带领团体讨论或演示文稿提案；

擅长交际，受欢迎，有同情心；

对来自他人的称许及批评很在意；

喜欢带领别人且能使别人或团体发挥潜能。

16) ENTJ

坦诚，具有决策力的活动领导者；

擅长系统地解决组织问题；

擅长富有内涵与智慧的谈话，如对公众演讲；

乐于吸收新知识且能广开信息渠道；

易过度自信，注重表达自己的创见；

擅长长期策划及目标设定。

3. MBTI人格理论在饭店职业生涯规划中的运用

MBTI人格类型揭示了一个人深层的、真实的自我核心，以及源于本能的、自然的思维、感觉及行为模式，而不是在别人面前表现出来的性格特征。它揭示了不同类型的人有不同的本能及自然的思维、感觉及行为模式，同一种类型的人的本能及自然的思维、感觉及行为模式较为相似，从而解释了为什么不同的饭店员工对不同的事物感兴趣，为什么不同的员工擅长不同的工作，员工之间为什么不能相互理解和有效配合。通过了解自己和其他人的性格倾向，可以更好地理解自己的优点、缺点，更容易接受自己并更好地理解和接受他人，理解为什么人与人之间在思维、行为、观念、表现等方面存在差异，从而接受其他观点的合理性，避免固执己见或者简单地判定某种做法的正确或错误。

饭店员工的MBTI人格类型是由遗传因素、成长环境决定的。根据MBTI理论，每种个性类型均有相应的优点和缺点、适合的工作环境、适合的岗位特质。使用MBTI进行职业生涯开发的关键在于如何将个人的人格特点与职业特点相结合。在进行职业生涯设计时除了参考职业兴趣以外，还要了解自己的MBTI类型，它不仅可以提供适合的岗位、工作环境等方面的参考，还能根据个人情况提出系统的发展建议。

(三) 职业生涯系留点理论

美国管理学家埃德加·施恩(Edgar H.Schein)提出的职业生涯系留点理论是职业生涯理论中较为重要的内容之一。该理论反映了人们在拥有相当丰富的工作阅历后，真正乐于从事某种职业，并把它作为自己终身职业归宿的思想原因。换言之，某种因素把人"系"在一种职业上。我国学者也把这一理论称为职业锚理论，即人因为某种原因选择了一种职业，就此抛锚安身。职业锚，实际就是人们选择和发展自己的职业时所围绕的中心，是指当一个人不得不做出选择的时候，他无论如何都不会放弃的职业中某种至关重要的东西或价值观。

1. 职业生涯系留点理论的基本内容

(1) 技术职能型。技术职能型的人追求在技术职能领域的成长和技能的不断提高，以及应用这种技术职能的机会。他们对自己的认可来自他们的专业水平，他们喜欢面对专业领域的挑战。他们通常不喜欢从事一般的管理工作，因为这意味着他们不得不放弃在技术职能管理领域的成就。

(2) 管理型。管理型的人追求并致力于工作晋升，倾心于全面管理，独立负责一个部分，并跨部门整合其他人的努力成果。他们想去承担整体责任，并将饭店经营的成功与否与自己联系起来。具体的技术职能工作仅仅被当作通向更高管理层的必经之路。

(3) 自主独立型。自主独立型的人希望随心所欲地安排自己的工作方式、工作习惯和生活方式，追求能施展个人能力的工作环境，最大限度地摆脱组织的限制和制约。他们宁愿放弃提升或工作发展机会，也不愿意放弃自由与独立。

(4) 安全稳定型。安全稳定型的人追求工作中的安全与稳定感，他们因为能够预测到稳定的将来而感到放松。他们关心财务安全方面的问题，如退休金和退休计划。稳定感来自诚实、忠诚的人格类型以及完成饭店交办的工作。尽管有时他们可以达到一个更高的职位，但他们并不关心具体的职位和具体的工作内容。

(5) 创业型。创业型的人希望用自己的能力去创建属于自己的企业或创建完全属于自己的产品，而且愿意去冒风险并克服障碍。他们想向外界证明自己，企业是他们靠自己的努力创建的。他们可能正在别人的企业里工作，但同时他们也在学习并寻找机会。一旦时机成熟，他们便会走出去创建自己的事业。

(6) 服务型。服务型的人一直追求他们认可的核心价值，如帮助他人、乐于助人等。他们一直追寻这种机会，这意味着即使变换企业，他们也不会接受不允许他们实现这种价值的变动或工作提升。

(7) 挑战型。挑战型的人喜欢解决看上去无法解决的问题，战胜实力强硬的对手，克服无法克服的困难障碍等。对他们而言，参加工作的原因是工作允许他们去战胜各种不可能。他们需要充满新奇事物、变化和重重困难的工作环境，如果事情非常容易解决，则会让他们失去兴趣。

(8) 生活型。生活型的人希望将生活的各个主要方面整合为一个整体，喜欢平衡个人的、家庭的和职业的需要。因此，生活型的人需要一个能够提供足够弹性的工作环境来实现这一目标。生活型的人甚至可以牺牲职业的一些方面，例如放弃职位提升，来换取三者的平衡。他们将成功定义得比职业成功更广泛。相较于具体的工作环境、工作内容，生活型的人更关注自己如何生活、在哪里居住、如何处理家庭事务及怎样提升自我等。

2. 职业生涯系留点理论在饭店员工职业生涯规划中的运用

(1) 帮助员工选择职业生涯发展道路。职业生涯系留点是通过工作经验的积累产生并形成的，能够清楚地反映饭店员工的价值观与才干，也能反映员工进入成长期的潜在需求和动机。员工职业生涯系于饭店中某一工作过程，实际上就是员工真正认知自我的过程，认识自己具有什么样的能力、才干。通过对职业生涯系留点的认识，可以使饭店员工找到自己长期稳定的职业贡献区，从而决定自己将来的生活状态与职业选择。

(2) 帮助员工确定职业生涯目标和职业角色。职业生涯系留点能够清楚地反映饭店员工的职业生涯追求与抱负。例如，对于技术功能型员工而言，其志向和抱负在于取得专业技术方面的成就。同时，根据职业系留点可以判断员工个人达到职业成功的标准。例如，对于管理型员工来说，其职业成功在于升迁至更高的职位，获得更多的管理机会。因此，明确职业系留点,可以帮助饭店员工确定职业生涯成功的标准,以及获得职业生涯成功所要求的环境,从而确定职业目标及职业角色。

(3) 帮助提高工作技能及职业竞争力。职业生涯系留点是饭店员工经过长期寻找所形成的职业生涯定位,是个人的长期贡献区。职业生涯系留点形成后,员工个人便会相对稳定地从事某种职业,这样必然可累积工作经验、知识与技能。随着员工个人工作经验的丰富和累积、个人知识储备的增加,个人的职业技能水平将不断提升,个人的职业竞争力也将随之增强。

学习任务二 饭店员工职业生涯规划的步骤

尽管饭店员工职业生涯规划内容因人而异,但在制定个人职业生涯规划时所要考虑的要素是基本相同的,通常包括:个人基本情况,主要包括兴趣爱好、性格、特长、能力和价值观、目标与需求、生理与健康状况、教育水平、工作经验、社会阶层、性别、年龄以及智商与情商等因素;对个人能力、兴趣、潜力、职业生涯需要及追求目标的评估,主要包括对个人优势与劣势的分析,个人职业发展目标的设定及设定理由,达到目标的途径与需要的教育培训措施,达到目标可能遇到的阻力和助力等;个人外部环境分析,主要包括对社会和饭店组织的需求、家庭期望、信息和技术的发展、经济的兴衰、政策法规的影响,以及个人与饭店组织在职业选择、规划和机会方面的沟通情况等。

在综合考虑上述因素的基础上,可以把饭店员工职业生涯规划分为自我评估、饭店职业生涯机会评估、饭店职业生涯目标与路线的设定、饭店员工职业生涯策略的制定与实施、饭店职业生涯规划的反馈与修正5个基本步骤。饭店员工职业生涯规划表如表10-4所示。

表10-4　饭店员工职业生涯规划表

一、个人基本情况

姓　　名		性别		婚　　否		出生年月	
性格倾向		血型		政治面貌		联系电话	
家庭住址				E-mail			
所在岗位				到岗时间			

教育情况	类别	学历	学校		毕业日期	主修科目

技能	技能(职称)种类		证书

(续表)

工作经历	时间	单位	行业	职位

工作愿望	对现在从事的岗位工作是否满意		满意□	不满意□
	是否愿意担任其他岗位工作		愿意□	不愿意□
	如果可能，你愿意从事哪一方面的工作			

如果有机会提升，你认为自己哪些方面还需要进一步的培训和加强		

工作现状	我现在的职位	知识现状	
		技能现状	
		其他现状	
	我的差距	知识差距	
		技能差距	
		其他差距	
	我需要的帮助	知识帮助	
		技能帮助	
		其他帮助	

二、自我分析(自我评估)

自我评估	个人需要	
	职业价值观	
	职业性格	
	兴趣、爱好、特长	
	情绪、情感状况	
	意志力状况	
	已具备的经验	
	已具备的能力	
	个人优点	
	个人缺点	
	人际关系状况	

社会关系的评估	关系	姓名	对你的看法与期望
	父亲		
	母亲		
	亲戚		
	朋友		
	领导		
	其他		

(续表)

自我分析总结	

三、社会、职业环境分析(机会评估)

家庭环境分析(如经济状况、家人期望、家族文化等以及对本人的影响)

社会环境分析(如就业形势、就业政策、竞争对手等)

行业分析(如行业现状及发展趋势,人业匹配分析)

职业分析(如职业的工作内容、工作要求、发展前景,人岗匹配分析)

饭店分析(如单位类型、企业文化、发展前景、发展阶段、产品服务、员工素质、工作氛围等,人企匹配分析)

	1. 你认为你所服务的饭店是	A. 非常有发展潜力的企业□　B. 发展潜力一般的企业□ C. 毫无发展潜力的企业□　　　D. 不知道,从没考虑过□
环境与职业认知	2. 打算在现在的饭店工作多久	A. 长期□　B. 两年以内□　C. 5年到10年□ D. 从没考虑过,做一天是一天□
	3. 与同事相处得如何	A. 好□　B. 一般□ C. 不好□　D. 时好时坏□
	4. 在工作中感觉快乐吗	A. 非常快乐□　B. 一般□ C. 有时感觉快乐,有时感觉倦怠、烦恼□　D. 不快乐□
	5. 你对饭店环境是否满意	A. 满意□　B. 一般□　C. 不满意及原因(　　　): a. 制度不规范　b. 氛围不好　c. 看不到发展机会 d. 领导在能力方面有问题　e. 工资、福利待遇不好
	6. 你具备的知识能力你有所欠缺的知识能力	A. 计划能力□　B. 执行能力□　C. 沟通协调能力□　D. 组织能力□ E. 专业知识□　F. 写作能力□　G. 创新能力□　H. 学习能力□ I. 自我控制能力□　J. 理解与思维能力□
	7. 如何看待职业规划	A. 人生要有目标,并为之努力□　B. 做给别人看,自欺欺人□ C. 走一步看一步□　D. 从来就没有职业规划意识□
	8. 对目前的职业生涯满意吗	A. 非常满意□　B. 比较满意□ C. 说不上,一般□　D. 不满意□
	9. 你的职业困惑是什么	A. 不知道自己适合做什么□　B. 职业发展遇到瓶颈□ C. 职业倦怠,工作提不起精神□　D. 工作压力过大□ E. 工作环境中人际关系紧张□　F. 健康与生理状况等原因□ J. 现在的薪资水平低于自己的能力与付出□

(续表)

环境与职业认知	10. 对职业规划你看重哪些方面	A. 对自己的事业发展有帮助□　B. 对提高自己的薪资水平有帮助□ C. 对提升自己的技能与经验有帮助□　D. 对实现自己的人生理想有益□
	11. 规划职业看重哪些因素	A. 效果□　B. 金钱□ C. 名利□　D. 心境□

职业分析小结：

四、确立初步目标(目标设定与路线选择)

描述初步的职业理想	职业类型		职业名称		具体岗位	
	职业地域		工作环境		工作时间	
	工作性质		工作待遇		技能等级	
	职业发展期望					

目标SWOT分析	实现目标的优势	
	实现目标的劣势	
	实现目标的机会	

(续表)

目标SWOT分析	实现目标的障碍	

五、计划实施一览表(策略的制定与实施)

计划名称	时间跨度	总目标	分目标	计划内容	策略和措施	备注
短期计划						
中期计划						
长期计划						

资料来源：员工职业生涯规划表[EB/OL]. (2011-09-22)[2025-3-30]. http://wenku.baidu.com/view/465c6f41336c1eb91a375d37.html?from=rec. 有删改

一、饭店员工职业生涯自我评估

自我评估是指饭店员工要全面了解自己。一个有效的职业生涯设计必须是在充分且正确认识自身条件与相关环境的基础上进行的。要审视自己、认识自己、了解自己，做好自我评估，评估内容包括自己的兴趣、特长、性格、学识、技能、智商、情商、思维方式等方面，即要弄清自己想做什么、能做什么、应该做什么、应该选择什么岗位等问题。

自我评估是职业生涯规划的第一步，也是职业生涯规划中的一个重要环节，充分认识自我是成功进行职业生涯规划的前提和基础。只有正确认识自我，才有可能对自己未来的职业发展做出正确的分析，对自己的职业生涯目标做出最佳的选择，从而确定适合自己发展的职业生涯路线。

自我评估的内容主要包括4个方面：生理自我，包括自己的相貌、身材和穿着打扮等；心理自我，包括自己的个性、兴趣、能力、价值观等；理性自我，包括自己的思维方式、道德水准、情商等；社会自我，包括自己在社会中所扮演的角色，自己在社会中的责任、权利、义务和名誉，他人对自己的看法以及自己对他人的看法等。在这4个方面中，涉及的因素很多，其中要重点分析的是自己的价值观、兴趣和个性心理特征，而个性心理特征又包括性格、能力和气质。

二、饭店员工职业生涯机会评估

机会评估主要是指评估周边各种环境因素对自己职业生涯发展的影响。在制定员工个人的职业生涯规划时，要充分了解所处环境的特点，掌握职业环境的发展变化情况，明确自己在这个环境中的地位以及环境对自己提出的要求和创造的条件等。只有充分了解和把握环境因素，才能做到在复杂的环境中趋利避害，使职业生涯规划具有实际意义。影响职业生涯发展的环境因素具体可分为宏观和微观两部分。

(一) 宏观环境

在职业生涯规划中，应重点分析以下几个宏观因素。

1. 饭店业人才需求情况

随着我国社会经济和旅游业的高速发展，饭店业对各种人才的需求也在不断发生变化。对这方面信息的分析，可以使饭店员工个体认识到自己目前所具备的知识和技能是否为饭店所需要、需求程度如何，以及自己应该在哪些方面学习和提高才能适应饭店的需要。

2. 饭店业人才供给状况

对人才供给状况的分析实际上是对人才竞争状况的分析，通过分析这些信息，可以使个体认识到与自己竞争相似饭店职位的群体状况，明确自己与他人相比的优势和不足之处，以及如何才能在竞争中取得优势。

3. 社会和法律政策

对社会有关法律政策的分析，可以使员工个体了解现实中存在的发展机会，以便在职业生涯规划时利用这些机会。例如，《国务院办公厅转发人力资源社会保障部等部门关于促进以创业带动就业工作指导意见的通知》等对高校大学生自主创业的鼓励政策，就为有志于独立创业的高校大学生开辟了新的职业发展道路。

4. 社会价值观的变化

不同时代有不同的社会价值观，员工在从事饭店工作时也需要得到社会的认同。了解社会价值观，有利于在职业生涯规划时做出与社会价值观一致的职业选择。在进行职业生涯规划时，需要特别注意的是职业环境分析。对职业环境进行分析，可以认清自己所选择的职业在大环境中的发展状况、技术含量、社会地位和未来发展趋势等。需要考虑的主要问题有：当前饭店可选择的主要岗位有哪些，发展前景如何，社会发展对该职业会产生怎样的影响等。

(二) 微观环境

职业生涯规划的微观环境分析主要是指饭店组织环境分析。对饭店组织环境进行分析是职业生涯规划的核心环节，因为员工要选择的饭店组织与员工未来的发展是密切相关的。组织环境分析主要包括行业环境分析和饭店环境分析。

1. 行业环境分析

行业环境分析是对员工目前所从事的饭店行业和将来想从事的行业的环境分析，主要包括以下几个方面的内容：饭店行业的发展状况，国内外环境对饭店行业发展的影响，饭店行业存在的优势和劣势以及未来的发展趋势等。分析饭店行业的时候，一定要结合大环境的发展趋势来进行。

2. 饭店环境分析

饭店环境分析主要分析所在饭店在本行业中的地位、现状和发展前景，具体包括以下几个方面的内容：饭店的发展战略，饭店实力，饭店企业文化，饭店领导者，饭店的人力资源状况，饭店的营销状况。需要注意的是，无论员工选择什么样的饭店，都要考虑自己在饭店中的发展空间、饭店的发展潜力以及自己的目标能否在饭店中得以实现。在以薪酬为导向的就业观念发生变化的当今社会，机会多、待遇优、个人发展空间广、饭店体制完善已成为许多求职者选择职业时要考虑的综合因素。

三、饭店员工职业生涯目标设定与路线选择

(一) 职业生涯目标设定

职业生涯目标的设定，是指在充分认识自我的基础上，对生涯机会进行评估后，对职业发展方向做出选择。职业生涯目标的选择是以自己的最佳才能、最优性格、最大兴趣和最有利环境等条件为依据的。职业生涯目标的设定是职业生涯规划的核心。个人事业的成败，在很大程度上取决于职业生涯规划是否科学、合理，并取决于是否确立了正确、适当的职业生涯目标。

在设定目标时要注意以下几个方面的问题：目标要符合社会与饭店发展的需要，有需要才有市场和自身发展的位置；目标要适合自身的条件，并使其建立在自身的优势之上；目标要切实可行，即通过自己的努力可以达到；目标应该具有挑战性和激励性，也就是说目标既要基于现状又要高于现状，只有这样才能激励个体不断发展和提高自己，但目标要高远不等于好高骛远；要注意长期目标与短期目标的结合，长期目标指明了发展方向，而短期目标是实现长期目标的保证；目标的幅度不宜过宽，最好选择窄一点的领域，并把全部力量投入进去，这样更容易获得成功；目标要明确具体，同一时期的目标不要太多，目标越简明具体，就越容易实现，越能促进员工个人的发展。

(二) 职业生涯路线选择

选择职业生涯发展目标以后，还应该选择能够达到这一目标的职业生涯路线。职业生涯路线是指一个人选定职业后，实现职业目标的方向和途径。职业生涯路线的选择取决于"想""能""可以"这三个要素，基本含义如下所述。

1. 选择发展路线的愿望

第一个要素"想"，是指饭店员工通过对兴趣、价值观、理想、成就动机等因素的分析，确定自己的目标取向，即自己的志向是在哪个方面，自己希望走哪一条路线。这是饭店员工的兴趣问题。

2. 选择发展路线的可能性

第二个要素"能"，是指饭店员工通过对自己的性格、特长、智能、技能、情商、学识和经历等因素的分析，确定自己的能力取向，即自己能向哪一条路线发展。这是饭店员工的特质问题。

3. 选择发展路线的现实性

第三个要素"可以"，是指饭店员工通过对当前及未来的饭店组织环境和社会环境等微观及宏观因素的分析，确定自己的机会取向，即内外部环境是否允许自己走这一条路线，是否有发展机会。这是环境条件问题。

以上三个要素相互联系、缺一不可，在确定自己的职业生涯路线时，必须综合分析和考虑这三个要素。

四、饭店员工职业生涯策略的制定与实施

(一) 职业生涯策略的主要内容

职业生涯策略应细化为具体的计划和措施，同时还要明确每项计划的起讫时间和考核指标。

1. 具体计划

职业生涯路线是一步一步走出来的，职业生涯目标也是要一点一点实现的。如果没有具体的行动计划，目标就不可能实现。所以，需要列出详细的工作和学习计划。每阶段学什么，要列出具体的科目；每阶段干什么，要列出具体的任务。

2. 具体措施

列出具体的计划后，还要列出实现每项计划的具体措施，并且要保证措施的切实可行。如果没有具体的措施或者措施不可行，计划就无法实现。

3. 起讫时间

对每项计划列出切实可行的具体措施后，还要明确每项计划的起讫时间，即什么时间开始、什么时间结束。否则，员工的计划也会落空。明确每项计划的起讫时间，是约束自己按计划行动的重要手段。

4. 考核指标

在明确具体计划和措施以及起讫时间后，还要确定用什么指标来检查或衡量计划的完成情况，这一点也是非常重要的。如果没有考核指标，计划就极有可能搁浅，职业生涯目标也就无法实现。

(二) 职业生涯策略的制定

在确定了职业生涯发展目标和职业生涯发展路线之后，为了达到目标，应制定职业生涯发展策略的行动规划。职业生涯策略是指为了实现职业生涯目标而采取的各种行动和个人资源配置措施。制定职业生涯策略既要确定"应该做什么和怎么做"，也要确定"不能做什么"，还要制订个人资源的配置计划。具体来讲，职业生涯策略包括以下几个方面。

1. 工作策略

工作策略即为达到工作目标，提高工作效率，实现员工个人在工作中的良好表现与业绩而采取的措施。

2. 学习与培训策略

学习与培训策略即在业务素质方面，为提高饭店业务能力而采取的措施；在潜能开发方面，为开发潜能而采取的措施等。此外，还包括超出现实学习或工作之外的一些前瞻性准备，如参加业余时间的课程学习或有针对性的教育与培训；掌握一些额外的技能与专业知识，如强化英语口语能力的提升，参加职业资格证书考试等。

3. 人际关系策略

人际关系策略即为了在职业领域构建人际关系网络而采取的措施，以便为未来的发展寻找更广泛的支持与合作空间。

(三) 职业生涯策略的实施

职业生涯目标是职业生涯规划的关键，职业生涯策略和具体的计划与措施是实现职业生涯目标的保证。但是，仅仅设定目标、制定策略和计划，如果不去实施和行动，那么再好的目标也是空想，再好的策略和计划也是一纸空文。因此，要实现自己的职业生涯目标，就必须将具体的策略和计划转化成实际的行动。在生涯策略的具体实施中，一定要排除一切干扰目标实现的因素，坚持不懈地为实现自己的职业生涯目标而努力。

五、饭店员工职业生涯规划的反馈与修正

在行动的过程中，需要通过不断评估与反馈来检验与评价职业生涯策略的实施效果。在职业生涯发展过程中，往往需要不断地对职业发展计划进行调整，可能是对具体的行动计划进行调整，也可能是对职业发展路线进行调整，甚至可能是对职业目标进行调整。职业生涯发展的评估与反馈主要包括两个部分：一是对实施职业发展策略与行动计划后员工个人的职业发展状况进行评估，以便及时修正规划的目标、策略、行动、方法等不切实际的部分；二是协调员工个人职业目标与现实的工作目标、生活目标与饭店组织目标的关系，从而完善职业生涯规划，提高职业发展与开发活动的有效性。

学习任务三 饭店员工职业生涯的管理

一、饭店员工职业生涯管理的含义

职业生涯管理是现代饭店人力资源管理的重要内容之一，是指饭店帮助员工制定职业生涯规划和帮助其实现职业生涯发展所开展的一系列活动，可将职业生涯管理看成竭力满足管理者、员工、饭店三者需要的一个动态过程。

二、饭店员工职业生涯管理的意义

(一) 职业生涯管理有利于饭店资源的整合与调配

人力资源是一种可以不断开发并不断增值的增量资源，通过人力资源开发能不断更新饭店员工的知识、技能，提高员工的创造力，从而充分利用无生命的"物"的资源。特别是随着知识经济时代的到来，知识已成为社会的主体，而掌握和创造这些知识的就是"人"，因此，饭店应注重员工的智慧、技艺、能力的提高与全面发展。加强职业生涯管理，使人尽其才、才尽其用，是实现饭店资源合理配置的首要问题。如果离开员工的合理配置，饭店资源的合理配置就是一句空话。

(二) 职业生涯管理有利于员工激励的有效开展

职业生涯管理的目的就是帮助饭店员工提高在各个需求层次的满足度，既要使员工的低层次物质需求的满足度逐步提高，又要使他们的自我实现等精神方面的高级需求的满足

度逐步提高。因此，职业生涯管理不仅符合人生发展的需要，而且立足人的高级需求，即立足于友爱、尊重、自我实现的需求，真正了解饭店员工在个人发展上想要什么，协调其制定规划，帮助其实现职业生涯目标。这样就必然会激起员工强烈的为饭店服务的精神力量，从而形成促进饭店发展的巨大推动力，进而更好地实现饭店组织目标。

(三) 职业生涯管理是饭店良性发展的重要保证

任何成功的饭店，其成功的根本原因是拥有高质量的领导者和高质量的员工。员工的才能和潜力能得到充分发挥，人力资源不会虚耗、浪费，饭店的生存发展就有了取之不尽、用之不竭的源泉。优秀饭店的主要资本不是有形的设施、设备，而是他们积累的经营经验、知识和训练有素的人力资源。通过对职业生涯等方面的管理，能够为员工提供施展才能的舞台，充分体现饭店员工的自我价值，是留住人才、凝聚人才的根本保证，也是饭店长盛不衰的组织保证。

三、饭店员工职业生涯管理的步骤

(一) 制定饭店职业发展规划

(1) 提供饭店职业信息。饭店应为员工提供各种与职业相关的信息。例如，职业发展计划的目标、内容；各类职务的背景知识与指导性信息；获得知识技能的途径。

(2) 提供职业生涯指导服务。饭店应为员工提供职业生涯指导服务，具体包括：如何评价和规划自己的职业生涯；如何建立职业目标或规划发展蓝图；如何检验自己是否取得成功；如何了解自我工作风格与偏好；如何确立价值观；如何评价职业选择；如何挖掘职业发展机会；如何评析自己的优势与弱点。

(3) 明确员工发展路径。饭店要有清晰的职业发展路径，具体表现为：一是要使员工明确自己当前的工作内容和经过努力可以晋升到的各级职位；二是要使员工明确饭店组织现有和即将出现的职位空缺及其对任职者的要求和成为替补者的途径。

(4) 制订饭店管理梯队培养计划。饭店要展示高层主管的接班人计划，具体作用为：使各级主管关注下属的职业发展需要，识别具有高潜力的员工；挖掘员工潜能，促进人才资本转化为饭店利润；引导员工通过分析职业源，选择并确定职业目标。

(二) 评估员工能力素质与职业倾向

饭店可运用评价中心评估员工素质。所谓评价中心，是指一系列筛选、评价员工的工具和技术的集合。评价中心通过让员工参与模拟工作情境、角色扮演、案例分析等，解决列示的有关实际问题，来评价其行为表现和效果，预测其潜力，以发现、挑选可胜任某一职位的合适人员。评价中心应及时把评估结果反馈给员工个人，以利于员工利用这些信息结合自我认知的职业系留点，正确进行职业定位。

(三) 明确员工的职业系留点

通过上述两步，饭店可进一步明确员工在本饭店中的自我定位、职业预期、职业发展计划、职业目标和职业途径选择，即发现、辨识其职业系留点，为员工制订个人职业发展计划提供依据。

(四) 帮助员工制订个人职业发展计划

帮助员工制订个人职业发展计划，即根据饭店总体发展计划，制订员工个人职业发展计划，包括提供咨询服务和提供个人职业发展方案等。

(五) 为员工安排具有一定挑战性的工作

为员工安排具有一定挑战性的工作，即充分考虑员工的职业发展情况，为员工安排一份富有挑战性的工作。美国电报电话公司有关研究结果表明，入职第一年承担的工作富有挑战性的人员，其工作效率更高、更容易取得成功。霍尔研究后也指出，为新员工安排富有挑战性的起步性工作，是帮助新员工获得职业发展的有效途径之一。

(六) 建立配套完善的职业管理制度

饭店应建立配套完善的职业管理制度，全面、全程地为员工提供人才资源管理与开发的产品和服务，帮助新员工尽快找到发展方向，使员工进入饭店便能明确个人发展目标，从而获得职业生涯的成功。

▎四、饭店员工职业生涯管理的内容

(一) 职业路径

职业路径是指饭店为内部员工设计的有关自我认知、成长和晋升的管理方案。职业路径能帮助员工了解自我，同时还能使饭店组织掌握员工的职业需要，以便排除障碍，帮助员工成长。另外，职业路径能够帮助员工胜任工作，明确饭店组织内晋升的不同条件和程序，使员工的职业目标和计划更有利于组织目标的实现。职业路径设计指明了组织内员工可能的发展方向及发展机会，饭店员工可以沿着组织的发展路径更换工作岗位。良好的职业路径设计一方面有利于饭店吸引并留住优秀员工，另一方面能激发员工的工作兴趣，挖掘员工的工作潜能。因此，职业路径设计对饭店来说十分重要。

(二) 工作与家庭平衡计划

在对职业路径进行设计之后，应了解工作和家庭的相互作用，并制订有效的工作与家庭平衡计划。工作与家庭平衡计划的主要内容包括：向饭店员工提供针对家庭问题和压力排解的咨询服务；创造参观或联谊等机会，促进家庭成员对饭店工作的理解和认识；将部分福利扩展到员工家庭范围，以分担员工的家庭压力；把家庭因素列入考虑晋升或工作转换的制约条件之中；设计适应家庭需要的弹性工作制以供员工选择等。

(三) 职业咨询

职业咨询，是指饭店在实施职业生涯管理的各项工作中，由饭店管理者、人力资源管理人员提供的一系列指导、建议和帮助活动。职业咨询的主要形式有：为员工提供必要的信息，帮助员工进行客观分析，指导其依据自己的实际情况、工作要求和饭店需要，确定职业目标；直接管理者与员工进行讨论沟通，充分交换意见，就职业计划和有关职业发展的活动达成共识；请人力资源管理专家、职业顾问和心理学家针对员工的职业选择和职业发展问题，给予有效的指导、咨询与帮助；举办专题讨论会，向员工公布饭店职业规划方案及其实施办法，为员工介绍可能的职务机会与发展途径。

项目小结

在本学习项目中，首先，介绍了饭店员工职业生涯的含义、分类和发展阶段。饭店员工职业生涯发展可以分为早期、中期、后期3个阶段。按不同的年龄，可以把饭店员工职业生涯发展阶段划分为4种类型，即职业探索阶段、立业与发展阶段、职业中期阶段和职业后期阶段。其次，介绍了饭店员工职业生涯规划的含义和分类。按照时间的长短，职业生涯规划可分为人生规划、长期规划、中期规划与短期规划4种类型。饭店员工职业生涯规划的内容包括职业管理和个人方面的职业计划。职业生涯规划有利于为饭店提供人力资源保障；有利于开发员工内在潜能，提升个人综合实力；有利于制订更为合理、实用的培训开发计划。职业生涯规划经过几十年的发展，相关理论不断完善，目前国际上比较成熟、应用比较广泛的职业生涯规划理论主要有霍兰德职业兴趣理论、MBTI人格理论和职业系留点理论。饭店员工职业生涯规划可分为自我评估、生涯机会评估、职业生涯目标设定与路线选择、职业生涯策略的制定与实施、职业生涯规划的反馈与修正5个基本步骤。最后，介绍了饭店员工职业生涯管理的相关知识。职业生涯管理是现代饭店人力资源管理的重要内容之一，是饭店帮助员工制定职业生涯规划和帮助其取得职业生涯发展的一系列活动。职业生涯管理应看成竭力满足管理者、员工、饭店三者需要的一个动态过程。职业生涯管理是实现饭店资源合理配置的首要条件，能充分调动人的内在积极性，更好地实现饭店组织目标，使饭店获得长久发展。饭店员工职业生涯管理的步骤包括：制定饭店职业发展规划，评估员工素质与职业倾向，确定员工职业系留点，帮助员工制订个人职业发展计划，为员工安排富有挑战性的工作，建立配套完善的职业管理制度。

📖 知识链接

H饭店设计的员工职业规划管理流程

H饭店为做好员工职业生涯规划管理，吸引和留住高素质人才，促进员工快速发展，设计了员工职业生涯规划管理流程，具体内容如下所述。

1. 确定饭店不同职业和等级的员工需要具备的技能、知识和经验。饭店将员工分为4种类型，即服务人员、技术人员、后勤人员、管理人员，再将每一类人员分为不同的等级，然后确定不同等级的各类员工所需要具备的技能、知识和经验。

2. 帮助不同类型、不同等级、不同工作岗位的员工做好自我评价，即分析员工自身已具备的知识、技能和经验，帮助员工明确自身状况。

3. 征求员工自我发展的意向和想法，形成发展路线。例如，服务人员的发展路线可以是"实习生—初级服务员—中级服务员—高级服务员—初级管理员"；厨房技术人员的发展路线可以是"徒工—初级厨师—中级厨师—高级(一级)厨师—特一级厨师—特二级厨师"；管理人员的发展路线可以是"中高级服务员—领班—大领班—主管—二级部副经理—二级部经理——级部经理"。员工所处的发展阶段不同，工资待遇也不同。每个员工可以选择3~5年的发展路线，形成职业发展目标。

4. 依据员工的职业发展目标，引导、帮助员工制订职业发展工作计划，重点是根据知识、技能、经验方面的目标要求，制订员工发展计划。

5. 结合员工发展计划，制订员工培训与考核工作计划，建立以员工绩效考核为主的考核体系，帮助员工逐步实现职业发展目标。

H饭店根据上述员工职业规划管理程序，结合饭店各部门业务活动的开展，将员工职业发展计划和现实表现结合起来，开展了丰富多彩的活动。例如，本职工作贡献度的评比活动、优质服务竞赛活动、关心饭店发展的合理化建议活动、员工职业发展找差距活动等，均取得了良好的效果。员工积极性提高了，内部提升的员工数量增加了，员工流动率大大降低了，从而吸引、留住和培养了不少优秀员工和初级管理人员，促使饭店的经营蒸蒸日上，营业收入不断提高。

资料来源：蔡万坤，李爱军.餐饮饭店人力资源管理[M].北京：北京大学出版社，2007.

案例分析 | 万豪国际人才品牌"Be" ⊘

万豪国际集团宣布推出全新人才品牌"Be"，并将于全球分属30个品牌的超8300家酒店正式上线。人才品牌"Be"以"开始""归属感""成为"(begin，belong，become)作为三大核心支柱，以吸引并保留人才为目标，助力员工实现职业发展规划，进一步践行万豪国际建设企业包容性文化的承诺，从而为员工发展提供新机遇。

人才品牌"Be"的推出印证了万豪国际集团致力于推进员工培养的决心。作为酒店行业的先驱,万豪国际集团是业内较早建立并推出数字化学习平台的企业,并基于此为员工提供了一系列基础学习项目。万豪国际集团亦是较早推出全球人才福利计划的品牌,专注提升全球员工的身心健康与个人财务状况。另外,集团员工还享有一系列个人与职业发展机遇。万豪国际集团期望通过这些举措,培养兼具求知欲、魄力与凝聚力的管理者,并希望该管理者能够带领企业持续发展,为集团、宾客与所在社区带来积极影响。

万豪国际集团执行副总裁兼首席人力资源官Ty Breland说道:"人才品牌'Be'的诞生体现了万豪国际集团持续加码员工投资、吸引卓越人才的决心。25年蝉联《财富》杂志'杰出工作场所100家公司'榜单是我们长期以来关注员工成长的证明。人才品牌'Be'的出现更充分展现了我们持之以恒的努力,我们将员工视为完整的个体,始终坚持建立充满信任、尊重、平等与包容的环境,为员工提供发展的平台与机遇。"

万豪国际集团推出人才品牌"Be"的初衷在于稳固并推广兼容并蓄的企业文化,吸引各类人才进入酒店服务行业,从事传统与非传统岗位工作。从酒店运营、餐饮服务到市场营销、系统工程与技术岗位,人才品牌"Be"重点呈现的是万豪国际集团为人才提供的发展机遇。

如今,全球旅游业发展势头依旧强劲。万豪国际集团在全球广纳英才,并计划持续投资,扩大员工规模。万豪国际集团为员工提供具有竞争力的薪酬、福利与奖励,安排灵活的工作日程,制订丰厚的退休储蓄匹配计划,并提供万豪旅享家(Marriott Bonvoy)旗下30个品牌酒店的入住优惠。此外,分布于美国与美属维尔京群岛的员工还可获享新推出的员工股票购买计划。

资料来源:旅报君. 万豪国际人才品牌"Be"将于全球超8300家酒店上线,持续专注全球吸引和保留优秀人才[EB/OL]. (2023-04-13) [2025-03-23]. https://www.gtdaily.net/archives/17188.

试分析:

1. 万豪国际集团是如何帮助员工实现职业发展规划的?

2. 结合我国饭店发展实际,万豪国际集团的人力资源管理有何值得借鉴之处?

实训练习

假如你是一名饭店前厅部的新员工,请结合饭店及个人的实际情况,制定符合自身特点的3~5年的职业生涯规划。

复习思考题

1. 简述饭店员工职业生涯规划的作用。

2. 简述饭店员工职业生涯规划的步骤。

3. 简述饭店员工职业生涯管理的意义。

4. 简述饭店员工职业生涯管理的步骤。

5. 饭店员工职业生涯管理的内容是什么？

6. 饭店员工职业生涯发展包括哪些阶段？

学习项目十一
饭店劳动关系管理

知识目标

- 掌握劳动关系的含义
- 熟悉劳动关系的内容
- 掌握劳动合同的含义
- 掌握劳动争议的含义
- 熟悉劳动争议的种类
- 了解劳动争议的内容
- 熟悉劳动关系的分类
- 掌握劳动合同的分类

技能目标

- 掌握劳动争议的处理方式
- 熟悉劳动争议的处理原则
- 掌握集体合同的管理方法
- 掌握劳动合同的管理方法

课前导读

随着我国经济日益现代化、市场化，饭店用人企业主体多元化，用工和就业主体多样化，劳动关系复杂化、动态化、分层化日趋明显。在这一背景下，劳动就业、劳动保障、收入分配等一系列关系饭店员工切身利益的问题日益突出。劳动保障监察、劳动争议仲裁体制及相关机制还不健全，导致我国饭店劳动关系问题具有突出的特殊性、复杂性和重要性。只有建立和谐的劳动关系，才能保证饭店和员工双方的合法权益，促进两者的双赢发展。在本学习项目中，首先，介绍了劳动关系的含义及内容、优化劳动关系的作用和劳动关系的分类方法，并介绍了劳动合同的含义和分类。其次，介绍了劳动合同和集体合同的管理内容。再次，讲解了劳动争议的含义和内容，分析了劳动争议的种类和劳动争议的处理方式。最后，从及时处理、依法处理、公正平等和协商解决4个方面，阐述了饭店劳动争议的处理原则。

案例导入 | 《劳动合同法》实施后一个人力资源总监的烦恼 ⊗

奥利顿酒店的人力资源总监慕容鸿雁是大家公认的杰出的HR主管，但最近她却陷入深深的自责和无奈之中。从年初到现在，她一直无法处理一个在她和大家看来明显违纪违规、扰乱公司管理秩序的员工。

这个令慕容鸿雁头疼的员工叫陆正根，他是一名在奥利顿酒店工作19年、与公司签订了无固定期限劳动合同的保安员。今年春节前的一个下午，保安部经理洪大兴怒气冲冲地找到慕容鸿雁，要求处理陆正根，理由是担任监控室保安员的陆正根连续数日不接受他的安排，拒绝去大堂临时顶岗。在过去的十几年中，保安部每天都会安排监控室的员工去大堂临时顶岗10分钟左右，没有人提出过异议，陆正根也不例外。洪大兴认为，陆正根拒绝顶岗并不像他自己说的"不高兴"这么简单，可能另有动机，洪大兴还提醒慕容鸿雁去年年底陆正根上班时睡觉的事。慕容鸿雁认为不管怎样，陆正根连续5次拒绝工作任务，属于比较严重的不服从管理，因此根据《员工手册》向陆正根发出书面警告，同时给予其停职察看两天、停职期间扣发工资的处罚。

陆正根接到警告信后，拒绝签字。在接下来的两天，他没来上班。第三天早上，他来找慕容鸿雁，交给慕容鸿雁一封申诉信。在申诉信中，他反复强调自己不接受临时指派的任务主要有两个原因：一是他英语不好，不适合做大堂保安工作；二是顶岗不是他职责范围内的事，在他的岗位描述中没有这项工作。最后，他强烈要求公司撤销对他的处分，返还停职期间的工资，如果公司不还他公道，他将寻求法律保护。

慕容鸿雁不理解陆正根为什么要如此小题大做。她想起去年年底在餐厅吃饭时，一位员工告诉她，《劳动合同法》实施后，像他们这些已经签了无固定期限劳动合同的员工，只要不犯大错，公司就不能开除他们，如果不想干了，不如想办法让公司单方解聘，这样就可以拿到一大笔补偿金。慕容鸿雁不得不怀疑陆正根也有此动机。于是，慕容鸿雁约了陆正根，与他进行沟通，向他说明公司作出的处分决定是正当、合理的，希望陆正根端正态度、积极工作。对此，陆正根没有表态。

一个星期后，洪大兴再次安排陆正根去大堂顶岗，陆正根仍然拒绝。慕容鸿雁与公司法律顾问苏黎商讨，能否以违规之名解除与陆正根的劳动合同。苏黎告诉慕容鸿雁，那样将使公司承担法律风险。不但如此，奥利顿酒店现行的《员工手册》未走民主程序，因而也是无效的。

这个答复令慕容鸿雁很苦恼，面对太多的无奈，她不禁对《劳动合同法》产生了怀疑。慕容鸿雁去见总裁约翰，向他正式汇报陆正根的问题。约翰无法理解《劳动合同法》的有关规定，他让慕容鸿雁全权处理这件事。

慕容鸿雁找到洪大兴进一步了解情况，同时，也听到了其他保安员对这件事的反馈。从他们的话中，慕容鸿雁得知，公司现有300多名签订了无固定期限劳动合同的员工都在观望，如果公司再不处理陆正根，他们很可能也学他的样子磨洋工；如果公司与陆正根有偿解除劳动合同，那么他们也会逼着公司来解聘，以获取赔偿金。

资料来源：魏洁文，姜国华.酒店人力资源管理实务[M].2版.北京：中国人民大学出版社，2021.

案例评析

　　《劳动合同法》的实施对饭店人力资源管理提出了更高要求。饭店在应对案例中的问题时，应以法律为依据，以制度为保障，以沟通为桥梁，以示范为引领，构建和谐的劳动关系。饭店还应完善规章制度，在法律框架内实施高效管理，同时维护员工的合法权益。

学习任务一　认识饭店劳动关系

一、饭店劳动关系的含义

　　饭店劳动关系是劳动者与饭店在劳动过程中产生的社会关系，在不同的国家，它又被称为劳资关系、雇佣关系、劳工关系等。饭店劳动关系的双方当事人是劳动者与饭店。

　　从广义上讲，任何劳动者因从事劳动而与任何性质的饭店之间结成的社会关系都属于劳动关系的范畴。从狭义上讲，现实社会生活中的劳动关系是指国家劳动法律法规规定的当事人双方(劳动者和饭店)的权利和义务关系。本学习项目涉及的劳动关系是狭义的劳动关系。

　　劳动关系中的双方当事人，是由劳动法律规范所规定和确认的权利与义务联系在一起的，其权利和义务的实现，由国家强制力来保障。作为劳动法律关系一方的劳动者加入某饭店，成为该饭店的一员，并参加饭店的生产劳动，必须遵守饭店内部的劳动规则；而用人饭店则必须按照相关规定履行自身的义务。

二、饭店劳动关系的内容

　　饭店劳动关系的内容是指主体双方即饭店及员工依法享有的权利和承担的义务。根据《中华人民共和国劳动法》(以下简称《劳动法》)的规定，劳动者依法享有的权利主要有：劳动权，民主管理权，休息休假权，获得劳动报酬权，劳动保护权，职业培训权，享受社会保险权，提请劳动争议处理权等。劳动者应承担的主要义务有：按质按量完成生产和工作任务，学习政治、文化、科学、技术和业务知识，遵守劳动纪律和规章制度，保守国家和饭店的机密等。用人饭店的权利主要有：依法录用、调动、辞退员工，决定饭店的机构设置，任免饭店的行政干部，制定工资、报酬和福利方案，依法奖惩员工等。用人饭店承担的主要义务有：依法录用、分配、安排员工的工作，保障工会和职代会行使其职权，按员工的劳动数量和质量支付劳动报酬，加强对员工的思想、文化和业务的教育与培训，改善劳动条件，做好劳动保护和环境保护等工作。

根据劳动者依法享有的权利和义务，劳动关系是指劳动者与用人饭店之间在工作时间、休息时间、劳动报酬、劳动安全卫生、劳动纪律与奖惩、劳动保险、职业培训等方面形成的关系。此外，与劳动关系密不可分的劳动行政部门与用人饭店、劳动者与劳动就业、劳动争议、社会保险等方面的关系，以及工会与用人饭店、员工之间因履行工会的职责和职权及代表和维护员工合法权益而发生的关系等，也属于劳动关系的基本内容。

三、饭店劳动关系的分类

按照不同的角度，劳动关系有多种分类方法。

(一) 按照实现劳动过程的方式划分

劳动关系分为两类，一类是直接实现劳动过程的劳动关系，即用人饭店与劳动者建立劳动关系后，由用人饭店直接组织劳动者进行生产劳动的形式，当前这一类劳动关系占绝大多数；另一类是间接实现劳动过程的劳动关系，即劳动关系建立后，通过劳务输出或借调等方式由劳动者为其他饭店服务实现劳动过程的形式。

(二) 按照劳动者是否在编划分

按照劳动者是否在编，可分为用人饭店与正式员工之间的劳动关系、用人饭店与临时员工之间的劳动关系。

(三) 按照生产资料所有制划分

按照生产资料所有制，可分为全民所有制饭店劳动关系、集体所有制饭店劳动关系、个体经济饭店劳动关系、外商投资饭店劳动关系、私营饭店劳动关系等。

(四) 按照劳动关系的具体形态来划分

按照劳动关系的具体形态，可分为常规形式(即正常情况下的劳动关系)、停薪留职形式、放长假的形式、待岗形式、下岗形式、提前退养形式等。

(五) 按照劳动关系规范程度划分

按照劳动关系规范程度，可分为：规范的劳动关系，即依法通过订立劳动合同建立的劳动关系；事实劳动关系，即未订立劳动合同，但劳动者事实上已成为饭店、个体经济组织的成员，并为其提供有偿劳动的非法劳动关系，如招用童工和无合法证件人员、无合法执照的饭店招用劳动者等情形。

四、优化饭店劳动关系的作用

(一) 有利于实现饭店生产要素的优化配置

饭店应采取措施将各种生产要素在适当的流动中有机结合到一起，而人力资源是重要的生产要素。优化劳动关系，有助于饭店将合适的员工放在合适的位置上，充分发挥人才的价值，从而促进饭店的发展。

(二) 有利于激发并调动饭店员工的工作积极性

合理的投资回报可以吸引更多的资金流入饭店，合理的工资、奖金和福利待遇可以吸引和稳定饭店所需要的各类优秀人才，合理的利润有利于饭店的长远发展。

(三) 有利于饭店经营和管理的顺利开展

饭店各方面相互信任、相互尊重、互助合作，能创造出一个令人心情舒畅的工作环境，这有利于饭店文化的形成和组织的建设。只有调整好各方利益，才能保证饭店在激烈的市场竞争中和严峻的生存条件下及时进行组织变革，从而促进饭店经营和管理的顺利开展。

学习任务二　认识饭店劳动合同

一、饭店劳动合同的含义

饭店劳动合同又称为劳动契约，是员工与饭店之间建立劳动关系、明确双方权利和义务的协议。劳动合同是确立劳动关系的法律依据，具有法律约束力，双方必须遵守合同规定的各项条款。劳动合同的约定条款，可分为必要条件和补充条件。必要条件是劳动合同中必须具备的条款，补充条件是指非劳动合同必备的条款，而是由双方当事人协商一致后形成的条款。《劳动法》第十七条规定："订立和变更劳动合同，应当遵循平等自愿、协商一致的原则，不得违反法律、行政法规的规定。劳动合同依法订立即具有法律约束力，当事人必须履行劳动合同规定的义务。"

二、饭店劳动合同的分类

(一) 按照劳动合同的性质划分

按劳动合同的性质，可分为两种：个人劳动合同，集体劳动合同。个人劳动合同是指劳动者个人与饭店签订的劳动合同；集体劳动合同是指工会(或员工代表大会)代表员工与饭店就劳动报酬、工作条件等问题，经协商谈判订立的书面协议。

(二) 按照劳动合同的用途划分

按照劳动合同的用途，可将劳动合同分为正式劳动合同、试用劳动合同，无效劳动合同。正式劳动合同是指饭店和劳动者按照《劳动法》的有关规定而确立的表明正式劳动关系的合同文本；试用劳动合同是指饭店和劳动者为相互了解、选择而约定的不超过6个月考察期的劳动合同文本；无效劳动合同是指违反法律、行政法规的劳动合同以及采取欺诈、威胁等手段订立的劳动合同。无效劳动合同自订立之日起，就没有法律约束力。劳动合同的无效由劳动争议仲裁委员会或者人民法院确认。

三、饭店劳动合同的管理

(一) 饭店劳动合同的签订

劳动合同的签订程序是劳动合同在订立过程中必须履行的手续和必须遵循的步骤，一般分为要约和承诺两个阶段。

1. 要约阶段

在要约阶段，饭店或组织公布招聘简章，劳动者自愿报名，经全面考核后，择优录用。通常而言，饭店或组织提出要约，并寻找和确定被要约方。

2. 承诺阶段

在承诺阶段，饭店或组织提出劳动合同草案，向劳动者介绍饭店内部劳动规章制度，经双方就劳动合同内容协商后进行签约，由合同鉴证机构或劳动主管部门签订合同。

(二) 饭店劳动合同的履行

劳动合同的履行是指合同当事人双方履行劳动合同所规定的义务的法律行为。这一过程实质上也是劳动关系双方实现劳动过程和各自的合法权益，履行各自的权利和义务的过程。劳动合同的效力及法律对劳动合同有效性的确立就体现为必须依法履行劳动合同。双方履行劳动合同，必须遵循亲自履行原则、全面履行原则和协作履行原则。劳动合同是一个整体，合同中的各项条款相互之间有内在的联系，必须全面履行，从而全面实现双方的合法权益。劳动合同双方均不得由他人代替，必须亲自享受权利、亲自履行义务，不得转移和代行。

(三) 饭店劳动合同的变更

在履行劳动合同的过程中，由于情况发生变化，经饭店与当事人双方协商一致，可以对劳动合同部分条款进行修改、补充，劳动合同的未变更部分继续有效。

(四) 饭店劳动合同的续订

劳动合同期限届满，经双方协商一致，可以续签劳动合同。续签劳动合同审批表如表11-1所示。

表11-1　续签劳动合同审批表

姓名	性别	出生年月	学历	首次合同签订日	本次合同到期日	现岗位或现职

工作评估部门填写：

本部门意见(是否续签)及期限：

人力资源部意见：

总经理意见：

附：个人工作总结和个人申请
填写：　　　　　　　　　　　　(本人或所在部门)
联数：一式一联
用途：解除劳动合同
资料来源：中国酒店员工素质研究组. 星级酒店行政人事部经理案头手册[M]. 北京：中国经济出版社，2008.

(五) 饭店劳动合同的解除

劳动合同的解除是指劳动合同订立后，尚未全部履行以前，劳动合同一方或双方当事人提前终止劳动关系的法律行为。劳动合同的解除分为法定解除和约定解除两种。根据《劳动法》的规定，劳动合同既可以由单方依法解除，也可以双方协商解除，并签署"解除劳动合同审批表"。解除劳动合同审批表如表11-2所示。

表11-2　解除劳动合同审批表

姓　　名		性　　别		出生年月		文化程度	
参加工作年月		入职时间		工作岗位			
首次签订合同日期			本次合同期满				
解除合同后去向							
解除合同原因							

(续表)

姓　　名		性　　别		出生年月		文化程度	
本人意见	签字： 　　年　月　日			部门意见	经理签字： 　　年　月　日		
人力资源部意见：				饭店总经理批示：			
批准日期							

填写人：　　　　　　　　　　(本人或所在部门)

联数：一式一联

用途：解除劳动合同

资料来源：中国酒店员工素质研究组. 星级酒店行政人事部经理案头手册[M]. 北京：中国经济出版社，2008.

(六) 饭店劳动合同的终止

劳动合同期满或者员工当事人约定的劳动合同终止条件出现时，劳动合同立即终止。劳动者在医疗期、孕期、产期和哺乳期内，劳动合同期限届满时，劳动合同的期限应自动延续至医疗期、孕期、产期和哺乳期满为止。双方所签署的"解除/终止劳动合同通知单"如表11-3所示。

表11-3　解除/终止劳动合同通知单

____先生(女士)：

您与饭店签订的劳动合同，因_____

于____年____月____日解除/终止劳动合同，请接收通知，并在____年____月____日来饭店人力资源部办理相关手续。

特此通知。

人力资源部

年　月　日

填写人：　　　　　　　　　　(本人或所在部门)

联数：一式二联

用途：解除劳动合同

资料来源：中国酒店员工素质研究组. 星级酒店行政人事部经理案头手册[M]. 北京：中国经济出版社，2008.

(七) 饭店劳动合同的鉴证

饭店劳动合同鉴证,是指劳动行政部门对饭店与劳动者之间订立的劳动合同,就其合法性、真实性、可行性进行审查和鉴定,并给予证明的一种法律服务手段。实践证明,在劳动关系当事人的劳动合同意识淡薄的情况下,劳动行政部门运用鉴证的法律服务手段,在发现和制止无效劳动合同、提高履约率、减少和避免劳动争议的发生、促进劳动合同的管理以及劳动合同制度的推行等方面,发挥了积极作用。

四、饭店集体合同的管理

(一) 饭店集体合同的含义

饭店集体合同,又称团体协议、集体协议等,是指工会(或员工代表大会)代表员工与饭店就劳动报酬、工作条件等问题,经协商谈判订立的书面协议。我国集体协商签订集体合同始于20世纪80年代,利用集体合同来确定劳动关系首先应用于非国有企业,特别是外商投资企业。

(二) 饭店集体合同的内容

集体合同内容包括:劳动关系标准部分,如工资、工作时间、休息休假等;一般性规定,如有效期限、变更、解除的条件;过渡性规定,如监督、争议处理、违约责任等;其他规定。

(三) 饭店集体合同的原则

订立集体合同的原则包括:内容合法原则;平等合作、协商一致原则;兼顾所有者、经营者和劳动者利益原则;维护正常的工作秩序原则。

(四) 饭店集体合同的作用

饭店集体合同的作用包括:协调劳动关系,加强饭店的民主管理;维护职工的合法权益,弥补劳动法律法规的不足。

(五) 饭店集体合同的签订、变更、解除与终止

1. 集体合同的签订

集体合同的签订应参照《劳动法》第三十三条、三十四条、三十五条规定,集体合同草案应当交职工代表大会或者全体职工讨论通过,集体合同签订后应当报送劳动行政部门,劳动行政部门自收到集体合同文本之日起15日内未提出异议的,集体合同即行生效,

依法签订的集体合同对企业和企业全体职工具有约束力。

2. 集体合同的变更、解除

由于环境和条件发生变化，致使集体合同难以履行时，双方均有权要求就变更或解除集体合同进行协商。当双方就集体合同的变更、解除提出协商要求时，双方应当在7日以内进行协商。当一方提出建议要求变更、解除集体合同时，必须向对方说明需要变更和解除集体合同的条款和理由，然后双方就此进行协商，以期达成书面协议。协议书应当提交职工代表大会或全体职工审议通过，并报送集体合同管理机关备案；如审议未获通过，应由双方重新协商。

3. 集体合同的终止

集体合同的期限届满或双方约定的终止条件出现，集体合同即行终止。集体合同期满以前，工会(或员工代表大会)应同饭店商定续订下期集体合同的事项。

学习任务三　饭店劳动争议与处理

一、饭店劳动争议的含义

饭店劳动争议是指饭店劳动关系双方当事人因实现劳动权利和履行劳动义务而发生的纠纷。广义上的劳动争议包括因执行《劳动法》或履行劳动合同、集体合同的规定而引起的争议，因制定或变更劳动条件而产生的争议；狭义的劳动争议仅指因执行《劳动法》或履行劳动合同、集体合同的规定而引起的争议。

二、饭店劳动争议的种类

(一) 录用争议

这类争议较为常见。一些劳动者认为饭店在招聘过程中存在不公平现象，录用了一些不符合条件的人，而自己符合条件却未被录用。在市场经济条件下，饭店和劳动者都在进行双向选择，那些工作条件好、薪酬水平高、发展空间大的饭店在招聘过程中竞争会比较激烈，容易发生这些争议。

(二) 劳动安全及卫生争议

劳动安全及卫生争议包括：饭店厨房存在安全隐患；饭店处于郊区，社会治安相对较差，夜班下班员工在路上可能遭遇危险等因素引起的争议；由工作时间和休息、休假等问题引起的争议等。比如，《劳动法》对员工休息、休假等权利有明确的规定，但有些饭店任意延长劳动时间，剥夺员工休息、休假的权利，从而引发争议。

(三) 劳动合同争议

劳动合同争议是指合同一方当事人未按合同规定的条款履行合同，如不服从饭店规章制度的管理、不听从管理者的指挥，导致较严重的后果；或因劳动合同的解除、变更和终止等问题发生的争议，如劳动合同一方当事人认为对方解除合同不符合法定条件、约定条件，或未能提前通知对方而提出上诉，要求赔偿所造成的损失。

(四) 劳动薪酬争议

劳动薪酬主要有工资、奖金、福利、津贴等形式，其中以工资所占比重最大，因而相较于其他几种形式，工资争议较为常见，主要有以下3种。

1. 工资偏低争议

工资偏低争议即饭店部分员工认为自己所得工资与从事同种工作、相同工龄、业务水平相当的员工之间存在工资差距而产生的争议。

2. 工资升级争议

工资升级争议即饭店部分员工没有与其他人一样提薪，认为受到不公平待遇从而引发的争议。

3. 工资拖欠争议

工资拖欠争议即有的饭店拖欠和克扣员工工资，导致员工不满从而引发的争议。

三、饭店劳动争议的内容

(1) 因开除、除名、辞退员工和员工辞职、自动离职发生的争议。

(2) 因执行国家有关工资、社会保险和福利、培训、劳动保护的规定而发生的争议。

(3) 因履行劳动合同发生的争议。

(4) 法律法规规定的应依照《企业劳动争议处理条例》处理的其他劳动争议。

四、饭店劳动争议的处理方式

(一) 劳动争议的协商处理

劳动争议的协商处理主要适用于饭店和员工之间程度较轻的一些争议。具体方法是由劳资双方在平等的基础上就彼此争议的焦点问题进行协商，求得问题的解决方法。基本处理过程大致分为三个步骤：一是争议问题的提出和受理，即由饭店或员工当事人一方向对方就存在争议的问题提出自己的看法或意见，对方在平等的基础上受理、听取当事人的意见和要求，承认劳动争议的存在；二是双方平等协商，即由争议双方或其代理人一起，通过摆事实、讲道理，查明事情真相，找到争议焦点，在遵守劳动合同和法律的基础上，达成一致意见，共同商讨双方都能接受的解决办法；三是落实双方协议，即通过协商达成一致意见后，是哪一方的责任或问题，就按协议去落实，从而使问题得到解决，劳资关系得到恢复。

(二) 劳动争议的调解处理

劳动争议的调解是指调解委员会在调查事实真相的基础上，依照相关法律法规，向双方陈述各自应有的权利和义务以及利弊关系，争取在相互谅解的基础上达成协议的处理方法。劳动争议调解的程序如下所述。

首先，申请与受理。当事人可在其权利受到侵害之日起30天内向调解委员会提出申请，调解委员会接到调解申请后，应征求对方当事人的意见。对方当事人不愿调解的，应做好记录，在3天内以书面形式通知申请人。调解委员会应在4天内做出受理或不受理的决定，对不受理的，应向申请人说明理由。

其次，调查与调解。调解委员会受理后应着手进行事实的调查与核实，召开调解会议，在调解委员会的主持下听取双方的陈述，并依法进行调解。

再次，制作调解协议书。经调解达成协议的，应制作调解协议书，双方当事人应当自觉履行。

最后，关于调解期限的规定。调解应当自当事人申请调解之日起30天内结束，到期未结束的视为调解不成，若调解不成，当事人在规定的期限内可以向劳动争议仲裁委员会申请仲裁。

(三) 劳动争议的仲裁处理

劳动争议仲裁是指劳动争议仲裁委员会以第三者身份为解决劳动争议而做出裁决的劳动执法活动，兼有行政和司法的双重性质。劳动争议的仲裁处理程序如下所述。

首先，仲裁申请和受理。《劳动争议处理条例》第二十三条规定，当事人应当从知道或应当知道其权利被侵害之日起6个月内，以书面形式向仲裁委员会申请仲裁。仲裁委员会应当自收到申诉书之日起7日内做出受理或不予受理的决定。对于员工一方为30人以上的集体劳动争议，仲裁委员会应于收到仲裁申请书之日起3日内做出受理与否的决定。仲裁委员会做出受理决定后，应在做出决定之日起7日内向申诉人和被诉人发出书面通知，并要求被诉人提交答辩书和证据；决定不予受理的，应当说明理由。

其次，案件仲裁准备。组成仲裁庭，认真审阅案卷材料，进行庭审前的调解。

再次，开庭审理和裁决。

最后，仲裁文书的送达。送达方式包括直接送达、留置送达、委托送达、邮寄送达、公告送达、布告送达。

(四) 劳动争议的诉讼处理

劳动争议的诉讼处理是指人民法院对不服仲裁结果而提出诉讼的劳动争议依法进行审理并做出判决，即劳动争议发生后，当事人不能直接向法院起诉，必须先申请仲裁，不服从仲裁裁决时才可以进入诉讼程序。

根据《中华人民共和国民事诉讼法》的规定，劳动争议引起的诉讼实行二审终审制，由各级人民法院的民事法庭受理，包括劳动争议案的起诉、受理、调查取证、审判和执行等一系列诉讼程序。举证责任与劳动争议仲裁的举证责任相同，即在履行劳动合同而发生的争议中，坚持"谁主张、谁举证"的原则。

五、饭店劳动争议的处理原则

(一) 及时处理原则

劳动争议发生后，往往直接影响一方当事人的合法权益，如不及时、迅速地予以处理，将会影响饭店员工的正常工作和生活，影响饭店经营和发展的正常进行，甚至影响社会安定。因此，一旦发生劳动争议，当事人应及时与饭店进行协商，协商不成的应及时向劳动争议处理机构申请处理。劳动争议处理机构也应抓紧审查和做出处理决定，保证按时结案，另外还应及时落实处理结果。

(二) 依法处理原则

劳动争议处理机构应当对争议的起因、发展和现状进行深入细致的调查。在查清事实、明辨是非的基础上，依据劳动法规、规章和政策做出公正处理。达成的调解协议、做出的裁决和判决不得违反国家现行法律和政策规定，不得损害国家利益、社会公共利益或他人的合法权益。因此，为避免或减少劳动争议，饭店应在人力资源管理过程中坚持依法办事，这样既可维护饭店的合法权益，又不损害员工的合法权利。

(三) 公正平等原则

劳动争议处理机构在处理劳动争议时，必须保证争议双方当事人处于平等的法律地位，具有平等的权利和义务，不得偏袒任何一方。

(四) 协商调解为主原则

在饭店劳动关系中，劳动合同的签订总是以双方利益为基础。从主观愿望的角度说，饭店和员工都不希望也不愿意产生矛盾与纠纷。处理劳动争议和纠纷也不是为了争个输赢,而是为了协调劳动关系,维护双方的合法权益。所以,处理饭店劳动争议和纠纷时应遵循协商调解为主的原则。协商就是由饭店和员工当事人双方在平等的基础上经过谈判、协调来解决。调解就是通过第三方查明事实、分清责任、达成协议来解决。只有在协商和调解都不起作用时,才能通过其他方法,如仲裁、法律诉讼等来处理。

项目小结

首先,本学习项目介绍了饭店劳动关系的含义、内容、分类以及优化劳动关系的作用。饭店劳动关系是劳动者同饭店在劳动过程中产生的社会关系。饭店劳动关系的内容是指主体双方即饭店及员工依法享有的权利和承担的义务。按照不同的角度,可将劳动关系分为直接实现劳动过程的劳动关系和间接实现劳动过程的劳动关系,饭店与正式工之间的劳动关系和饭店与临时工之间的劳动关系,全民所有制饭店劳动关系、集体所有制饭店劳动关系、个体经济饭店劳动关系、外商投资饭店劳动关系以及私营饭店劳动关系,常规形式、停薪留职形式、放长假的形式、待岗形式、下岗形式、提前退养形式的劳动关系,以及规范的劳动关系和非法劳动系。优化劳动关系有利于实现生产要素的优化配置,有利于激发并调动员工的工作积极性,有利于确保饭店经营和管理的顺利开展。

其次,本学习项目介绍了饭店劳动合同的含义、分类和管理。饭店劳动合同是员工与饭店之间建立劳动关系、明确双方权利和义务的协议。按照不同的角度,可将劳动合同分为个人劳动合同和集体劳动合同,正式劳动合同、试用劳动合同、无效劳动合同。劳动合同的管理包括劳动合同的签订、履行、变更、续订、解除、终止和鉴证。同时,介绍了集体合同的管理,包括集体合同的含义、内容,以及签订、变更、解除与终止。

最后,本学习项目介绍了饭店劳动争议的含义、种类、内容、处理方式与处理原则。饭店劳动争议是指饭店劳动关系双方当事人因实现劳动权利和履行劳动义务而发生的纠纷。劳动争议的种类包括录用争议、劳动安全及卫生争议、劳动合同争议和劳动薪酬争议。劳动争议的处理方式包括协商处理、调解处理、仲裁处理、诉讼处理。劳动争议的处理原则包括及时处理原则、依法处理原则、公正平等原则和协商调解为主原则。

知识链接1

饭店劳动合同范本

甲方(用人单位)名称: ＿＿＿＿＿＿＿＿   乙方(劳动者)姓名: ＿＿＿＿＿＿＿＿

法定代表人: ＿＿＿＿＿＿＿＿   出身年月: ＿＿＿＿＿＿＿＿

身份证号码: ＿＿＿＿＿＿＿＿   身份证号码: ＿＿＿＿＿＿＿＿

联系电话: ＿＿＿＿＿＿＿＿   联系电话: ＿＿＿＿＿＿＿＿

现住地址: ＿＿＿＿＿＿＿＿   现住地址: ＿＿＿＿＿＿＿＿

鉴于甲乙双方即将建立劳动关系，为维护双方的合法权益，甲乙双方郑重声明如下。

甲方声明如下：

(1) 甲方为依法登记的、具备合法用工主体资格的用人单位，拥有独立的财产，能独立承担相应的民事责任。

(2) 甲方已将乙方的工作内容、工作条件、工作地点、职业危害、安全生产状况、劳动报酬等以及乙方要求了解的其他情况向乙方作了告知，乙方确认已经被明确告知以上内容，并且已经详细知道被告知内容的明确含义。

(3) 甲方已将现行的规章制度、劳动纪律以及岗位职责、工作流程等管理文件向乙方作了告知，乙方确认已经被明确告知以上内容，并且已经详细知道被告知内容的明确含义。

乙方声明如下：

(1) 乙方在年龄、性别、身体状况、身份等方面均符合国家规定的劳动者必须具备的条件以及本岗位劳动者必须具备的条件。

(2) 乙方确保其向甲方提供的与建立劳动关系有关的材料(包括但不限于身份证、学历证、简历)、信息的真实性与合法性。

(3) 乙方保证其签订本合同时无不适合本工作岗位的疾病，并且也没有传染病病原携带者未治愈或者存在传染可能性的情况。

(4) 乙方保证在签订本合同时与其他任何用人单位不存在劳动关系，也不存在竞业限制等其他影响乙方履行本合同义务的关系。

(5) 乙方保证严格遵守国家法律、法规和甲方的劳动纪律及规章制度。

(6) 乙方有违反声明(1)～(4)条之一的，视为乙方以欺诈手段订立本合同，一经发现，甲方有权随时解除本合同。由此产生的责任由乙方自行承担；给甲方造成损失(包括但不限于甲方为此支付的招聘费、培训费、仲裁诉讼费、律师费)的，乙方依法承担赔偿责任。

甲乙双方根据《中华人民共和国劳动法》《中华人民共和国劳动合同法》及相关法律、法规、规章的规定，在平等自愿、协商一致的基础上，订立本劳动合同，以期共同遵守。

1. 劳动合同期限

(1) 本合同于_____年_____月_____日生效，至合同约定的工作任务完成时失效。

(2) 双方确定本合同生效日为甲方依据本合同用工起始日，乙方应于合同生效当日到甲方上岗，否则甲方有权按照相关劳动纪律和规章制度予以处理。

2. 工作任务

(1) 本合同约定的工作任务为：

_____。

(2) 确定工作任务完成的标准：_____

_____。

(3) 以上标准全部达到时/其中一项达到时(选择适用)视为工作任务完成。

3. 工作内容和工作地点

(1) 乙方同意根据甲方安排，从事_____岗位工作，工作内容详见岗位说明书。乙方应根据岗位职责和工作要求等开展工作，如不能达到相应的岗位工作要求，视为乙方不能胜任该工作岗位，甲方有权要求乙方接受培训或调整乙方工作岗位并相应变更本劳动合同。

(2) 甲方根据工作需要，有权临时安排乙方从事其他岗位工作(不超过_____个月或双方商定的期限)，但甲方需在期限届满后或临时工作结束后及时将乙方调整回原来岗位工作。乙方承诺同意并服从甲方的临时工作安排。乙方从事甲方临时安排的工作期间的报酬按原岗位/临时岗位(选择适用)标准执行。

(3) 根据岗位工作特点，乙方的工作地点为_____。

4. 工作时间和休息休假

(1) 甲方安排乙方执行以下第_____种工时制。

① 标准工时制。

② 综合计算工时工作制。

③ 不定时工作制。

(2) 乙方应遵守甲方制定的各工时制相关的规章制度。

(3) 甲方因工作需要安排乙方延长工作时间或节假日加班的，乙方应服从甲方统一安排，甲方按规定安排补休或支付加班加点的报酬。乙方主动加班应按照规章制度规定的程序报批，否则不视为加班。

(4) 甲方在下列节假日安排职工休假：元旦、春节、清明节、国际劳动节、端午节、中秋节、国庆节以及法律法规规定的其他节假日，乙方同时按法律规定享受婚假、丧假、产假等。

5. 劳动报酬

(1) 乙方在履行本合同约定义务后，有权获得相应的劳动报酬。甲方以货币形式支付不低于当地最低工资标准的工资，但乙方因私请假期间，甲方不支付工资。

(2) 乙方适用以下第_____种工资计发方式：

① 基本工资制：乙方的月基本工资为_____元。

② 岗位工资制：乙方的月岗位工资为_____元。

③ 计件工资制：乙方的劳动定额为_____，计件单价为_____元。

④ 基本工资加绩效工资制：乙方的月基本工资为_____元，甲方依据绩效工资考核结果确定乙方每月的绩效工资。

⑤ 其他工资形式：_____。

(3) 甲方每月_____日左右以货币形式支付乙方上月工资，最晚不超过当月月底。

(4) 本合同履行期间，乙方的工资可根据生产经营状况、出勤情况、工作岗位变更以及其他甲方薪酬管理制度中规定的情形作相应变动。

6. 社会保险和福利待遇

(1) 甲方按规定为乙方办理社会保险事宜。

(2) 乙方应将办理社会保险所必需的资料及时交付甲方，因乙方原因致使社会保险不能及时缴纳的，由乙方承担相应后果。

(3) 乙方按甲方规章制度中确定的标准享受福利待遇。

7. 劳动保护、劳动条件和职业危害防护

(1) 甲方建立健全工作制度，制定操作规程、工作流程、工作规范和劳动安全卫生制度及其标准，乙方应严格遵守。甲方对岗位可能产生的职业病危害，向乙方履行告知义务，并做好劳动过程中职业危害的预防工作。

(2) 甲方为乙方提供必要的劳动条件以及安全卫生的工作环境，并根据岗位实际情况及有关规定，向乙方提供必要的劳动防护用品，乙方应严格按要求使用劳动防护用品。

(3) 甲方根据自身特点有计划地对乙方进行职业道德、业务技术、劳动安全卫生及有关规章制度的教育和培训，提高乙方职业道德水准和职业技能。乙方应认真参加甲方组织的各项必要的教育培训。

8. 保密协议

(1) 乙方应当保守甲方的商业秘密。商业秘密系指不为公众所知悉，能为甲方带来经济利益，具有实用性的技术信息和经营信息。因乙方泄密给甲方造成损失的，乙方应承担一切赔偿责任(包括但不限于律师费、差旅费以及因商业秘密泄露造成业务量减少、经营困难等状况形成的其他损失)。

(2) 本合同履行期间，乙方不得利用职务便利为自己或者他人谋取属于公司的商业机会，自营或者为他人经营与所任职公司同类的业务，否则甲方有权按照劳动合同法第三十九条第二、三款规定解除本合同并要求乙方赔偿损失。损失赔偿额相当于乙方因上述行为取得的收入或者甲方因上述行为造成的损失(包括预期利润损失)。

(3) 乙方不论以何种原因离职，离职后两年内不得到与甲方同行业企业就职或自办与甲方同行业企业，在竞业限制期间甲方每月支付乙方补偿金_____元。乙方如违反此条约定，应退还甲方支付的补偿金并向甲方支付违约金_____元。

(4) 甲、乙双方就保密和竞业限制有其他协议的，应同时遵守该协议。

9. 劳动合同的变更、解除和终止

(1) 甲、乙双方经协商一致，可以变更或解除劳动合同，并以书面形式确定。

(2) 甲、乙双方解除或终止本劳动合同，均应遵守《劳动法》《劳动合同法》等相关法律法规的规定。

(3) 有下列情形之一的，劳动合同自然终止：

① 本合同约定的工作任务完成；

② 本合同约定的工作任务因客观事实无法完成；

③ 乙方开始依法享受基本养老保险待遇的；

④ 乙方死亡、失踪，或者被人民法院宣告死亡或者宣告失踪的；

⑤ 甲方被依法宣告破产的；

⑥ 甲方被吊销营业执照、责令关闭、撤销或者用人单位决定提前解散的；

⑦ 法律、行政法规规定的其他情形。

(4) 本合同解除或终止时，乙方应履行下列义务：

① 向甲方指定的人交接工作；

② 完好归还其占有的甲方的办公用品、文件、设备等有形或无形资产；

③ 向甲方完整移交载有甲方信息的任何载体；

④ 协助甲方清理双方之间的债权、债务；

⑤ 完成甲方规定的离职程序，办理有关离职手续；

⑥ 其他事务：＿＿＿＿＿＿＿＿＿＿＿＿＿＿＿＿＿＿。

(5) 本合同解除或终止时，甲方应履行下列义务：

① 为乙方办理解除或终止劳动关系手续；

② 自劳动关系终止之日起15日内为乙方办理档案和社会保险转移手续，非因甲方原因未能及时办理的，甲方不承担责任；

③ 如乙方要求，甲方如实出具乙方在职期间的工作履历或绩效证明。

(6) 涉及本合同的经济补偿金按照国家相关规定执行。

(7) 如甲方需向乙方支付经济补偿金，应在乙方按规章制度办理完毕工作交接并完成本合同约定的工作后支付。

10. 违约责任

(1) 甲方违反本合同约定的条件解除合同给乙方造成损害的，应向乙方承担赔偿责任。

(2) 乙方违反本合同约定的条件解除劳动合同或因乙方原因造成合同无效的，乙方应承担赔偿责任(包括但不限于向甲方赔偿招聘费用、培训费用和其他相关费用)。

(3) 本合同签订后，乙方未按时到甲方参加工作构成违约的，甲方有权解除合同并可以要求乙方承担＿＿＿＿＿＿元的违约金。甲方因自身原因未能安排乙方参加工作构成违约的，乙方有权解除合同并可以要求甲方承担＿＿＿＿＿＿元的违约金。如之后双方实际建立了劳动关系，则本条约定的解约权和违约金请求权自然丧失。

11. 其他

(1) 乙方在本合同中所填的现住址、户籍所在地为乙方的送达地址，甲方的相关文件送达至上述任一地址即视为送达乙方。上述地址和联系方式如有变动，乙方应于变动后3日内书面通知甲方，否则视为没有变动。

(2) 甲方的规章制度及其他管理文件(包括但不限于员工手册、岗位职责、安全准则等)与本合同内容具有同等效力。

(3) 甲乙双方在履行本合同过程中发生争议，应首先提交企业劳动争议调解委员会调解，在申请调解后15日内双方无法达成调解协议的，任意一方可向企业所在地劳动争议仲裁委员会申请仲裁。

(4) 本合同解除或终止后，不影响合同约定的离职手续办理、保密或竞业限制等合同义务条款以及争议解决条款的效力。

(5) 本合同其他未尽事宜，甲、乙双方可协商确定。

(6) 本合同一式两份，双方各执一份，于甲方盖章、乙方签字后成立。

甲方(盖章)：＿＿＿＿＿＿＿＿＿　　　　乙方(签字)：＿＿＿＿＿＿＿＿＿
＿＿＿年＿＿＿月＿＿＿日　　　　　　　＿＿＿年＿＿＿月＿＿＿日

知识链接2

饭店《员工手册》样例

本手册所列出的主体内容在饭店行业较为通用，饭店可根据自身情况，对相关内容进行调整。

一、聘用条件

1. 雇佣

本饭店倡导机会均等，所有员工均是通过广告、人才市场和学校公开招聘而来。雇佣双方签署经劳动部门公证的合同，此合同具有法律效力，并在合同期满自动失效。

2. 雇佣合同

新受聘员工将会收到并签署劳动合同书，该合同书包括员工和饭店双方达成的全面性的条款和条件。

3. 人事记录

3.1 新员工入店时需填写申请表格，按饭店要求提供个人身份证明及资料。

3.2 所有员工在申请职位时所提供的资料若有任何虚报或遗漏，将随时受到无偿解雇处分。

3.3 受雇后若个人资料有变，员工须于变更后7日内通过部门主管报人力资源部，否则可能导致将来损失应得之福利。

3.4 受雇员工必须提供与原单位解除或终止劳动合同的证明。

4. 体检

4.1 所有员工在正式入职前，必须到饭店指定的卫生防疫站参加体检，只有经检查合格者方能被饭店聘用。

4.2 为了保证饭店的卫生达到标准，饭店要求员工每年进行体检。若员工患了传染病将要被安排停职治疗，医疗期以相关法律规定为准。

5. 试用期

受聘员工都需经过自受聘用之日起一至三个月的试用期。

5.1 在试用期内，雇佣双方均可提前三日以书面形式通知对方，以示终止雇佣关系。

5.2 若员工调至其他部门后不适应新工作岗位，则退回原工作部门或由饭店决定安排其他岗位。

6. 聘用合同续签

聘用合同期满时，在员工与饭店达成一致的情况下，可续签聘用合同。每期聘用合同期限为一至二年。

7. 调换部门

7.1 饭店有权根据经营需要调换员工的工作。如员工申请调换部门，首先需征求所在部门经理的意见，再由人力资源部安排其与所申请部门面试后决定。

7.2 员工在原岗位工作满六个月后，方可申请调换部门。

8. 提升

8.1 饭店的政策是尽可能从内部提升适当的人选，工作业绩、工作能力是提升的依据。

8.2 饭店如有空缺职位，将在员工公告栏上公布，鼓励符合标准的员工积极报名应征。

8.3 任何因调动和提升引起的工资级别的变化，应根据饭店的薪金政策和人员编制来操作。

9. 辞职

已通过试用期的员工若要求辞职，须提前一个月向部门经理呈交书面辞职报告，或扣除一个月工资代替书面辞呈。

10. 终止合同

10.1 员工在一年内若收到三张"员工违纪通知书"或有本手册中提及的重大过失行为，饭店可终止雇佣关系，并不给予任何补偿。

10.2 员工在离店时，应将饭店的财产退还给人力资源部，例如制服、更衣柜钥匙、名牌、饭店员工证、餐卡及员工手册等。如未退还，饭店将按相关物品的成本从员工的工资中扣除。

11. 第二职业

为保证员工精力充沛，高效工作，并在下班后得到充分休息，员工不得从事第二职业及商业活动。违反此规定的员工将可能被饭店即时解雇。

12. 亲属的聘用

12.1 通常饭店员工的亲属(父母、配偶、子女、兄弟姐妹)不能被聘用，如有特殊情况，须经总经理书面批准。

12.2 如店内一员工与另一员工结婚，且这两名员工在同一部门工作，饭店有权调动其中一人的部门及岗位。

13. 裁员

13.1 当饭店销售状况或管理政策发生变化，或没有可能把多余的员工调到其他部门时，饭店有权进行裁员。

13.2 若员工要被裁减，应提前一个月通知员工，并根据《劳动法》和饭店制度予以赔偿。

二、工资与福利

1. 工资支付

1.1 工资将在每月月初发放，以银行自动转账(工资卡) 支付。

1.2 若发工资正逢假日，将提前一天发放。

2. 所得税

根据国家规定，员工应上缴的所得税，每月由饭店从工资中扣除代缴。

3. 退休制度

员工退休制度将根据相关规定及制度执行。

4. 社会保险

饭店按照国家有关规定为所有员工办理社会保险。

5. 医疗制度

如员工生病需要就医，应首先在饭店医务室接受检查和治疗。如员工因病情严重需要入院治疗，应到饭店指定的医院治疗，由饭店医生提出建议，并填写就诊单。

6. 法定假日

员工每一个公历年可享有11天带薪法定假日，具体包括：

元旦1天(1月1日)

春节3天(农历除夕、正月初一、正月初二)

清明节1天(清明节当日)

劳动节1天(5月1日)

端午节1天(农历端午节当日)

中秋节1天(农历中秋节当日)

国庆节3天(10月1日至3日)

如员工在上述法定假日内因为工作需要不能休假，将按照国家有关规定执行。最新法定假日变化，参照国家有关规定政策执行。

7. 休假

员工如需休假，须提前七天以上填写休假申请书，经所属部门、人力资源部审批。经理级以上人员休假必须经总经理批准。

三、员工设施

1. 员工餐厅

1.1 所有员工可在餐厅享用工作餐。

1.2 员工每次就餐时应主动出示餐卡，出借个人餐卡给他人属于违反饭店规定，将给予纪律处分。

1.3 就餐时间为30分钟，具体由各部门经理安排。

1.4 任何外来者不得在员工餐厅就餐。如外来者需要在员工餐厅就餐，须征得人力资源部的同意，并填写客用进餐表。

1.5 每位员工在员工餐厅用餐时，必须穿着工作制服或休闲正装。

2. 员工更衣柜/更衣室

2.1 所有须穿制服的员工都配有更衣柜。更衣柜的分配由人力资源部统一安排。

2.2 更衣柜一经分配，不得私自转让。如需转让，须经人力资源部同意。如违反规定，将受到纪律处分。

2.3 所有员工必须保持更衣柜清洁、整齐。柜内不得存放食物、饮料或危险品及饭店物品。

2.4 人力资源部将发放一把更衣柜钥匙。如有遗失，应向人力资源部补领并补交费用。

2.5 如钥匙丢失或损坏，需要使用人力资源部备用钥匙，必须经人事主管许可。

2.6 如员工擅自撬开更衣柜导致其损坏,则应赔偿并受到纪律处分。

2.7 不允许擅自加装或更换柜锁。

2.8 不允许在更衣间睡觉或无事逗留。

2.9 不允许在更衣室内吐痰、乱丢垃圾或做任何影响更衣室卫生的举动。

2.10 员工离职时,必须清理更衣柜,并将钥匙交回人力资源部。

2.11 如有必要,人力资源部与保安部有权对更衣柜进行检查。

2.12 每位使用更衣室的员工都有责任保持更衣室及相关设备的整洁。

2.13 更衣柜自行锁好。如其中贮物有遗失或被盗,饭店概不负责。

3. 制服

3.1 制服由饭店提供。员工有责任保管自己的制服。

3.2 员工如因疏忽或恶意损坏制服,相关费用自行承担。

3.3 非工作需要或未经特别许可,员工不得在饭店之外穿着制服的任何部分(例如鞋袜、裙子、裤子等),也不得佩戴名牌。

3.4 制服如有损坏,必须立即通知制服部,以便及时修补。

4. 员工公寓

4.1 员工凭人力资源部批准的员工公寓申请表办理入住。

4.2 员工要爱护宿舍内的一切设施,如不慎损坏设施照价赔偿;如不能确定损坏者,则由宿舍内全体员工共同分摊;如为有意破坏,将按原价的三倍予以赔偿,同时给予纪律处分并考虑取消其住宿资格。员工需注意防盗,妥善保管现金和其他财物,如有遗失,饭店不负任何责任。

4.3 员工应熟知《员工公寓规章制度》及各项管理制度并认真遵守。

四、饭店规章制度

1. 工作时间

1.1 普通员工实行标准及综合计算工时工作制。

1.2 每天的工作时间安排以部门排班表为依据。

1.3 除非得到部门经理同意,否则员工不得在休息日及上班时间30分钟前或下班时间30分钟后进入饭店或在饭店内逗留。

1.4 未经部门经理同意(紧急情况除外),员工不得在工作时间离开岗位。

2. 病假

2.1 员工病假经饭店医务室的医师开具证明或核实方能生效。如没有饭店医师开具的病假证明,休病假将被视为无故旷工。

2.2 如员工因病重或急症无法到岗,必须尽快通知部门经理或请假,并在重返岗位当天补办书面病假手续。

2.3 如员工在工作时间需要接受治疗，应按以下步骤办理相关手续。

(1) 通知主管或经理。

(2) 获得批准后离开工作岗位到饭店医务室就诊。

2.4 如员工因病休假超出《劳动法》规定的期限，饭店可根据有关法律规定终止劳动合同。

2.5 员工到饭店指定医院就医后，如未被允许休病假，须立即返回饭店工作。

2.6 员工因急诊在外就医，应符合饭店医务室的有关规定，并应于返岗后三日内办妥病假单确认和医药费报销等手续，逾时办理导致的后果将由员工本人承担。

3. 年假

3.1 年假按国家政策及饭店相关规定执行。

3.2 出勤率低于90%者不享受年假。

3.3 年假带薪。

4. 婚假

4.1 达到国家规定的法定年龄(男22周岁，女20周岁)的员工结婚可享受公历日三天的带薪婚假。

4.2 晚婚员工(男25周岁以上，女23周岁以上)可按国家规定享受公历日十天的带薪婚假。

5. 丧假

如员工家庭成员(父母、配偶、子女、岳父母、公婆)亡故，可享有公历日三天的带薪假期，但应向人力资源部提供死亡证明。

6. 产假

6.1 符合国家生育政策的女员工可享受产假，具体按相关法律及当地生育保险条例执行。

6.2 休产假的员工将不享受当年的年假。

7. 工伤假

工伤假按《劳动法》和当地工伤保险条例的规定执行。

8. 事假(无薪假)

员工如需申请事假，应在休假前填写假期申请表并征得所在部门经理同意。

9. 加班

9.1 员工如因工作需要而加班，应提前填写加班申请表，并经本部门、人力资源部、财务部批准。

9.2 按加班时间安排补休，必须在六十日以内倒休完毕。

10. 员工出入口

除获管理层批准外，员工进出饭店须经指定员工出入口。保安人员有权阻止员工使用饭店正门及其他客用通道。

11. 打卡

11.1 员工上下班时应在员工出入口处打卡，还应在各部门签到签出。

11.2 员工至少应比上班时间提前10分钟抵达饭店，以便做好工作准备。

11.3 员工如因特殊原因未打卡，须由部门经理证明，并于次日报人力资源部备案。

12. 名牌

12.1 所有员工必须在上班时佩戴名牌。

12.2 如名牌遗失，员工须立即报告人力资源部，并支付费用补办新名牌。如发现员工佩戴其他员工名牌，将受到纪律处分。

13. 饭店员工证

13.1 员工一经录用，均会得到由人力资源部发给的员工证。员工出入饭店或有必要时，须出示员工证，以方便饭店保安人员检查。

13.2 员工证不可由非持证人员使用，也不得用于非公务事宜。如违反规定，将受到纪律处分。

13.3 如员工遗失员工证，须立即报告人力资源部，并支付费用补办新员工证。

13.4 员工终止合同、被停职或辞职离店时，须将员工证交回人力资源部，否则将在工资中扣除相关费用。

14. 携带物品出入

14.1 员工如将物品带入饭店，须经保安部检查登记；如将物品带出饭店，须经部门经理批准并签署出门条。

14.2 保安人员在必要时有权打开上述物品检查。

15. 员工告示栏

15.1 部分有关工作方面的通知和指示，管理层将通过员工告示栏发布，所有员工必须认真阅读并遵照执行。

15.2 告示栏由人力资源部管理，未经饭店许可，不得在饭店任何其他场所张贴通知或告示。任何对告示栏的干扰或破坏行为，将被视为重大过失。

16. 客用设施

16.1 除因工作需要，任何员工都不得使用饭店为客人提供的设施，包括客用电梯、客厕和客房。员工一旦被发现未经许可使用客用设施，将受到纪律处分。

16.2 未事先获得管理层批准，任何员工不得在饭店内的任何消费场所消费。

17. 私人客访及电话

17.1 工作时间内，员工不得在饭店内会见亲友。

17.2 若非工作需要，员工不得在其他部门逗留。

17.3 未经部门经理许可，员工不得用饭店电话打私人电话。

17.4 除紧急情况外，外线打入的私人电话不准接通。

17.5 一线员工不得在工作时间携带私人手机，违反者将没收手机同时给予纪律处分。二线员工可携带手机，但必须调成振动模式。

18. 吸烟

员工只允许在指定的区域吸烟。

19. 吐痰

严禁在饭店任何区域吐痰。任何违反该规定的员工都将受到纪律处分，而且必须立即亲自将痰擦干净。

20. 索取金钱

在饭店工作期间，以任何形式向客人、供应商、旅行社等索取佣金、小费及其他好处，属重大过失，将立即解雇。

21. 离店员工

按照饭店规定，无论是辞职还是解雇的员工，离店后六个月内不得进入饭店，包括进入客房和餐厅消费。

22. 失物招领

22.1 员工如在饭店内任何场所发现财物，应立即上交客房部失物招领处，并应在失物招领登记簿上详细记录相关信息。

22.2 如失物在六个月内未被失主认领，失物由饭店行政部门处理。

五、饭店安全

1. 消防

火灾是威胁饭店安全的重大危险之一。全体员工有责任掌握所有消防设施的使用方法，也必须熟悉饭店各处的紧急出口。

1.1 员工听到火警警铃长鸣时，应做到以下几点：

保持冷静；

停止工作；

协助附近的客人前往紧急出口，逃离火场；

关闭所有门窗；

关掉煤气及所有电源;

如果没有指定的灭火任务,马上从最近的出口离开;

到饭店的火警集合地点集合。

1.2 当员工发现火灾时,应做到以下几点;

立即拉响火警警铃;

通知电话员火灾的准确位置及蔓延程度;

将客人引领至安全地点;

确定自己是否能控制火情;

关闭所有门窗;

关闭所有煤气及所有电源;

从最近的紧急出口离开;

到饭店的火警集合地点集合;

不要乱跑;

不要收拾自己的东西;

不要使用电梯;

如有浓烟从门下冒出,不要开门。

2. 受伤及意外事故

2.1 如客人受伤,或在饭店范围内发生其他意外,应立即通知部门经理或值班经理,并陪伴客人直至救助人员到达现场。

2.2 员工应帮助受伤的客人,但切勿代表饭店承担责任。

2.3 如有员工在工作中受伤,应立即向部门经理、保安部及医务室报告,在24小时内写出事故报告由部门经理及保安部签字,并送人力资源部备案。

2.4 如受伤员工需要住院治疗,应将员工送往饭店指定医院。

2.5 如事故或伤害发生后24小时内未报告,饭店不负责医疗费用。

2.6 如遇有任何意外伤病事故发生,应马上通知相关部门经理、人力资源部、保安部,并照顾伤病者或将伤病者送往诊所或医院。

2.7 拨通总机,通知大堂副理。

2.8 加设标志,警告他人勿靠近危险区域。

2.9 在紧急情况下,例如遭遇台风灾害,员工将被要求加班,饭店将提供膳食及休息场所。在处理紧急事故期间,饭店员工应通力合作,确保饭店正常运营。

3. 电梯事故

如有人被困在电梯内,应立即通知总机和工程部,采取紧急处理措施。

4. 节约能源

每个人都要努力减少能源浪费,为此应自觉做到以下几点:

离开工作区时关闭所有电灯；

尽可能使用自然光；

尽可能使用节能灯具；

节约用纸；

节约用水；

关闭不使用的设备；

关闭不需要的空调或暖气；

及时关闭房门，以保证空调或暖气的工作效率；

如发现水龙头、马桶、喷头漏水，应及时向经理报告；

尽可能使用回收纸打印内部文件。

六、纪律处分及程序

1. 概要

1.1 管理层以事实为根据，将会采取较轻或较重于下述几类惩罚的措施。

1.2 若员工所犯过失在《员工手册》中未提及，在给予纪律处分之前，应同人力资源部共同商量，方可决定如何处分。

1.3 在做处理决定时，所有过失的记载和证据都必须提交人力资源部。

1.4 按规定，每一项纪律处分都必须向当事员工解释清楚，而且必须允许员工对处分决定发表不同意见。部门经理负责在员工做出违纪行为后的三日内与员工谈话并给出纪律处分。

2. 轻微过失

2.1 下班后、非工作日在饭店内逗留。

2.2 工作时接听私人电话、会见亲友。

2.3 不遵守饭店的保安制度，如拒绝保安人员检查随身携带的物品。

2.4 不执行定期检查身体的规定。

2.5 工作时不佩戴名牌。

2.6 未经许可使用客用服务设施，包括客用电梯。

2.7 工作时着装不得当或不穿制服。

2.8 将食物带出员工餐厅。

2.9 未经许可擅自从饭店大门进出。

2.10 在饭店内随地乱扔杂物。

2.11 个人仪表不整洁。

2.12 在饭店内不携带员工卡。

2.13 上班时间佩戴规定以外的饰物。

2.14 穿工作服离开饭店(为客人提供服务除外)。

2.15 不与其他员工合作或在饭店范围内争吵。

2.16 无故迟到、早退、脱岗、串岗。

2.17 浪费饭店各种资源。

2.18 服务时不使用标准问候语、礼貌用语，或使用禁用语。

2.19 未在指定地点停放自行车、摩托车或其他交通工具。

2.20 经理级以下员工在上班时间未经批准携带手机。

2.21 头发过长、染发、涂彩色指甲、佩戴饰物不符合标准。

2.22 未经许可擅自调换班次或替班。

有上列行为之一者，给予"口头警告"或"书面警告"处分，视其情节进行处罚。

3. 严重过失

3.1 上班时看书、杂志，处理私人事务。

3.2 在饭店内乱跑、喊叫、讲粗话或辱骂他人等。

3.3 工作表现未达标准，不服从上级指示。

3.4 接到加班通知，但无故不到岗。

3.5 呈交伪造或不符合要求的病假单。

3.6 提供假证明。

3.7 上班时睡觉。

3.8 在更衣柜内发现饭店的财物。

3.9 不遵守安全条例。

3.10 故意损坏公物，如在墙上或饭店的设施上乱涂乱写。

3.11 随地吐痰。

3.12 未经允许带亲友进入饭店。

3.13 让别人替自己打卡签到或替别人打卡签到。

3.14 在饭店内与客人过分亲近。

3.15 煽动饭店客人或同事闹事。

3.16 对饭店客人或同事不礼貌。

3.17 工作时醉酒或有违规行为。

3.18 不立即上交拾到的财物。

3.19 传阅黄色图片和影片。

3.20 未经许可，在通告栏张贴资料或拿取通告栏内的资料。

3.21 在工作期间或在饭店的禁烟区抽烟。

3.22 由于粗心大意损坏饭店财物，或严重浪费饭店财物。

3.23 因服务不到位，造成服务对象有效投诉。

3.24 在工作期间上网聊天或玩游戏。

3.25 擅自用饭店的厨具、炊具煮食以自用。

3.26 发表诽谤性言论，攻击饭店或其他员工。

3.27 在工作时间洗澡。

3.28 违反《食品卫生法》的有关规定。

3.29 无故旷工或无效请假，缺勤2日(含)以内。

3.30 私用(私吃)饭店财物(食物)，或私用(私吃)客人财物(食物)。

3.31 在员工公寓私自调整床位及房间，男女串宿，躺在床上吸烟，使用大功率电器。

3.32 无故不按照饭店培训政策及程序参加培训。

员工有上列行为之一者，将受到"书面警告"或"最后警告"处分，并视其情节处以罚款。

4. 重大过失

4.1 偷窃客人、饭店或其他员工的财物。

4.2 故意损坏饭店、客人或其他员工的财物。

4.3 对上级或同事粗暴无理。

4.4 偷工懒怠。

4.5 欺骗他人。

4.6 在饭店内酗酒、打架、斗殴。

4.7 无部门经理签发的许可单，擅自将饭店的财物(如食品、饮料、水果、鲜花)等带出饭店。收到客人赠送的礼品，未经批准带出饭店。

4.8 以任何形式或与同事串通伪造饭店资料，如财务收入、客人支票等。

4.9 在饭店内或客人房间里做出不道德行为。

4.10 以晋升或调换工作作为交换条件，接受他人或馈赠他人任何贵重物品。

4.11 窥视或监视客人的私生活。

4.12 故意不服从主管安排。

4.13 与客人私下兑换外币。

4.14 未经饭店管理层许可泄露饭店机密。

4.15 私将枪支、弹药等危险品带入饭店。

4.16 向客人索取小费。

4.17 各级人员之间发生不道德或不正当的行为。

4.18 未经许可在饭店内贩卖物品、募捐或散发印刷品。

4.19 屡次迟到、早退、无故旷工(包括无效请假)3日以上。

4.20 未经许可驾驶饭店的运输工具或动用饭店的机械设备。

4.21 在饭店内鼓动他人或参与任何形式的赌博。

4.22 私藏或将烈酒、毒品带入饭店。

4.23 在饭店内威胁、恐吓他人。

4.24 在饭店内聚众结集、引起骚乱。

4.25 营私舞弊、损害饭店利益。

4.26 因未对员工进行岗位培训，引发事故或造成事故隐患。

4.27 因组织不力，造成人员伤亡或设备报废。

4.28 未经许可，在饭店内招待亲友进膳或留宿。

4.29 无正当理由，不服从饭店调动或工作安排。

4.30 在情况属实的前提下，拒签过失单或有意拖延签署过失单。

4.31 在异性员工宿舍内留宿。

4.32 造成宾客严重不满或重大投诉，以及被新闻媒体曝光或被上级机关批评。

4.33 触犯国家法律、法规，被司法机关拘留、判刑等。

员工有上列行为之一者，给予除名处理，并视情况处以罚款。员工违纪给饭店造成经济损失的，在给予上述处分的同时，可视其情节按经济损失的1～3倍向当事员工索赔。员工在饭店内因打架造成他人伤病的，在给予上述处分的同时，还应责令员工赔偿对方误工费、医药费、交通费等。

5. 纪律处分

纪律处分包括口头警告、书面警告、最后警告、降级、停职、除名。如有特殊情况，饭店将成立纪律检查委员会。委员会成员包括总经理、人力资源总监及部门经理。纪律处分由纪律检查委员会做出最后仲裁决定。

5.1 口头警告。如员工第一次犯轻微过失，将给予口头警告。

5.2 书面警告。如员工再犯轻微过失或严重过失，将由饭店签发员工违纪通知书。

5.3 最后警告。员工已被签发两张员工违纪通知书后，如再度违纪，将引致最后书面警告；如此后仍有违纪行为，将被立即除名而不给予任何补偿。

5.4 降级。如员工工作未达标准且已受到至少两次书面警告，可以视其情节轻重给予降级处分。

5.5 停职。在某些情况下，过失员工应停职检查，最长不超过14天。在此期间，饭店应对所发生的违纪事件进行调查。被处以停职检查的员工亦同时停薪，应通知财务部扣发其工资；如经调查员工确无过失并已复职，饭店应补偿其停职检查期间的工资。

5.6 除名。员工如有重大过失，或在收到最后书面警告后再度违纪，饭店可立即将其除名而不给予任何补偿。如员工的过失已给饭店带来经济损失，员工必须在与饭店办理完结离职手续前赔偿饭店损失。

6. 违法违纪行为

6.1 员工如触犯法律法规或被法院依法定罪，均立即解雇。

6.2 员工如偷窃饭店、客人或同事财物，将被立即除名。如员工未经管理层同意而擅自吃喝或拿走饭店食品和饮料，也依此条规定惩处。

7. 对工作不满的解决办法

7.1 如员工对工作不满，首先应直接向主管人员反映。

7.2 如主管人员无法解决员工的问题，应向部门经理反映。

7.3 如部门经理也无法妥善解决员工的问题，应向人力资源部反映。

7.4 如员工无法得到满意的处理结果，可要求人力资源部报请总经理解决。

七、其他

1. 意见箱

欢迎员工主动向人力资源部或利用意见箱提出改进饭店服务的合理化建议。

2. 员工培训与发展

人力资源部为各位员工安排与个人发展及工作相关的专业课程，以辅导员工发展个人潜能，开拓光明前程，请留意有关信息，并踊跃报名参加。

3. 员工活动

人力资源部将择期举办各种员工活动，如体育比赛、集体郊游、员工生日聚会、新年晚会等。

4. 奖励

饭店将对工作优秀、贡献突出的员工进行奖励。奖励包括礼貌奖、诚实奖、每月最佳员工奖及年度优秀员工奖等。

5. 附件

《员工公寓规章制度》及饭店随时颁发的政策均作为《员工手册》附件。新《员工手册》实施的同时，旧《员工手册》作废，如日后饭店颁布的政策与《员工手册》冲突，以饭店颁布的最新政策为准。

6. 员工手册的修订

饭店人力资源部拥有本《员工手册》的最终解释权，并有权对本《员工手册》相关条款进行修改或补充说明。

案例分析 | 劳动合同纠纷

申诉人陈某原系某饭店员工，双方签订了劳动合同。2000年11月20日，被诉人某饭店以劳动合同即将在2010年12月31日到期为由，通知申诉人到期终止合同。申诉人的劳动合同与其他员工的劳动合同一样是由被诉人统一保管的，保管目的主要是防止员工遗失或损坏，同时便于到期续签劳动合同，但被诉人与申诉人未就保管劳动合同事项办理任何管理手续。为此，申诉人在多次与被诉人交涉未果的情况下，一纸诉状递到当地仲裁委员会，要求被诉人继续履行劳动合同。

仲裁委员会依法受理后，公开进行了庭审活动。经审理查明，申诉人的劳动合同终止日期明显被涂改。被诉人解释涂改完全是笔误所致，将终止日期"2011年12月31日"改为"2010年12月31日"是为了执行2006年饭店会议提出的"进店5年以内的员工只能签订4年期限劳动合同"的规定，而且被诉人一再强调申诉人在合同签订时已知晓终止日期的改动。申诉人则一再声明，签名时终止日期根本没有改动，是被诉人在申诉人签名后改动的，并责问被诉人："涂改过的劳动合同怎么可以让员工签名呢？被诉人擅自涂改劳动合同理应承担责任。"此外，被诉人与申诉人双方签名日期相差15天，但被诉人涂改合同时间不明。被诉人将饭店确定合同期限的会议记录及同类型员工劳动合同和知情员工的笔录拿到庭上，但这些证据缺乏法律效力。

在双方围绕申诉人在签名时是否知晓终止日期已改动这一争议焦点而无法进行有效举证的前提下，仲裁委员会认定被诉人负有举证责任，劳动合同改动的终止日期无效，在双方不愿重新明确劳动合同期限的前提下，仲裁委员会做出了解除劳动合同、被诉人向申述人支付经济补偿金的裁决。

资料来源：徐锦屏，高谦.酒店人力资源管理 [M] .武汉：华中科技大学出版社，2017.

试分析：

1. 被诉人在劳动合同管理中存在哪些问题？
2. 如果你是该饭店的人力资源部经理，你将如何管理劳动合同？

实训练习

小冯是某饭店新招聘的一名员工，饭店与其签订了试用期协议，规定试用期限为3个月，但小冯在第二个月的时候就不辞而别了。如果你是该饭店人力资源部经理，你会如何处理这件事？

复习思考题

1. 简述优化劳动关系的作用。
2. 饭店劳动关系应如何分类？
3. 饭店劳动合同应如何分类？
4. 劳动合同的管理包括哪些方面？
5. 集体合同的管理包括哪些方面？
6. 简述劳动争议的种类。
7. 简述劳动争议的处理方式。
8. 简述劳动争议的处理原则。

参考文献

[1] 逄爱梅，王春林. 旅游企业人力资源管理与开发[M]. 上海：华东理工大学出版社，2009.

[2] 蔡万坤，李爱军. 餐饮企业人力资源管理[M]. 北京：北京大学出版社，2007.

[3] 吴中祥，王春林，周彬. 饭店人力资源管理[M]. 上海：复旦大学出版社，2001.

[4] 王伟. 饭店人力资源开发与管理[M]. 北京：旅游教育出版社，2009.

[5] 艾弗森. 饭店业人力资源管理[M]. 北京：旅游教育出版社，2002.

[6] 廖钦仁. 酒店人力资源管理实务[M]. 广州：广东经济出版社，2006.

[7] 贺湘辉，徐明. 酒店人力资源管理实务[M]. 沈阳：辽宁科学技术出版社，2005.

[8] 徐文苑，贺湘辉. 饭店人力资源管理[M]. 2版. 北京：清华大学出版社，北京交通大学出版社，2010.

[9] 徐明. 旅游企业人力资源管理[M]. 大连：辽宁师范大学出版社，2001.

[10] 中国人民大学劳动人事学院. 领导干部人力资源管理培训教程[M]. 北京：中国人民大学出版社，2006.

[11] 严伟，戴欣佚. 旅游企业人力资源管理[M]. 上海：上海交通大学出版社，2009.

[12] 郝树人，朱艳. 旅游企业人力资源管理[M]. 大连：东北财经大学出版社，2004.

[13] 窦胜功. 公司人力资源管理与开发[M]. 大连：辽宁师范大学出版社，2004.

[14] 袁继荣. 饭店人力资源管理[M]. 北京：北京大学出版社，2006.

[15] 王珑，徐文苑. 酒店人力资源管理[M]. 广州：广东经济出版社，2007.

[16] 罗旭华，顾群. 现代饭店业人力资源管理[M]. 北京：经济日报出版社，2007.

[17] 吴慧，黄勋敬. 现代酒店人力资源管理与开发[M]. 广州：广东旅游出版社，2005.

[18] 蒂莫西·R. 辛金. 酒店管理案例[M]. 大连：大连理工大学出版社，2003.

[19] 周晓芳，傅云新，等. 酒店管理实例与问答[M]. 广州：广东经济出版社，2003.

[20] 王春林. 饭店管理沟通实务与技巧[M]. 北京：中国旅游出版社，2006.

[21] 蒋丁新. 饭店管理概论[M]. 7版. 大连：东北财经大学出版社，2022.

[22] Raphael R. Kavanaugh，Jack D. Ninemeier. 饭店业督导[M]. 3版. 北京：中国旅游出版社，2007.

[23] 刘纯. 饭店督导原理与实务[M]. 北京：科学出版社，2004.

[24] 中国酒店员工素质研究组. 星级酒店行政人事部经理案头手册[M]. 北京：中国经济出版社，2008.

[25] 任长江，薛显东. 酒店管理职位工作手册[M]. 北京：人民邮电出版社，2006.

[26] 耿煜. 新编现代酒店人力资源开发与管理实务全书[M]. 北京：企业管理出版社，2007.

[27] 李津. 世界5星级酒店管人管事制度大全[M]. 长春：吉林大学出版社，2009.

[28] 蒋丁新. 饭店管理[M]. 北京：高等教育出版社，2002.

[29] 张满林，周广鹏，赵恒德. 旅游企业人力资源管理[M]. 4版. 北京：中国旅游出版社，2019.

[30] 樊永恒. 如家一样的酒店[M]. 深圳：海天出版社，2009.

[31] 陈文生. 酒店经营管理案例精选[M]. 北京：旅游教育出版社，2007.

[32] 张波. 饭店人力资源管理[M]. 大连：大连理工大学出版社，2009.

[33] 格林豪斯，等. 职业生涯管理[M]. 王伟，译. 北京：清华大学出版社，2006.

[34] 谷慧敏，田桂成. 饭店集团案例库(中国卷)[M]. 北京：旅游教育出版社，2008.

[35] 何丽芳. 酒店服务与管理案例分析(修订版)[M]. 广州：广东经济出版社，2005.

[36] 况晨光. 领导者应掌握哪些领导艺术[J]. 政工研究文摘，2009(2)：35-36.

[37] 汝勇健. 沟通技巧[M]. 北京：旅游教育出版社，2007.

[38] 陈志伟，刘玉红. 大学生成才与修养规划教程[M]. 长春：吉林教育出版社，2011.

[39] 姚裕群. 职业生涯管理[M]. 大连：东北财经大学出版社，2009.

[40] 陆慧. 现代酒店管理概论[M]. 北京：科学出版社，2013.

[41] 罗旭华. 酒店人力资源管理[M]. 北京：机械工业出版社，2012.

[42] 赵辉，陈敬芝. 酒店人力资源管理实务[M]. 长春：东北师范大学出版社，2014.

[43] 徐锦屏，高谦. 酒店人力资源管理[M]. 武汉：华中科技大学出版社，2017.

[44] 罗旭华. 酒店人力资源开发与管理[M]. 2版. 北京：旅游教育出版社，2016.

[45] 刘飞龙，郑赤建. 现代饭店人力资源管理[M]. 武汉：华中科技大学出版社，2013.

[46] 李志刚. 酒店人力资源管理[M]. 重庆：重庆大学出版社，2016.

[47] 张波. 饭店人力资源管理[M]. 大连：大连理工大学出版社，2015.

[48] 吴应利，刘云. 旅游企业人力资源管理[M]. 北京：中国旅游出版社，2016.

[49] 魏洁文，姜国华. 酒店人力资源管理实务[M]. 2版. 北京：中国人民大学出版社，2021.

[50] 方向红，陆勤，苏炜. 酒店人力资源管理实务[M]. 2版. 北京：中国旅游出版社，2021.

[51] 赵西萍，刘长英. 旅游企业人力资源管理[M]. 北京：高等教育出版社，2021.

[52] 高琳. 人际沟通与礼仪[M]. 北京：人民邮电出版社，2021.

[53] 陈秋萍. 旅游人力资源管理[M]. 武汉：华中科技大学出版社，2021.

[54] 胡阳. 酒店人力资源管理[M]. 镇江：江苏大学出版社，2022.

[55] 易红燕，梅继开. 酒店人力资源管理[M]. 2版. 武汉：华中科技大学出版社，2023.

[56] 李丽. 酒店人力资源管理[M]. 武汉：华中科技大学出版社，2023.

[57] 方向阳. 酒店人力资源管理实务[M]. 北京：中国人民大学出版社，2023.

[58] 沈文馥. 饭店人力资源管理[M]. 北京：机械工业出版社，2018.